Q&A 子どもをめぐる離婚事件実務

弁護士が知っておくべき基礎知識

相原佳子［編］

青林書院

はしがき

　昭和22年の現行民法への改正から約70年が経過し，この間，わが国の家庭は大きな変貌を遂げています。家族のあり方は社会経済状況の変化に伴い，大家族から核家族へと移行するとともに子どもの数も減少し，現在，両親と子どもが一人ないし二人という家庭が圧倒的に多くなりました。また，家族の問題を規定している家族法においては，現憲法に定められた個人の尊重，両性の本質的平等の理念の下で，家庭裁判所が大きな役割を果たすことが期待されています。

　この間，さらに，新しい家庭の姿や家庭観の変化を受け，民法は配偶者の相続分の引き上げ，成年後見制度の導入等の新しい改正が行われました。

　ところが，上記のようなわが国の家族のあり方や家族間の問題の解決のための制度に変容がありながら，離婚時における子どもの問題というのは，意外なほど大きな動きのないまま来てしまったと言えるかと思います。

　しかし，平成6年の子どもの権利条約の実施や，多くの研究者・実務家や，判例等からの指摘もあり，両親の離婚時において，その間の子どもも1人の人間としてその権利が尊重されるべきであり，そもそも，親権の概念について，子どもの利益を中心に考えるべきであるという考え方が明確になってきたと考えられます。

　また，近時，人事訴訟法の制定（平成15年法律第109号・平成16年4月1日施行），民法の親権に関する規定の改正（平成23年法改正），家事事件手続法の制定（平成23年法律第52号・平成25年1月1日施行）等と実体法，手続法の制定や改正が相次いでなされました。

　さらに，海外との関連でいいますとハーグ条約が締結され，同条約の実施法が制定され，平成26年4月には実施の運びとなりました。

　このような状況下において，未成熟子がいる夫婦の離婚事件を担当する法律家が離婚事件において心に留めておくべきではないかと考えられることを

まとめてみようと本書を企画いたしました。

　本書では，離婚時の子どもの問題に関して理解しておいていただきたい事項を取り上げるとともに，そこでは，子どもはどういう権利を有する存在なのか，家庭裁判所に案件が持ち込まれた場合にどのような手続がとられ，その際何に配慮しなければならないか，そして，最近問題となっている，面会交流，養育費の定め方等を解説しています。

　本書に取り上げた内容につきましては近時非常に動きのあるところでもあり，広い裁量権を持つ家庭裁判所に対して，より適切な判断を積極的に働きかけていただきたいと思います。一方，筆者らの経験では，離婚事件では，依頼者である父ないし母に対し，いかに子どもの利益を一番に考えるように説得するかが難しい仕事だと思います。依頼者の意向を汲みつつも，本書を参考に自ら権利主張できない子どもの利益を守る必要があることを説明していただければ幸いです。

　本書では，離婚時の子どもの心理について村瀬嘉代子先生（大正大学名誉教授・客員教授）から貴重なご意見（コラム1参照）をいただきました。読者におかれては，是非，お読みいただきたいと存じます。

　最後に，本書の刊行については，株式会社青林書院編集部加藤朋子さんには，多大なご尽力をいただきました。改めて感謝申し上げます。

　平成27年7月

相　原　佳　子

編者・執筆者紹介

編　者

相原　佳子
　　野田記念法律事務所，平成3年4月第一東京弁護士会登録

執筆者

相原　佳子
　　上掲

石黒　清子
　　野田記念法律事務所，平成3年4月東京弁護士会登録

佐野　みゆき
　　野田記念法律事務所，平成15年10月東京弁護士会登録

松川　陽子
　　野田記念法律事務所，平成22年12月第一東京弁護士会登録

小池　知子
　　あたらし橋法律事務所，平成22年12月東京弁護士会登録

凡　例

I　叙述の仕方
(1)　叙述は，原文引用の場合を除いて，原則として常用漢字，現代仮名遣いによりました。
(2)　解説中の見出し記号は，原文引用の場合を除いて，原則として，I II III……，(1)(2)(3)……，(a)(b)(c)……，(ｱ)(ｲ)(ｳ)……の順としました。

II　法令の表記
日本の法令の表記は，原文引用の場合を除き，原則として，次のように行いました。
(1)　地の文では概ね正式名称で表しました。
(2)　カッコ内表記は次のように行いました。
　(a)　主要な法令は後掲の「法令略語例」により，それ以外のものについては正式名称で表しました。
　(b)　多数の法令条項を引用する場合，同一法令の条項は「・」で，異なる法令の条項は「，」で併記しました。それぞれ条・項・号を付し，原則として「第」の文字は省きました。

III　文献の表記
文献等は原則として，次のように表示しました。
〔例〕著者名『書名』頁数
　　　編者名 編『書名』頁数〔執筆者名〕
　　　執筆者名「論文名」掲載誌 頁数

IV　判例の表記
(1)　判例は，原則として，後掲の「判例集・雑誌等略語例」を用いて表しました。

vi　凡　例

(2)　カッコ内における判例の出典表示は，原則として，次のように行いました。

〔例〕最高裁判所判決，平成16年6月3日，家庭裁判月報57巻1号123頁

　　　→最判平16・6・3家月57巻1号123頁

■法令略語例

憲	憲法	ハーグ条約実施法	国際的な子の奪取の民事上の側面に関する条約の実施に関する法律
家手	家事事件手続法		
家手規	家事事件手続規則		
家審規	家事審判規則	ハーグ条約実施法規則	国際的な子の奪取の民事上の側面に関する条約の実施に関する法律による子の返還に関する事件の手続等に関する規則
刑	刑法		
刑訴	刑事訴訟法		
戸	戸籍法		
裁	裁判所法		
児童虐待	児童虐待の防止に関する法律	弁護	弁護士法
		民	民法
人訴	人事訴訟法	民執	民事執行法
人訴規	人事訴訟規則	民執規	民事執行規則
人保	人身保護法	民訴	民事訴訟法
人保規	人身保護規則	民訴費	民事訴訟費用等に関する法律
DV防止	配偶者からの暴力の防止及び被害者の保護等に関する法律		
		民保	民事保全法
		労基	労働基準法

■判例集・雑誌等略語例

大	大審院	民録	大審院民事判決録
最	最高裁判所	民集	最高裁判所（又は大審院）民事判例集
大	大法廷		
一小	第一小法廷	刑集	最高裁判所（又は大審院）刑事判例集
二小	第二小法廷		
高	高等裁判所	裁判集刑事	最高裁判所裁判集刑事
地	地方裁判所	高民	高等裁判所民事判例集
家	家庭裁判所	家月	家庭裁判月報
支	支部	ジュリ	ジュリスト
判	判決	判時	判例時報
決	決定	判タ	判例タイムズ
審	審判	法時	法律時報

目　　次

はしがき
編者・執筆者一覧
凡　　例

はじめに……………………………………………………〔相原　佳子〕／ 1

第1　総　　論

Q01　家事事件における親と子ども………………………〔相原　佳子〕／ 7
　子どもは法的にはどのような権利主体として考えられているのでしょうか。民法における親の子どもに対する権利，義務については，どのような考え方の変遷があるのでしょうか。

Q02　子どもの権利条約……………………………………〔相原　佳子〕／ 13
　国際的には，子どもにはどのような権利が認められているのでしょうか。子どもの権利条約の中で家事事件における子どもの問題に関わる内容にはどのようなものがあるのでしょうか。

　●コラム1●親の離婚と子どもの心……（村瀬　嘉代子）／17
　●コラム2●離婚事件における子どもの問題の傾向……（佐野　みゆき）／19

第2　離婚手続

Q03　離婚事件に適用される手続法………………………〔相原　佳子〕／ 23
　離婚事件が司法判断される場合の手続法は，通常の私人間の事件に適用される手続法とは違うのですか。

Q04　家事事件手続法の概要と子どもの問題……………〔相原　佳子〕／ 27
　平成25年に施行された家事事件手続法は，どのような目的で制定された法律なのでしょうか。また，その中で，離婚時の子どもの問題については，どのような規定がなされたのでしょうか。

Q05　家事調停……………………………………………〔相原　佳子〕／32
　　家事調停はどのように進行されているのでしょうか。
Q06　家事審判……………………………………………〔相原　佳子〕／42
　　家庭裁判所における審判手続を説明してください。
Q07　審判前の保全処分…………………………………〔小池　知子〕／46
　　審判前の保全処分とは何でしょうか。
Q08　離婚事件における職権探知主義と子どもの問題………〔相原　佳子〕／56
　　離婚事件における子どもの問題，特に，父母のいずれもが親権を主張した場合に，その判断をするための資料は，当事者の主張立証のみにゆだねられるのでしょうか。
　　例えば，審判において裁判所が自ら子どもの問題を調査して判断するということは実施されているのでしょうか。
Q09　離婚事件における記録の閲覧及び開示について………〔相原　佳子〕／60
　　人事訴訟法や家事事件手続法の制定により，従来の書面の取扱いや記録の開示に変更があったとのことですが，子どもの問題を中心に，調停・審判・訴訟において書面の取扱い，記録の開示について，基本的な考え方と，気をつけるべき点を教えてください。
Q10　離婚事件における子どもの問題と附帯処分……………〔相原　佳子〕／67
　　未成年の子どもがいる離婚訴訟において，被告が原告の離婚請求自体について離婚原因がないと争っていた場合，すなわち，子どもの親権者をいずれにすべきかについて被告からの主張がない場合に，原告被告のいずれを子どもの親権者とするかの判断はどの段階でなされるのでしょうか。
Q11　DV防止法（接近禁止命令）と子ども　……………………〔相原　佳子〕／72
　　夫の暴力に耐えかねて子どもとともに別居している妻に対し，夫が妻の別居先の新住所をつきとめ「子を引き渡せ」と執拗に要求し，言動がエスカレートしてきています。夫が子の通園先に現れ，子を連れ去ることを防止する手段はないのでしょうか。
　●コラム３●離婚事件における法テラスの利用１──立替え・償還（着手金について）
　　　　……（相原　佳子）／77
　●コラム４●法テラスの利用２──具体的な報酬金……（相原　佳子）／78
　●コラム５●法テラスの利用３──DVで避難しており，婚姻時の住居とは異なる他の地域に居住しているときの離婚裁判と代理人の選任について
　　　　……（相原　佳子）／79
　●コラム６●裁判所を利用して解決をするかどうかの見極めについて
　　　　……（相原　佳子）／80

第3 親権・監護権

Q12 総論（親権・監護権とは）……………………〔佐野 みゆき〕/ 85
　離婚のときに，親のどちらかに親権者を決めなくてはいけないといいますが，親権者でなくなるということは親でなくなるということなのでしょうか。逆に子どもの扶養の義務を負わなくてもよいということなのでしょうか。

Q13 親権・監護権に関する民法改正……………………〔佐野 みゆき〕/ 92
　平成23年民法等一部改正はどのような内容だったのでしょうか。

Q14 単独親権制度と共同親権制度……………………〔小池 知子〕/ 95
　親権制度には単独親権と共同親権があると聞きました。どのように異なるのでしょうか。

Q15 親権者を定める判断基準について…………………〔相原 佳子〕/100
　離婚の裁判に際して親権者を定めるについて，どのような基準で決めることとなるのでしょうか。

Q16 親権と監護権の分属……………………………〔小池 知子〕/104
　離婚をするにあたり，子どもを引き取って育てるのは母である私ですが，子どもの親権者は父親にするつもりです。私に監護権を付与してもらうことはできますか。

Q17 親権の変更……………………………………〔小池 知子〕/107
　離婚の際，未成年の子の親権者を父と決めましたが，母に変更することはできるのでしょうか。できる場合，その基準を教えてください。

Q18 親権・監護権と祖父母…………………………〔松川 陽子〕/111
　離婚した際，娘は孫の親権者となりました。それ以降，祖父母である私たちと娘と孫とで暮らしていましたが，娘が子どもをおいて出て行ってしまいました。祖父母である私たちがそのまま孫の監護を続けるにはどうしたらいいですか。

　●コラム7●離婚調停・訴訟の代理人として受任している事件のなかで児童虐待が判明したとき……（佐野 みゆき）/114
　●コラム8●父子関係に関する最高裁判例……（小池 知子）/115
　●コラム9●祖父母の役割……（松川 陽子）/116

第4 子どもの意見表明権

Q19 子どもの手続関与………………………………〔佐野 みゆき〕/121
　親権者指定が必要な離婚調停や面会交流といった監護に関する処分調停・審判事件のなかで，子どもは，どのように自分の意向を手続に反映させることができるのでしょうか。

Q20 親の離婚と子どもの権利，子どもの意見表明権との関係
　………………………………………………………〔佐野　みゆき〕／128
　親の離婚と子どもの権利の関係は？　また，両親の離婚に巻き込まれた子どもには意見を表明する権利はあるのでしょうか。

Q21 子どもの手続代理人…………………………………〔佐野　みゆき〕／137
　親権者指定が必要な離婚調停や面会交流といった監護に関する処分調停・審判事件の手続に，子どもが参加した場合，子どもに代理人をつける制度があると聞きましたが，どのように代理人が選任されるのでしょうか。
　また，選任された手続代理人はどのような活動を行うのでしょうか。

Q22 子どもの手続代理人制度の課題……………………〔佐野　みゆき〕／145
　子どもの手続代理人制度は今後どのようになっていくのでしょうか。今後の課題はあるのでしょうか。

第5　子どもの連れ去りと引渡し

Q23 子どもの引渡しを求める方法………………………〔相原　佳子〕／151
　配偶者が，子ども（未成熟子）を連れて，出て行ってしまいました。子の引渡しを求める手続としては，どのようなものがありますか。

Q24 家事事件手続法による子どもの引渡し……………〔相原　佳子〕／154
　家事事件手続法に定められた子の引渡しについて説明してください。

Q25 子どもの引渡しと人身保護法………………………〔相原　佳子〕／159
　実力行使による子どもの奪取の問題等において，人身保護法を根拠として子どもの引渡しを求めることができるでしょうか。

Q26 子どもの連れ去りと刑事事件………………………〔相原　佳子〕／166
　離婚事件の渦中にある親や他の親族が実力行使して子どもを他の親から奪取したケースに関して刑事処罰がなされることはあるのでしょうか。

Q27 子どもの引渡方法（執行について）………………〔相原　佳子〕／169
　裁判所において「子を引き渡せ」という判決や決定等が出された後，同判決等の執行として，「子どもの引渡し」はどのような方法がとられているのでしょうか。

Q28 国境を越える子の連れ去り事案（ハーグ条約等について）
　………………………………………………〔相原　佳子＝佐野　みゆき〕／176
　国境を越える子の奪取に関して，ハーグ条約を締結した場合には，どのように取り扱われるのでしょうか。国際間の子の奪取の問題の考え方を教えてください。
　また，ハーグ条約で子どもを返還することになった場合の親権や監護権等を判断するの

はどの国になるのかについて、どのようなルールがあるのでしょうか。

Q29 子の返還の執行手続（ハーグ案件ケース）……………〔相原 佳子〕／184

子の引渡しを求める手続としては、ハーグ案件の場合には、どのような執行手続が規定されていますか。

第6 離婚後の子ども

Q30 子の姓と戸籍………………………………………………〔小池 知子〕／193

私は夫と離婚をしました。子どもの姓や戸籍はどうなりますか。

Q31 連れ子養子の問題…………………………………………〔佐野 みゆき〕／200

私は、娘が8歳のときに、夫と離婚しました。現在娘は10歳ですが、私には、幸い、新たに出会いがあり、今、再婚を考えています。

元夫と娘は、月1回の面会交流をしており、養育費も一応支払われています。

姓が私と同一になった方が生活をする上でも好ましいため、夫には私の娘と養子縁組をしてもらおうと考えています。そして、できれば、元夫には、再婚相手への配慮も必要なので、娘とのかかわりを控えてほしいと思っています。

何か支障があるでしょうか。

第7 面会交流

Q32 面会交流の法的性質………………………………………〔石黒 清子〕／205

10年間連れ添った妻との間に、7歳と3歳の子どもがいましたが、半年前に協議離婚しました。子どもたちがまだ小さいことや妻の強い希望もあって、父親である私は、時々子どもたちと会って交流をもちながら、その成長を見守ることができればよいと思い、親権者は妻にすることに同意しました。ところが、離婚が成立してしまうと、妻は、私が、再三にわたり、子どもたちに会いたいと頼んでも、いっこうに聞き入れてくれません。私の親も、「孫に会えないのは辛い」と、嘆いています。親権がないと、実の親や祖父母であっても、子どもや孫に会うことはできないのでしょうか。

Q33 面会交流を求める方法……………………………………〔小池 知子〕／211

私には2人の子どもがいますが、妻と離婚した後、親権者として子どもを監護している妻に、子どもとの面会を求めても拒否され、困っています。家庭裁判所に申し立てるとよいともいわれましたが、どのような手続でなされるのでしょうか。家庭裁判所以外での手続はできるのでしょうか。

Q34　家庭裁判所における面会交流許否の判断
　………………………………………………………〔石黒　清子=小池　知子〕／217
　家庭裁判所における面会交流許否の判断はどのようになされるのでしょうか。
　あわせて，面会交流を支援する機関を教えてください。

Q35　面会交流時に代理人として配慮すべき事項……………〔佐野　みゆき〕／229
　面会交流を困難にする要因としてはどのようなものがあるでしょうか。
　こうした要因があるケースで当事者代理人弁護士としては，どのような点に留意すべきでしょうか。

Q36　面会交流の強制的実現………………………………………〔相原　佳子〕／234
　調停や審判において面会交流の取決めがなされたにもかかわらず，監護親がそれを履行しない場合，強制的に面会交流を実現させる方法はあるのでしょうか。

Q37　面会交流不履行への間接強制の適用………………………〔小池　知子〕／237
　最高裁で面会交流の間接強制が認められた決定と認められなかった決定があったと聞きました。どういうことですか。

　●コラム10●試行的面会交流……（小池　知子）／242
　●コラム11●ＦＰＩＣ……（小池　知子）／243

第8　養育費

Q38　養育費算定の実務……………………………………………〔佐野　みゆき〕／247
　協議離婚に際しても，子の監護に要する費用の分担，すなわち養育費につき，協議で定めることが明文化されたと聞いていますが，実際に，養育費は，どのように決めるべきなのでしょうか。
　また，その始期，終期はどのように定められるのでしょうか。

Q39　養育費決定上の課題………………………………………〔佐野　みゆき〕／254
　算定表によって養育費が決定されているのが現在の実務ということでしたが，個別の事情は考慮されないのでしょうか。また，算定表による算定額はそもそも適正といえるものなのでしょうか。

Q40　養育費履行確保への課題…………………………………〔佐野　みゆき〕／262
　調停離婚する際，子の養育費額を定め，調停調書を作成しました。1年ほどは支払がなされていたものの，その後支払がなされなくなりました。
　払ってもらうにはどのような手段があるのでしょうか。
　また，所在や勤務先が不明な場合にはどうしたらよいのでしょうか。

　●コラム12●各種手当等……（佐野　みゆき）／267

●コラム13●養育費相談支援センターとは……（佐野　みゆき）／268

第9　海外の制度（面会交流，養育費）

Q41　ドイツ………………………………………………〔小池　知子〕／273
　ドイツにおける面会交流と養育費などについて教えてください。

Q42　フランス……………………………………………〔小池　知子〕／282
　フランスにおける面会交流や養育費などの制度を教えてください。

Q43　イギリス……………………………………………〔小池　知子〕／289
　イギリスにおける面会交流・養育費の制度を教えてください。

Q44　韓国…………………………………………………〔小池　知子〕／295
　韓国での面会交流・養育費の制度を教えてください。

Q45　オーストラリア……………………………………〔小池　知子〕／301
　オーストラリアにおける面会交流・養育費の制度を教えてください。

Q46　アメリカ……………………………………………〔松川　陽子〕／305
　アメリカにおける面会交流と養育費などについて教えてください。

事項索引……………………………………………………………………… 319

はじめに

 最近の傾向

(1) **家事事件の増加**

　近年，裁判所に提起される民事訴訟事件の件数は減少傾向にありますが，離婚事件に代表される家事事件は増加しています。家族の問題は当事者間で協議して合理的かつ妥当な解決を図ることが望ましいことはいうまでもないことです。しかし，当事者間のみの話合いによる解決では別れたい方が我慢するということになりがちであり，現状の解消にはなり得ても，将来のことにも配慮した適切な解決にはなり難いのも，また事実です。

　そこで，当事者間で双方の着地点が見いだせない場合に，家事事件として家庭裁判所における調停や，審判，さらには訴訟による解決が求められるケースが増加しているのです。

　ところで，離婚事件の中でも，離婚における子どもをめぐる事件は増加の割合が顕著です。これは，家庭の中での子どもに対する意識に大きな変化があることも影響していると思われます。すなわち，男女共同参画の考え方が進む中で父親にも子どもの養育に積極的に参加することを勧めていますが，父親自身が，従来の男が外で仕事をして，女は家庭を守るという考え方ではなく，男女ともが仕事に就くとともに，家庭においては父親も家族を大切にし，子どもに直接関わって養育しよう，養育したいというように，父親の子どもに対する関わり方の意識が大きく変わってきているものと考えられます。単に，家の跡継ぎであるという視点ではなく，親としての関わりを継続したいという気持ちを強く抱いているということであろうということです。

　電車の中で，母親ではなく父親が乳幼児を抱っこひもを使い胸に抱きかかえながら移動している光景も普通に見られるようになってきました。子どもの養育自体が父母の共同作業であり，子どもが父母の双方から多角的な影響

を受けて育つことが重要であることを父母が認識し，実行することは歓迎すべき方向性であると思います。

ただ，夫婦間の関係が悪化し，離婚にいたるようなケースの場合，子どもをどちらが引き取り養育するのかについては両親が子どもに愛情をもっていればいるほど対立することとなります。そして，離婚事件における子どもの取扱いという子どもにとっては重要な問題を誰が判断をするのか，その際に判断される資料はどのように収集されるのか，そもそも，子ども自身は親の離婚に関して何らかの意見を表明することは可能なのかといった多くの問題があらたに検討されなければならない時代に来ています。

(2) 子どもの法的地位

そもそも，子どもをどのような存在と捉えるべきなのかについては，我が国の歴史上，変遷があります。遠くは明治民法においては，子は家に所属する者であり，当然家長である人がその帰属（住居，養育内容等）を決め，また，一方で養育にも責任を負うということが実施されていました。第二次世界大戦後，家制度自体は形式的には否定され大きな影響をもたなくなったものの離婚時における父母とその間に挟まれた子どもをどのように養育していくべきか，そもそも，養育者を定める手続はどのようになされるのかについては意識された制度づくりはなされていませんでした。ただこの70年間の状況を非常におおざっぱにざっと見ると，我が国では資本主義及び核家族化の流れの中で社会の要請から父親が外で働き収入を得るのに対して，子どもの養育者として責任を有するのは母親であるという認識が国民感情に合致していたのではないかと思われます。

そして，そもそも，どちらが引き取ることが適当なのかということが裁判所に持ち込まれた際には，収入の問題，すなわち，経済力も検討の対象にはなりましたが，子どもが幼い場合にはいわゆるテンダーイアーズドクトリン（Tender years Doctrin）という考え方により問題のある母親でなければ母親が希望すれば引き取ることが認められてきたといっても過言ではないと思われます。この傾向は現在も続いており，心理学，発達学といった観点からは，乳幼児期には母親によって可能な限り養育されることが適切であるという考え方自体は否定されることはないと考えます。

しかし，このような仕組みの中で多くの離婚後の父親は養育に対する関心を失い，養育費の支払が滞ったり，どのように養育されているかについて関わることがなくても仕方がないという状況が続いていました。本当にこのような状況は子どもにとって問題があるのではないか，父母は離婚したとしても子どもの最善の利益に配慮すべき義務があるのではないのかが現在問われています（なお，DV事案や，母子家庭の貧困も同様に検討すべき課題となっています）。

今後の方向性について

子どもの人権規約において，子どもは父母の影響下で養育されなければならないことが規定されています。これは，たとえ父母が離婚した後においても同様なのです。

そして，離婚自体は両親の問題ですが，子どももその後，どのような立場に置かれるのか，誰とともに暮らすのか，年齢にもよりますが大きな影響を受けます。また，全く，状況の説明もなく一方的に決められることは子どもの心に大きなダメージを与えることが，心理学的にも指摘されています。しかるに，子どもに対する配慮はあまり重要視されてこなかったと言わざるを得ません。

今，問題とされる点は，両親が離婚する場合に，子どもにとって重要な権利は何であり，それを尊重するためどのような制度が構築すべきかであるとともに，特に，現行の法には何が定められ，どのような運用がなされているのかを知ることです。

初心者である弁護士等におかれましては，依頼者であろう父母の視点だけでなく，独立の権利主体である子どもの視点を忘れることなく，本書を参考に事件処理にあたっていただきたいと切に願うものです。

【相原　佳子】

第1 総論

Q01 家事事件における親と子ども

子どもは法的にはどのような権利主体として考えられているのでしょうか。民法における親の子どもに対する権利，義務については，どのような考え方の変遷があるのでしょうか。

解説

人権の主体としての子ども

(1) 基本的人権

日本国憲法は，第3章「国民の権利及び義務」11条において，「国民は，すべての基本的人権の享有を妨げられない。この憲法が国民に保障する基本的人権は，侵すことのできない永久の権利として，現在及び将来の国民に与へられる。」と謳っています。では，子どもも基本的人権を保障されているのでしょうか。基本的人権という言葉からして，それは人が生まれながらにして当然にもっている権利，人間としての尊厳のことを指しますから，生まれたばかりの子どもであっても当然に基本的人権の享有主体です。

また，子どもであることから認められる憲法上の権利もあります。憲法上の教育を受ける権利（憲26条2項）であり，子どもを保護の対象として使用者に対して児童を酷使することを禁止するなどの規定（憲27条3項）があります。また，憲法を受け，教育基本法では国民に対してその保護する子に普通教育を受けさせる義務を定め，労働基準法が，義務教育終了前の児童の使用（労基56条）や，満18歳未満の者の深夜業務及び危険業務における使用の禁止（労基61条・62条）を定めています。

(2) 未熟であることからの制約・保護

一方で子どもの未熟さ故に国政に参加する権利は認められていませんし，また，就労や，移転の自由等は認められていません。

　私法の分野においてみますと，子どもは自らの権利義務を独自になし得る能力が未だ形成されていないという理由により，差別が図られています。現行民法において，1人で法的な判断をなし，契約などの法律問題に対応できる能力があると見なす年齢を満20歳と規定しており（民4条），大人がこの成年に達した人である「成年者」であるとすれば，「子ども」は，それに達しない人である「未成年者」ということになります。そして，未成年者については，親など保護者が代わってその権利を行使することになります（民818条・824条）。つまり，子どもも所有権者や賃貸人等になることは認められているのですが，未成熟であるが故に保護者が代わって権利を行使するということになります。なお，我が国では民法4条で成年を20歳と規定していますが，海外の多くの国では，民法上の成人年齢を18歳としています。平成27年公職選挙法の改正により，選挙権年齢を20歳から18歳に引き下げられたこともあり，私法上の成人の年齢や他の法律上の年齢の規定についての見直しも検討されています。

歴史における子どもの地位

(1) 子どもの権利条約が保障する子どもの人権

　世界的に見ても，子どもは保護の対象ということはあっても，権利を主張し得る主体であるという考えはあまり強くありませんでした。そもそも，子どもは完全に親の支配下にあり，家長の下で，貧しさを回避するために子どもが働き手として存在していたり，第三者から金銭の対価を得て子どもを引き渡すなどという，人身売買的なことがなされたこともあります。現代においても世界の中では同様のことが未だ多数報告されています。

　国連は，1959年に「児童の権利宣言」を採択し，子どもは子どもとしての権利をもつことを宣言しました。そして，1979年の国際児童年に，国連人権委員会の中に「児童の権利に関する条約」の作業部会が設置され，1989年，「児童の権利に関する条約」が国連で採択され1990年から発行しました（**Q2**参照）。

(2) 旧民法(明治民法)における親の教育権

1889年に制定された明治民法(民法旧規定)においては,「親権」という概念が認められ,それは子の監護・教育の権利及び義務であることを明らかにするとともに,親権濫用による親権剥奪規定を置いていました。この限りでは,近代ヨーロッパ家族法における親権理念への歴史的転換の影響が日本の民法においても存在したといえます。しかし,明治民法において明確になった「家」の制度,特に戸主権の制度によって,子を保護するための親権という性格は,十分には理解されない状況が継続してきました。

その中で,日本における家族法学の父とも呼ばれる穂積重遠は,明治末から大正にかけて,「家」制度の前進的改良を目指していました。すなわち,資本主義の発展によって増加した,夫婦とその子の共同生活である「小家族」に新たな意義を見いだし,「小家族」の実体に制度としての家を近づけようとし,さらには,親権を戸主とは別のものと構成することにより,親権の権力的性格を薄め,親権の親義務性を強調したのです(島津一郎教授古稀記念『講座・現代家族法(4)親権・後見・扶養』27頁以下〔戒能民江〕)。しかしながら,その穂積にしても,国家の制約は大きく,「親の子に対する義務」というよりは,「国家社会に対する義務と観念すべきである」と結論づけており,そこでは,子の権利ではなく,「子のため」としながらも,親の権利の自益性を奪うことによって,むしろ,国家社会に対する義務説が引き出されたと指摘されています(戒能・前掲28頁)。

(3) 新民法における親の教育権

1947年に制定された現行民法においても,前記の「親」の教育権という考え方が,承継されました。

明治民法が父親の単独親権と規定したのに対して,新民法では父母共同親権の原則(民818条1項)と親権に服する子を未成年者に限定(同条)されましたが,親権規定の構造について大きな変革はなかったとされています(西村信雄『戦後日本家族法の民主化(下)』425頁)。戦後の民法改正においては「家」制度を否定し,日本国憲法の個人の尊厳と男女平等の理念について家族法の民主化が図れたことが特徴とされていますが,こと,親権に関しては,「家」制度との妥協的性格が残っているものと見受けられます。

すなわち，親権の効果として規定されている内容には，監護教育の権利義務（現行民820条，明治民879条），居所の指定（現行民821条，明治民880条），懲戒（現行民822条，明治民882条），財産の管理及び代表（現行民824条，明治民884条）等があり，明治民法と基本的に大きな変更はなされてはいません。なお，親権の喪失（明治民896条），管理権の喪失（明治民897条）についてもその仕組みは同じでした。

　平成23年に**Q11**のとおり，児童虐待に対する対応の視点から一定の改正がなされましたが，いずれにしろ，男女平等の原則に立つ親権の帰属についての改正がなされた他は大きな変化はなかったのです。

欧米諸国等における「子どもの権利」と我が国の親の権利

　近年の欧米諸国においては，家族法改正の基調にあるのは，子どもの人格の尊重と子どもの権利の重視です。大まかに，その特徴をまとめるとすれば，「親権」の概念を排して，子どもの権利のための義務と捉え，相互に配慮・援助する関係としています。また，子どもが自立に向けて成長・発達する存在であることの考慮と，子どもの成長に応じた子の意思の尊重を親に求めています。さらには，子どもの権利保護のために，監視人としての国家の権限を拡大したといえるでしょう。

　一方，我が国の親の権利を俯瞰で見たとき，親の権利の主張が，国家の利益のための子どもの教育でないという趣旨であれば，一定の理解をなし得ます。現在においても，国家の家族政策や教育政策によって家族が翻弄されるべきではなく家族の自律の尊重が否定されるものではないからです。

　しかし，そこにとどまるのではなく欧米諸国と同じように子どもを1人の人間として尊重し，その自立のために親や国家には教育の義務があるという視点が強く認識されるべきなのではないかと思われます。

　したがって「親権」という文字から受ける印象とも相まって，前記のような趣旨よりも，子どもに対する支配権の思惑が残るようであるならば，現在においては，もはや「親権」という言葉が明文に置かれる時期は過ぎ去ったのではないかとの指摘をなし得ます。

平成23年法律第61号民法等の一部を改正する法律（親族法）の改正について（Q13参照）

　この改正は，児童虐待が社会的な問題として取り上げられたことを受けたものです。平成23年改正前の民法834条は，父母が「親権を濫用し，又は著しく不行跡であるとき」を要件として規定していましたが，この「不行跡」という要件は，明治民法の残滓であると指摘されていました。これについて，平成23年改正では，「父又は母による虐待又は悪意の遺棄があるときその他父又は母による親権の行使が著しく困難又は不適当であることにより子の利益を著しく害するとき」を親権喪失の要件としました（改正民834条）。さらに，「父又は母による親権の行使が困難又は不適当であることにより子の利益を害するとき」を要件として新しく親権停止を認めることとされました（改正民834条の2）。

　すなわち，親の有責性という観点が後退し，子の客観的利益の保護が前面に出てくることとなったのです。

　なお，上記の平成23年の民法改正においては，それまでの親権喪失が認められるのに必要な要件が高く，親の有責性の立証等が困難等の理由から現実には親権喪失を認め難く，結果的に子どもの保護に十分ではないという指摘があったことに対処すべく上記改正がなされたものです。

 親権の位置づけ

　親権の概念については，Ⅳで述べたとおり，親の子に対する権利，いわば支配権的なものとして理解するという考え方は明らかに後退して，親の子に対する義務という観点を前面に出して理解していこうという認識が一般的なものとなっていることは異論のないところでしょう。

　ただ，我が国においては親と子の関係，国家や社会との関係で親の固有の判断をどの程度尊重するのかといった側面についての検討は，片面的にのみなされてきているように思われます。単に親と子の関係，親権と国家権力という分け方ではなく，子どもの利益の観点から国家が介入すべき場面があるという視点は今後十分に考慮されなければなりません。

本書でも論究する養育費，面会交流を検討する場面において，親権とは子どもに対する義務の側面こそが本籍であることは我が国においてはもっと強調されてよいと思われます。

【相原　佳子】

Q02　子どもの権利条約

国際的には，子どもにはどのような権利が認められているのでしょうか。子どもの権利条約の中で家事事件における子どもの問題に関わる内容にはどのようなものがあるのでしょうか。

解　説

　子どもの権利条約

国連では，1959年に「児童の権利宣言」が採択され，子どもは子どもとしての権利をもつことが宣言されました。1979年の国際児童年に，国連人権委員会の中に「児童の権利に関する条約」の作業部会が設置され，1989年，国連は「児童の権利に関する条約」を満場一致で採択し，1990年から発行しています（以下，「子どもの権利条約」といいます）。

日本は，1994年に同条約に批准し・公布され，国内での法的効力が発生したのです（喜多明人＝森田明美＝広沢明＝荒牧重人編『「逐条解説」子どもの権利条約』参照）。

　子どもの権利条約（内容）

子どもの権利条約は，18歳未満の子どもの基本的人権を国際的に保護することを定めており，世界のすべての国に困難な状況下で生活し特別の配慮を必要とする子どもが存在することを前提に，国際人権規約が定める基本的人権を，その生存，成長，発達の過程において，実現しようとするものです。

〔条約が定める子どもの権利〕

子どもの権利条約が，家族に関して定める代表的な子どもの権利には次の

ようなものがあります。

　締約国は，児童の父母，法定保護者又は児童について法的に責任を有する他の者の権利及び義務を考慮に入れて，児童の福祉に必要な保護及び養護を確保することを約束し，子のため，すべての適当な立法上及び行政上の措置をとる（3条2項）と規定しています。

　また，5条では，「締約国は，児童がこの条約において認められる権利を行使するに当たり，父母若しくは場合により地方の慣習により定められている大家族若しくは共同体の構成員，法定保護者又は児童について法的に責任を有する他の者がその児童の発達しつつある能力に適合する方法で適当な指示及び指導を与える責任，権利及び義務を尊重する。」と規定しています。

　6条1項では，「締約国は，すべての児童が生命に対する固有の権利を有することを認める。」，7条1項では，「できる限りその父母を知りかつその父母によって養育される権利を有する。」との規定がなされています。

　また，9条1項では，「児童がその父母の意思に反してその父母から分離されないことを確保する。ただし，権限のある当局が司法の審査に従うことを条件として適用のある法律及び手続に従いその分離が児童の最善の利益のために必要であると決定する場合は，この限りでない。」，同条3項では，「締約国は，児童の最善の利益に反する場合を除くほか，父母の一方又は双方から分離されている児童が定期的に父母のいずれとも人的な関係及び直接の接触を維持する権利を尊重する。」と規定しています。

　さらに12条1項では，「締約国は，自己の意見を形成する能力のある児童がその児童に影響を及ぼすすべての事項について自由に自己の意見を表明する権利を確保する。この場合において，児童の意見は，その児童の年齢及び成熟度に従って相応に考慮されるものとする。」と規定し，さらに同条2項において，「児童は，特に，自己に影響を及ぼすあらゆる司法上及び行政上の手続において，国内法の手続規則に合致する方法により直接に又は代理人若しくは適当な団体を通じて聴取される機会を与えられる。」と規定しています。つまり，子どもの意思の表明及びそのための担保として代理人等の制度整備が求められているのです。

　18条1項においては，「締約国は，児童の養育及び発達について父母が共

同の責任を有するという原則についての認識を確保するために最善の努力を払う。父母又は場合により法定保護者は、児童の養育及び発達についての第一義的な責任を有する。児童の最善の利益は、これらの者の基本的な関心事項となるものとする。」として、夫婦が子どもの養育及び発達に関して、共同責任を負い、それは、子どもの最善の利益が判断の基本となることを明示しています。

 我が国における子どもの権利

子どもの権利条約については、児童の権利委員会から締約国に対して勧告がなされ、それに対して、日本から、さらに報告書が児童の権利委員会に提出されていますが、我が国に対して未だ、多くの指摘事項があります。

そもそも、我が国においては、子どもの権利を保障するという包括的な権利法は存在していません。あらゆる場面で、権利性を有した個人ではなく、保護すべき対象という概念は維持されているとの指摘が可能であり、子どもを1人の主体的な人格者として尊重するという姿勢には欠けている部分があるといわざるを得ません。家事事件においても、これまで、同様の取扱いが維持されてきていました。

我が国は、子どもの権利条約は発展途上の国の子どもを対象とする条約であり、我が国では、「子どもの意見の尊重として、裁判及び行政手続、学校、児童関連施設、家庭において、子どもの意見が考慮されている」との回答を提出していますが、委員会は、日本が公的な規則が高い年齢制限を設定していること、児童相談所を含む児童福祉サービスにおいては子どもの意見がほとんど聴取されていないこと等を指摘しています。

 子どもの権利条約（手続保障の要請）と家事事件

前記のとおり、わが国では子どもの権利条約の要求するところが十全には満たされてはいないという現状がありますが、家事事件においては、次のように考えられていると考えます。

まず、手続保障の要請は、司法手続の本来要請であり、訴訟・非訟を問わず、子どもにも相応の手続保障を認めるべきであり、子どもの権利条約にお

ける意見表明権の趣旨に適合する手続がとられることこそが手続保障の要請に応えることに他ならないということです。そして，子どもの意思が手続に反映されることが子どもに対する手続保障の基本的内容であると認識されるようになり，その機能を担う制度として平成25年施行の家事事件手続法等で子どもの手続代理人が（**Q21**参照）採用され，子どもの権利条約に定める，子の権利行使主体性の承認（12条1項），プロセスにおける子の最善の利益の保障（3条），自己の意思を形成する能力のない子は代理人による行使の保障（12条の2項）などにより，子どもの「個人の尊厳」を実質化する制度作りに進んでいるものといえるでしょう（同旨若林昌子「子の手続代理人について」家族〈法と社会学〉26号99頁）。

　ただ，一定の制度は構築されましたが，家事事件の運用において（実態として）子どもの権利が守られていると評価できるのかが問われる段階に来たものと考えます（**Q20**参照）。

【相原　佳子】

● column 1

親の離婚と子どもの心

　夫婦という関係は離婚すれば他人になります。ところが自分は○○の子供である，あるいは××の親である，という親子関係は人として生まれたものにとって，等しく生涯に亘って継続存在し消滅することはありません。また，受精して命が誕生するという生物学的な意味においても親子関係は人の存在の根幹を成すものです。胎児として体内に生命が宿ったときから親子の関係は始まっているのです。妊娠中の母親の情動の動きに胎児が連動するかに見える状態が観察されています。

　誕生した乳児は自分の泣き声に呼応して両親から与えられる愛情のこもるケアをとおし，親や世界，ひいては自分自身への信頼感を獲得するのです。人はこのような基盤の上に，成長していく過程で自分がどのような成人になりたいかを意識的無意識的に思い描きますが，そのモデルの原型となるのは第一に自分の親（実親若しくは基本的養育に携わる人）なのです。親を基本のモデルとした上に，成長につれて広がっていく社会的関係の中で出会う人々の中から，人は親（親代わりの養育者）を原型として，そこにさらに望ましいと思う人としての特質をモデルとして見習い自分の内に取り入れていきます。人の存在の基盤を形成し，成長するモデルの原型である親の意味は強調しすぎることはないくらいに大きいものです。このことを充分認識した上で，親が離婚するという問題の渦中にある子どもに出会う成人には，次に列挙するような留意が求められています。

① 子どもは責任がないから楽な存在だなどという声をきくこともありますが，子どもは社会経済的に大人に依存して生きざるを得ず，けっして手放しで陽気であるとか無頓着というわけではありません。自分の感情や思考内容を的確に言語化し得ないとしても，内面では的確に感知しているのです。例え子どもであっても，人格をもつ人として遇する気持ちや姿勢を基本的に堅持すべきです。

② 周囲が問題性があると見なし，その適格性を疑われるような親に対しても，前述したように，子どもにとっては自分の存在の根幹を規定している意味ある大切な存在です。離婚の有責者とみなされる親に対しても，子どもが一概にすべて否定的な気持ちになれないことに想いを巡らし，その複雑な心中を理解し，さりげないサポートが必要です。

③ 子どもが自分に誇りと自信をもつ人として成長するためには，いたずらに親の瑕疵を指摘するばかりでなく，両親それぞれの人としての長所を子どもに伝え，仮に別れて暮らすことになっても，親をただ憎む，嫌う，恨む，侮蔑の対象としか考えられない，などということは可能な限り，ないようにすべきでしょう。人間には弱いところもある，いたらないところもあるという現実を受け止め，痛みを抱きつつもそれに屈することなく，そこから成長出来るように，周囲の大人は配慮することが望ましいと考えます。

④ 親権や監護権の決定に際して，子どもの気持ち，意見を尊重することは大切です。ただ，最終決定は大人がいろいろな事実や事情を総合的に考え，子どもの最善の利益とは何かという見地から，大人の責任において決定したのだと伝えることが必要でしょう。

　　子どもが自分が片方の親を選んでしまった，片方の親を傷つけたのではないかなどという戸惑いや痛みを感じないように配慮が必要なのです。

⑤ 子どもは一般的に大人が考えているよりは，生きていく上で大切な根幹に関わることについては微妙に感じ取り，適切に言葉に出来なくとも子どもなりに考え惑うことが少なくありません。また，平素は何でも自分の思いや感情を無邪気にすぐ顕わにしているようでも，親が悩んでいることや両親の関係の歪みには気づきながらも，それに触れることをそっと我慢している場合が少なくないのです。子どもを無理にどちらかの親の味方につけようと試みたり，意図的な話はむしろ子どもに忠誠葛藤を引き起こしたり，悲しさや苦しさを増すことであったりします。組合せとして，うまくいかないのであるというように考えて，離婚する相手の全人格を否定するような態度をとることは控えることが肝要です。

⑥　また，子どもは両親の離婚の原因は自分にあると考え，それがその後の成長に陰を落とす場合があります。大人は自分の行為を自分の責任において自分が決断していることを子どもに告げ，不用意に子どもに罪悪感を抱かせないように留意することが必要でしょう。

⑦　子ども時代に親の離婚を経験した人々の多くは，それが子どもにとり，大きな出来事であるにもかかわらず，親から説明がなかったことについて，その時の自分の理解力の程度に応じて，説明して欲しかったと考えている人が多いのです。難しいことではありますが，子どもの心理的発達の程度，理解力，親との関係のあり方を勘案しながら，親がやむなく離婚にいたった理由，離婚しても子どもについては親としての関わりをもち，子どもの健やかな成長を願っていること，そのために努力しようと思っていることを伝えるようなゆとりがあることが望ましいでしょう。

（村瀬　嘉代子〔大正大学名誉教授・客員教授〕）

● column 2

離婚事件における子どもの問題の傾向

　厚生労働省平成25年（2013年）人口動態統計の年間推計によれば，平成24年の離婚件数は23万5406件とされ，前年（平成14年）にピークを迎えた平成15年の28万3854件より5万件近く減少しています。

　協議離婚制度を有している日本では，離婚全体のうち，概ね8割が協議離婚といわれています。しかし，全国の家庭裁判所における「離婚」の調停成立又は24条審判事件のうち未成年の子の処置をすべき件数は，平成15年度には2万0041件であったものが平成24年度には2万0627件となっており，むしろ増加しています。

　また，子の監護者指定審判事件は，平成15年度の3600件から平成24年度には8823件，同調停事件は，平成15年度の2万2629件から平成24年度には3

万1421件と1.5倍から2倍以上に増加しており，子どもの問題に関する争いが増加している様相がうかがえます。

(佐野　みゆき)

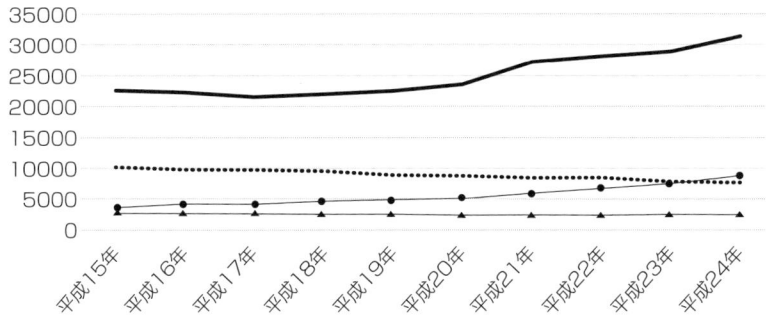

別表・子どもにかかわる家事事件の動向

年	子の監護者指定その他処分審判	子の監護者指定その他処分調停	親権者の指定又は変更審判	親権者の指定又は変更調停
平成15年		約22500		約10000
平成24年		約31000		約8000

●●● 子の監護者指定その他処分審判　──── 子の監護者指定その他処分調停
▲▲▲ 親権者の指定又は変更審判　……… 親権者の指定又は変更調停

(司法統計より作成)

第2

離婚手続

Q03 離婚事件に適用される手続法

離婚事件が司法判断される場合の手続法は，通常の私人間の事件に適用される手続法とは違うのですか。

解説

I 家事事件に適用される法律

(1) 民事訴訟法の考え方

離婚事件は，相続事件などとともに家族関係における紛争事件であり，家事事件と呼ばれます。通常の個人間の私的な紛争については，まず，地方裁判所において法的解決を求めることができ（簡易裁判所の場合もあります），実体法である民法に従った判断がなされ，裁判所での審理に際しては，民事訴訟法という手続法にのっとって進めることが定められていますが，家事事件では異なる手続法が適用されています。

すなわち，離婚等の家事事件においては，民事訴訟法の特別法である人事訴訟法と，民事訴訟法とは異なる観点から想定される非訟事件（民事の法律関係に関する事項について終局的な権利義務の確定を目的とせず，裁判所が通常の訴訟手続によらず，簡易な手続で処理をし，後見的な判断をする事件類型の事件）の性質を有する家事事件手続法がその手続を定める法として規定されています。

このように適用される手続法が異なるのは次のような理由に基づきます。

通常の民事訴訟というのは金銭の支払請求，動産の引渡しや不動産の明渡し請求，動産・不動産の所有権・知的財産権（特許権）などの権利又は法律関係の確認訴訟，株主総会決議の取消訴訟など，主として司法上の権利又は法律関係を巡る訴訟，多くが財産権上の訴訟です。このような私法上の権利

又は法律関係は，ほとんどの場合，私人がこれを自由に処分することができるものであり，訴訟外でも私的自治の原則が妥当し，訴訟上の対応物についても処分権主義が妥当する結果，裁判所は，当事者が求める事項について，かつ当事者の求める範囲において裁判を行い，権利保護を図れば足りるのです。

また，判決の基礎となる事実（訴訟資料）の提出についても当事者の権限かつ責任とする弁論主義が妥当し，裁判所は，形式的適用において生じる不都合については，釈明権（民訴149条1項）の行使で補えばよいとされています。

私人間の財産の問題については当事者の自由に委ねられるという大前提があり，訴訟の場においても，それぞれの責任において主張立証を尽くし，提出された訴訟資料をもとに裁判所が判断を下すというルールなのです。

(2) **人事訴訟法・家事事件手続法の考え方**

家事事件は，身分関係を形成又は変更し，その結果が当事者以外の第三者に効力を及ぼし，公共の利益にも影響が及ぶため，実体的真実に基づいた判断をすべき要請が強い事件です。当事者の自由な処分に服するものではなく，当事者の提出した資料に限定されずに，職権で事実の証拠調べを行って，事実を認定する必要があるといえます。また，家事事件は，具体的な法律関係を形成等するため，迅速に処理されることも要請されると考えられます。

さらに，家事事件は，夫婦や親子等家庭をめぐる紛争を対象とするため，必然的に家庭内の秘密や個人のプライバシーに関わる事実を取り扱うこととなり，その紛争解決手続においては，公開は適さず，事件記録も当事者以外には公開すべきではないという要請が強いものです。

その結果，これらの要請に沿った手続法として，家事事件には，民事訴訟法の特別法である人事訴訟法が適用され（人訴1条），また，家事調停事件・家事審判事件に関しては家事事件手続法を適用することが定められています（家手1条）。

II 適用される法律

(1) 人事訴訟法

　人事訴訟法は，婚姻事件，親子関係事件，養子縁組事件その他の身分関係の形成又は確認を目的とする訴えを「人事訴訟」という範疇の訴訟とし，かつ，これらの訴えを家庭裁判所の専属管轄に属する人事訴訟と性格づけています（人訴2条1号）。

　前記のとおり，人事訴訟に関する手続について民訴法の特例を定めるものです。

　人事訴訟法においては，職権探知主義（人訴20条），すなわち，裁判所が職権によっても証拠調べを行い，当事者の主張しない事実も判決の基礎にできるようにして裁判所にも事案解明責任を負わせるという考え方がとられています。ただし，争訟性の強い事件もあり，どの程度の真実発見の義務を負うのか，また，当事者（利害関係人を含む）に関しては，参加による攻撃防御方法提出の機会を与える必要があるのかについては，いろいろな見解があります（松本博之『人事訴訟法』57頁以下）。

　その他，処分権主義の制限（人訴19条以下）等，民事訴訟法とは異なる基準が制定されています。

　なお，平成15年制定の「人事訴訟法」により，従来は離婚訴訟等の身分訴訟は地方裁判所を第一審としていたことが変更され，家庭裁判所を管轄とするという大きな変更がありました。これは，その問題の性質が通常の訴訟と人事訴訟では根本的に異なるという視点が重要視されたものです。

　人事訴訟手続の特徴としては，弁論主義の制限，（自白法則の不適用（人訴19条1項），離婚・離縁を除く請求の認諾・放棄・訴訟上の和解の不許（人訴19条2項），職権探知主義（人訴20条）），判決の対世効（人訴24条），訴訟の集中（人訴17条・18条）などがあります。また，人事訴訟法では，参与員制度が導入され（人訴9条），離婚訴訟等における子の監護の処分などについての家庭裁判所調査官の活用（人訴3条・34条），家庭裁判所調査官作成の調査報告書のうち事実調査部分の当事者に対する原則的公開（人訴35条2項等）が定められています。

(2) 家事事件手続法

家事事件手続法は，家事調停・家事審判を対象とする家事事件に関する基本的な手続法であり，平成23年に制定し，平成25年1月1日から施行されました（**Q4**参照）。

　前述のとおりの家事事件の特徴から，その手続においては，人事訴訟法と同様に職権探知主義がとられています（**Q8**参照）。ただ，裁判所が審理の基礎資料を収集することには限界があり，また，事実関係を一番よく知っているのは当事者であることから，当事者の関与も当然必要となりますし，従前の家事審判法においては，当事者が自らの手続に関与し得ることについての保障が十分ではないという指摘がありました。そこで，家事事件の特徴に応じた配慮と当事者の手続保障という，両方の要請に応えるべく制定されたのが家事事件手続法であると評価されています。

【相原　佳子】

Q04 家事事件手続法の概要と子どもの問題

平成25年に施行された家事事件手続法は，どのような目的で制定された法律なのでしょうか。また，その中で，離婚時の子どもの問題については，どのような規定がなされたのでしょうか。

解説

I 家事事件手続法制定の概要

(1) 家事事件手続法制定の目的

今回制定された家事事件手続法は，昭和22年に制定された家庭裁判所における家事審判及び家事調停の手続を定める法律である家事審判法を，全体として見直したものです。家事審判法は，手続法として備える基本的な事項や当事者等の手続保障に関する規定が十分とはいえないとの指摘がありました。そこで，社会の著しい変化，家族をめぐる事件の複雑化・多様化に対応でき，家事問題を抱えた人が司法を利用しやすくすることを目的として，新たに総合的な見直しにより家事事件手続法が制定されたのです。

(2) 新法における見直しの視点

(a) 当事者等の手続保障を図るための制度の拡充　当事者以外の利害関係人が当該審判に参加する制度（以下，「参加制度」といいます）の内容が不明確であったことから，参加人の権限等が明確にされ，利害関係を有する者が手続主体として主張や資料を提出することが可能にされました。具体例としては，参加制度の拡充（家手41条・42条）が挙げられます。

(b) 家事事件手続を利用しやすくするための制度　旧法である家事審判法の下では，家裁が相当と認めるとき，記録の閲覧等を許可することができ

るという定めであり（旧家審規12条），記録の閲覧等は裁判所の広い裁量にゆだねられていました。家事事件手続法においては，当事者については家事審判事件の記録の閲覧等を原則として認めるとともに記録を閲覧することができない場合を明確にし，当事者の記録の閲覧等が容易になりました（家手47条）。

(c) 管轄・代理・不服申立て等の基本的事項に関する規定の整備　家事審判法の下では，主張や裁判の基礎となる資料についての提出期限は明確にされず，また，審判がなされる日も事前に示されることはありませんでした。家事事件手続法では，一定の事件については，あらかじめ主張や資料の提出期限及び審判日を定めることとされ，当事者の手続上の予測可能性を確保することとされました（家手71条・72条）。このほか，不意打ち防止のための諸規定等が制定されています。

II　子どもの問題への対応

(1) 新たな視点

家事事件手続法においては，子どもの問題への対応としては新たに以下の視点の配慮がなされています。

(a) 子どもの権利条約　国連で1989年に子どもの権利条約が採択され，1990年から発行していますが，我が国では1994年に同条約を批准，公布され，国内での法的効力が発生しています（**Q2** 参照）。

同条約12条によれば，自己の意思を形成する能力のある児童はその児童に影響を及ぼす事項について自由に自己の意見を表明する権利を有しています。そこで，子どもが自己に影響を及ぼすあらゆる司法上の手続において，国内法の手続規則に合致する方法により直接に，又は代理人等を通じて聴取される機会が与えられるものとされました。

(b) 子の手続への参加　家事事件を処理するにあたり，その結果により影響を受ける子の福祉への配慮することは当然ですが，これまでは，明文として明確な規定はありませんでした。

特に，親同士が紛争の渦中にある場合には，親に子の利益を代弁することを期待することはとても難しいことです。これまでも，家事事件手続におい

て，子の心情や子が置かれた状況を把握するための配慮がなされなければならないことが強く指摘されてきました。そこで，子の身分関係に影響が及ぶような一定の家事事件においては，未成年者である子も意思能力があれば，自ら手続行為をすることができることとして，その意思を反映しやすくするということが考えられました（金子修編著『逐条解説家事事件手続法』222頁，552頁，784頁，秋武憲一『離婚調停〔新版〕』146頁他）。

　子が家事事件の結果に直接の影響を受ける場合において，意思能力があれば手続行為をすることができるときは自ら利害関係人として有効に手続行為をすることができるほか，家庭裁判所は，相当と認めるときは職権で子を利害関係人として参加させることができることが定められました（家手258条1項）。

　また，家事事件において，規定上は自ら手続をすることができる場合にも，未成年者である子の場合には，現実にその手続をすることには多大の困難を伴うことが多いと考えられることから，これを補うため，法定代理人も子を代理して手続を行うことができるようにし（家手18条），さらに，裁判長が申立てにより，又は職権によって，弁護士を手続代理人に選任することができる規定がなされています（家手23条。**Q21**参照）。

(2) 子の陳述の聴取の問題

　一定の家事審判事件については，家事審判をする場合には，子の陳述の聴取をしなければならないものと規定されました（家手65条）。これは，裁判所が，家事審判事件を処理するにあたり，その結果により影響を受ける子に当該家事審判事件について意見を述べる機会を与えるとともに，子の認識を事実認定上の資料とするとともに，子の意思や意向を最終的な判断にあたって考慮する必要があると考えられるからです。

　ただ，ここでいう子の陳述の聴取とは，子から言語的表現による認識，意見，意向等を聴取するものであることから，子の陳述の聴取をするためには，子が自らの認識を表現し，又は意見や意向を聴取することができる能力があることが前提になります。そこで，低年齢の場合にまでも，一律に聴取することは適当ではなく，また子の発達には個人差もあることから，子どもの陳述の聴取を必ずしなければならないとするための，明確な基準が必要と

考えられ，年齢としては15歳を基準として規定しています。

なお，子が15歳未満であっても，裁判所は，子の利益の観点から，相当と認める方法で子の意思の把握に努めなければならないとされ（家手65条），その年齢や発達の程度等を考慮して，事案の性質に鑑みて，陳述の聴取をすることを相当と認めるときは，15歳未満の子どもであっても，その陳述を聴取することとなりました。

(3) 家事事件手続法の問題点について

(a) 家事事件手続法の目的　これまで述べてきたように，今回の家事事件手続法の制定には，相手方に防御の機会を保証するという視点があったことから，その方向性に基づく制定内容となっています。

その結果，申立人が提出した書面は，非開示の申出書が提出されていない場合には，相当程度の割合で，閲覧謄写の許可がなされ，相手方に開示されることが前提となっています。また，調停期日の運営として，双方当事者本人立会いのもとで調停の手続が説明されることが予定されています。これは，当事者双方に対して家庭裁判所への信頼を形成し，当事者が手続の内容，進行予定，他方当事者の主張や争点を的確に理解して，当事者双方，裁判所の三者が主張争点を共有することにより，効果的な話合いができることが期待されているのです。そして，その結果，当事者本人らによる主体的な合意形成とともに，本質的な問題解決を図ることを目指しています。

(b) 家事事件手続法の問題点　従来の家事審判法から，今回の家事事件手続法への内容変更に関しては，その意義は十分に認められるものでしょう。しかしながら，家事事件の中でももっとも当事者の合目的的解決が必要であり，調停が重視されるべきである子どもの問題において，家事事件手続法の内容において問題が残されていないのかについては疑問なしとしません。

子どもの心情等を表した書面が相手方に開示され，それが，話合いの最中に相手方につまびらかになってしまうことには不安が残ります。つまり，相手方の防御の必要性から各書面が原則開示謄写できるということになっているのですが，話合いの途中であれば，子どもの心情等を表した書面など非常にデリケートな内容に関しては，その書面が開示され，一人歩きしてしまう

ことによる問題の深刻化と，結果的に話合いの可能性自体を狭くするのではないかという危惧があるのです。当事者に代理人等がついて適切に書面の非開示を申し出ることができればまだしも，当事者のみによる調停等では，子どもの陳述書等も含め，書面の応酬になる可能性もあります。話合いの段階では，家庭裁判所だけに第三者として適切な介入をする前提として知っておいてもらった方がよい情報もあると考えられるからです。

　子どもの心情は揺れ動くことが大きく，また，表現力も十分ではないことから，文書にしてしまったものの，そのニュアンスによっては後日，その文書を書いたことを後悔してしまうような内容となってしまうこともあり得ます。

　子どもの問題に関しては，その証拠書類の提出，開示の必要性，家庭裁判所の許可の対象となるのか等について当事者双方，代理人弁護士，裁判所すべてが，当事者双方の防御の必要性といった観点よりも，子どもの将来をも見据えた，子どもの福祉的観点を第一義において判断されるべきと考えます。

【相原　佳子】

Q05 家事調停

家事調停はどのように進行されているのでしょうか。

解説

I 家事調停と裁判の関係

(1) 家事調停制度

家事調停制度は，昭和22年に制定された家事審判法において，家庭に関する紛争を解決するための裁判の前段階の制度として創設されました。現在では，調停の申立ては，紛争を解決する手続であるとともに，合意による解決ができなかった場合の最終手段である裁判手続に円滑に導入する機能をも有しているといわれています（調停前置主義）。

家庭に関する紛争は，公開の法廷で権利義務だけで正否を決すれば解決できるとはいえない性格をもっています。特に，子どもをめぐる家事事件において夫婦が，家庭を営むことがかなわない事態となった場合であっても，将来に向かって結論を受け容れた解決がなされることで将来の子どもの問題への安定的な対応が期待できると考えられます。

そのため，当事者が紛争状況を客観的に認識して，自主的に選んだ解決策であって，法的にも正しい解決を得られるように支援する制度が調停であるといえるでしょう。

ところで，上記のとおり，昭和22年に家事審判法が制定されて以来50年を経た平成23年に家事事件手続法が制定され平成25年1月1日に施行されましたが，調停に関して，ほぼ，家事審判法が踏襲されています（家手244条以下）。

(2) 調停前置主義

家事調停と人事訴訟との関係では，調停前置主義の原則があります。人事訴訟事項その他家庭に関する事件について訴えを提起しようとする者は，まず家庭裁判所に調停の申立てをしなければならず（家手257条1項），調停を経ることなくいきなり人事訴訟を提起した場合には，裁判所はその事件を調停に付するのが相当でないと認める時を除いて，その事件を家事調停に付さなければなりません（同条2項）。これを調停前置主義といいます。

　家事事件は夫婦や親子などの家族間の身分的紛争を扱うものであり，前記のように当事者に合意を促す調停が裁判に代わるものとして，特別な場合（例えば人事訴訟事件で検察官が当事者となっているとき，相手方が行方不明や判断能力欠如など調停行為能力が無いときなど）以外はその役割が極めて重要である，と期待されているのです。

　そこで，調停を経ずに訴訟が起こされた場合には，不適法却下事由でなく，原則的に職権付調停事由となります。

II 調停の機能

　調停では，家庭に関する紛争については，いきなり訴訟によって，画一的な結論を出すのではなく，紛争の内容により，家庭裁判所の調査官や医務室技官から専門的援助を受け，調停委員会で人間関係の調整を行いながら事件終了後の円満な関係形成を含めて具体的に適正妥当な解決を図ることが期待されています。

　また，調停は，訴訟に比べると，自己決定や自立的な判断が重視されるので当事者の協議によって柔軟な解決を図りやすいことに大きな意味があると考えられています。なお，訴訟に比べて時間，費用の負担が少なく，また，その結果，精神的な疲労などの負担も比較的に少ないということも一般的にはいえます。ただ，調停期日において，家庭裁判所に滞在する時間は，1回で通常2ないし3時間（約半日）を開けておかなければならず，また，代理人に弁護士を依頼した場合であっても当事者が出頭することが原則となっています（家手51条）。

Ⅲ 調停手続と訴訟手続の関係

　調停手続と訴訟手続は前述のとおり調停前置主義がとられていますが，調停手続で提出された資料を当然に訴訟手続で証拠資料として利用することはできないこととなっています。ただ，その後，その資料を新たに証拠として提出することは可能です。

　ところで，前置される家事調停事件を担当した裁判官がその後に同じ紛争についての人事訴訟事件を担当することが可能かどうかについても，議論がなされています。調停を担当した裁判官は，当該紛争に関して一定の予断をもっているとして当事者から公平性に欠けるとみられることから，人事訴訟事件は別の裁判官が担当すべきであるという意見もありました。しかし，この問題については，裁判官は訴訟手続で収集された証拠のみに基づいて判決することについて訓練を経た専門家であることから，調停に関与する過程で知った事情が判決に影響を与えることはないであろうとされ，前に係属した調停を担当した裁判官が人事訴訟事件を担当することについては法律上の制約は付さないという結論になっています。

　なお，海外においては，調停ないしメディエーションと，その後の離婚訴訟等は完全に切り離すという法制度がとられているところも少なくありません。

Ⅳ 調停を担当する機関

(1) 家庭裁判所
　家事調停は裁判所法上の裁判所である家庭裁判所が担当します（裁31条の3第1項1号）。

(2) 調停委員会
　調停委員会は，1人の裁判官及び2人以上の家事調停委員（後述(4)）をもって組織します（家手248条1項・251条1項・2項）。

(3) 裁判官の単独調停
　家庭裁判所において家事調停を行うのは，調停委員会ですが，裁判官だけでも調停をすることができます。これを「単独調停」といいます（家手247条

１項但書)。これに対して調停委員会で行う調停を調停委員会調停といいます。

(4) 家事調停委員

　家事調停においては，ほとんどの事件で男女１名ずつ合計２名の家事調停委員が指定されています。これは，家事事件を解決するにつき，両性の異なる視点を反映させることに配慮しようという趣旨からの運用です。

　なお，各家庭裁判所における調停委員がどのような手続を経て選任されているのかは，あまり，公にはされていません。

　調停委員は，非常勤の国家公務員であり（家手249条），民事調停及び家事調停における調停委員は，弁護士となる資格を有するもの，民事若しくは家事の紛争の解決に有用な専門的知識経験を有する者又は社会生活の上で豊富な知識経験を有する者で，人格識見の高い年齢40年以上70年未満の者の中から，最高裁判所が任命する（民事調停委員及び家事調停委員規則１条）とされています。公益財団法人日本調停協会連合会の調査では，家事調停委員は，「弁護士」と，「会社，団体の役員，理事」がそれぞれ10パーセント，他の有資格者（公認会計士，税理士等）が約17パーセントで，無職が約40パーセントとなっています。女性の調停委員は主婦である人が多いと思われます。どのような調停委員が担当するのかに関しては，家事事件であれば，書記官が，名簿の中から男女１人ずつに日程を打診して，期日に出席できる場合には受諾することで，選任されているのが実際のようです。

　また，調停委員は調停において果たすべき役割の習得や，当事者双方の話をよく聞いた上で公平中立の立場から助言するという基本的な姿勢を身につけるための研修を受けています。東京家庭裁判所においては，裁判官からの研修とともに自主的な勉強会なども実施されています。

　ところで，子どもの問題が調停で話し合われる際には，調停委員が当初から，「妻が家事育児を担当するのが当然である。」等と言い放ったというような事態も過去には認められ，現在でも，一方的な価値観で説得されるということも否定できません。このような場合には，家事調停委員会を指揮する裁判官に上申請等を提出して判断を仰ぎ，場合によっては同席を申し出てください。

(5) 裁判所書記官

家庭裁判所の家事事件を担当する書記官は，後記の仕事を担当します。
① 事件に関する記録，その他の書類の作成と保管
② 記録の正本，謄本，各種証明書の交付と送達
③ 執行文の付与，執行力のある審判書きや調停正本の付与
④ 記録の閲覧謄写に関する事務
⑤ 裁判官の命令を受けて，法令や判例の調査，その他必要な事項の調査の補助等

(6) 家庭裁判所調査官

家庭裁判所には，心理学，社会学，教育学，社会福祉学等の人間関係諸科学の専門知識を有する家庭裁判所調査官が配置されています（裁61条の2，家手58条・59条等）（家庭裁判所調査官の役割については**Q8**参照）。

Ⅴ 家事調停の申立て

(1) 管　　　轄

家事調停事件の管轄は，相手方の住所地の家庭裁判所又は当事者が合意で定める家庭裁判所とされています（家手245条1項）。

なお，離婚訴訟を含む人事訴訟事件の土地管轄は，原告又は被告が普通裁判籍を有する地等を管轄する家庭裁判所の管轄に専属する（人訴4条1項）のであり，調停の管轄とは異なっていますので注意が必要です。

(2) 家事調停事件の申立て

(a) 申立書の記載　家事調停は，申立てにより行われ，申立てをする者を「申立人」といい，その者との関係で，申立てをされる者を「相手方」といい，両者をあわせて「当事者」といいます。当事者の代理人である「手続代理人」には弁護士の他は，裁判所が許可した者しかなれません（家手22条——法令のケースを除く）。

調停の申立書（家手255条1項）には，当事者及び法定代理人，申立ての趣旨，その理由，事件の事情（同条2項，家手規1条・127条・37条1項）などを記載する必要があります。

「申立ての趣旨」というのは，申立人が求める調停のことであり，「申立ての理由」は，申立ての趣旨とあいまって，調停を求める事項を特定するのに

必要な事実です。

　「事件の実情」とは，申立ての動機や紛争の経過等のことです。これらを申立書に記載することで早期に裁判所に争点を把握してもらうことができますが，これが記載されていないということで申立書が却下されることはありません。

　調停の申立てがなされると，原則として，申立書の写しが相手方に送付され（家手256条1項）相手方に送付される申立書の写しは，申立人が作成しなければなりません（家手規127条・47条）。なお，裁判所で用意されている3枚複写式の申立書式を利用すれば，別途申立書の写しを作成する必要はありません。

　申立書には，申立人の住所を記載する必要があります（家手規1条1項1号）DV等を理由として，住居所を相手方に知られたくない場合には，申立書における住居所を別居時点のものや，住民票記載の住所，場合によっては代理人弁護士の事務所所在地にするなど，記載内容から相手方が把握できないようにしておくことが必要です。

　なお，住所を秘匿したい場合には，事前に裁判所に注意喚起するための情報提供を確実に行わなければなりません。

　(b)　相手方への情報としての申立書等　　上記のとおり，家事事件手続法では，申立書は相手方に送付されることになりました。これは，相手方の手続保障をするためであり，相手方が話し合う事項を理解して，第一回調停期日の準備をすることができることを目的としています。

　一方で，その内容いかんでは，相手方の感情を阻害し，任意の話合いである調停の場にならないとも考えられますから，不必要な感情的な記載は避けるべきでしょう。さらに，裁判所には事前の知っておいて欲しいが，相手方には知られたくない事実についても申立書には書くべきではありません。

　前述のとおりですから，家庭裁判所（調停委員会）に知っておいてもらいたい事項については，別の「事情説明書」や主張書面等といった書面に記載して提出し，それらについては相手方に送付しない旨を明記することに留意すべきです。もっとも，この「事情説明書」は，相手方には送付しませんが，申立ての詳しい事情等が記載されていることから，閲覧謄写の対象にはなり

ます（家手254条1項）。従って，相手方が，後日裁判所の許可を得て閲覧謄写請求することで，その内容を知る恐れがありますので，記載する必要性については慎重に吟味しましょう。

調停に際して提出する書類に関しては，相手方への送付，閲覧謄写の可能性等について，不明瞭な場合には書記官等を通じて，確認しておくことが必要です。

Ⅵ 家事調停の進行

(1) 評　　議

前述したように，配点を受けた担当裁判官は，調停委員2名を指定して調停期日を決めます。第一回の調停期日の前には，通常裁判官と調停委員が事件の進行や処理等について意見交換や相談等（「評議」と呼ばれています）をして臨みます（秋武憲一『離婚調停〔新版〕』27頁，東京家事事件研究会編『家事事件・人事訴訟事件の実務』参照）。

(2) 調停の方式

我が国の調停に関しては，当事者双方から交互に話を聴く個別面接方式が原則とされてきていました。

実務上，まず，当事者双方を同席させ，調停に関する一般的説明をなした上で，時間配分を考えて，申立人側から順番に事情を聴き，次いで，相手方から事情を聴くというやり方で初回が実施されます。初回では一般的には，最初に申立人から長くて30分程度聞いた上で，相手方から聞くことから始めているようです。二回目以降は，双方の主張の一致点と相違点とを確認し争点に関して調整を図り，最後に合意がまとまると合同，対席，面接の場所で審判官が立ち会って確認するのが一般的です。

個別の単独面接のやり方は，相互の不信感情的対立が激しく，当事者が自由かつ遠慮しないでものをいうことができない事情があるような場合には，気兼ねなく当事者が話をすることができ，調停委員や裁判所としても真意を聴くことができるというメリットがあります。

しかし，他方で，相手方の主張や事実の説明に食い違いが出て，疑心暗鬼な状況が解消されないこともあり得ます。また，調停委員や裁判所から相手

方の意向や気持ちを聞いても，間接的であって，その主張の意味が理解し難いこともあります。

　そこで，このような場合には多少の摩擦は生じても，当事者同士が直接コミュニケーションをとることで，①現実を認識できる，②時間の短縮となる，③手続の透明性の確保にも役立つ等と考えられ，近時は，可能な限り，同席して調停をすることを原則化すべきであるとの意見も有力になされるようになっています。

Ⅶ　電話会議システムによる手続

　家事事件手続法においては，当事者が調停が係属している裁判所に直接来なくても裁判所にいる裁判官等と電話等を利用した通話で家事審判事件の手続ができる（家手54条１項・64条１項・258条１項，民訴204条参照）のと同様に，調停手続においても，音声の送受信による通話の方法（電話会議システム等）による手続を行うことができるようになりました。

　電話会議とは，裁判官や調停委員会と当事者の一方又は双方が電話を使用して同時に通話をするシステムのことです。テレビ会議はテレビを利用して，音声だけではなく，映像によって相手の状態を相互に見ながら通話できるシステムです。ただ，テレビ会議システムの設備は裁判所にしか備え付けられていないので，これを利用する場合，当事者は，指定された裁判所に行かなければなりません。

　当事者の便宜のために，上記のシステムが導入されましたが，原則は当事者双方が出頭することであり，電話会議システム等を利用するのは補充的なシステムであると考えられているようです。

Ⅷ　調停進行におけるその他の注意点

〔DV事案について〕

　前記のとおり，近時，同席調停が進められてはいますが，DV事案等においては，当事者双方が庁舎内で対面することがないように，申立人専用，相手方専用の調停室を階数を分けて用意したり，呼出しの時間や帰る時間をずらしたりするなどの特別の配慮がなされています。事前の書面に書いて提出

するとともに、当事者の意向を担当書記官に伝え、両者が遭遇することのないように申し入れる必要があります。

第一回目の前には、緊張感もあり、相当の配慮がなされますが、調停を何回か重ねてきた頃に、油断して、エレベーター等で遭遇してしまい、PTSD等から当事者が精神的に不安定になったようなケースもありますので、代理人となる弁護士は、常に気をつけておく必要があります。

IX 調停事件の終了

調停事件は次の終了事由によって、終了します。

(1) 成　立

調停においては、申立人と相手方との間で、解決すべき紛争について合意ができた後、調停委員会において合意内容を検討し、問題がないと認められなければなりません。そして、その後、裁判官、調停委員2名、書記官同席のもと、裁判官が当事者双方の面前で調停条項を読み上げて、内容を確認します。当事者が了解すれば、その時点で調停が成立し事件が終了したことになります。通常当事者自身も同席しますが、同席したくない場合には、代理人のみでも成立します。

調停調書は裁判所書記官が作成します（家手253条）。成立した調停の内容が民事訴訟事項であれば、民事訴訟における確定判決と同一の効力を有し、また、成立した調停の内容が家事事件手続法別表第2に掲げる事項であれば、確定した審判と同一の効力を有します（家手268条1項）。子の監護に関する処分、親権者の指定又は変更は、別表第2事件です。

子の監護に関する処分の中で、面会交流について、調停条項でどのような記載方法をしておくべきかが問題になります。**Q36, 37**を参照してください。

(2) 不　成　立

調停委員会は、当事者間に合意が成立する見込みがない場合又は成立した合意が相当でないと認める場合には、調停が成立しないものとして事件を終了させることができます（家手272条1項）。これが調停の不成立であり、「不調」ともいわれています。

(3) 取下げ

申立人は，相手方の同意の有無に関係なくいつでも調停の申立てを取り下げることができます（家手273条1項）。調停については，いったん取り下げても再度，調停の申立てをすることができます。なお，離婚訴訟においては前記のとおり調停前置主義がとられており，調停を申し立てて，実質調停を行わずに，取り下げられたような場合には，調停前置主義に反するという判断がなされる可能性があります。

(4) 調停をしない措置「なさず」

事件の性質が調停をするのに適当でない場合（求めている内容が公序良俗に反するような場合）や当事者双方が無断で調停期日に欠席を繰り返すなど，調停制度の趣旨に沿った利用をする意思がないことが明らかであると認められる場合には，調停をしない措置（なさず）で調停事件を終了させる場合もあります（家手271条）。

(5) 当然終了

離婚当事者が死亡した場合には調停は当然に終了します。

(6) 移送，回付

当該調停を他の裁判所に移送し，そこで続行ということになります。したがって，当初の裁判所では終了ですが，当事者から見れば終了ではありません。

(7) 調停に代わる審判

裁判所が調停に代えて審判（案）を提示します。これを受け入れられない場合には，訴訟に移行します。

【相原　佳子】

Q06 家事審判

家庭裁判所における審判手続を説明してください。

解説

I 家事審判手続

　家事審判事件とは、家事審判の申立て又は職権により審判が開始された事件と家事調停から移行して審判の手続が開始された事件をいいます。家事審判事項は家事事件手続法39条に定められているとおり、別表第1と別表第2に規定された事項です。

　別表第1は調停をすることができない事件（例えば成年後見、未成年後見、相続の放棄等）であり、別表第2は調停をすることができる事件（例えば、子の監護に関する処分）です。家事審判法における甲類事件・乙類事件の分類基準を形式上踏襲した内容となっています。調停できる事件においては家事事件の中でも当事者間の合意により定めることができる、又は少なくとも自由な処分ができる事項です。

　ところで、審判事項は限定列挙であり、家庭に関する事件であっても、本条に規定されていない事件について審判をすることはできません。なぜなら、形式的には、家事事件手続法39条が裁判所法（裁31条の3第1項1号）を受けて、職分管轄を規定しているからですが、実質的には、審判は非訟手続であって、対審及び判決による手続保障が予定されない手続（最大決昭40・6・30民集19巻4号1089頁）であるからです。すなわち、裁判所の職権的な後見的関与が必要とされたことから列挙された事項以外にも審判をなし得るとすれば、手続保障の観点からは民事実体法の原則である私的自治に反するこ

とにもなりかねないからです（山木戸克美『家事審判法』22頁，斎藤秀夫＝菊地信男編『注解家事審判法〔改訂版〕』119頁〔高島義郎〕）。

II 家事審判における具体的な手続

家事審判における具体的な手続は以下のとおりです。
① 手続の開始
　（ⅰ）審判申立てによる開始　調停と同様に書面で行い，申立書には，申立ての趣旨及び申立ての理由のほか，事件の実情などを記載します（家手49条2項，家手規1条・37条1項）。
　（ⅱ）家事調停手続からの移行　別表第2審判事項についての家事調停事件について，調停不成立により家事調停事件が終了した場合には当然に家事審判手続に移行します（家手272条4項）。
② 事実の調査（**Q8**参照）
③ 子の意見の把握（**Q19**以下参照）
④ 審判前の保全処分（**Q7**参照）
⑤ 審理（**Q8**，**Q9**参照）

III 審　　判

(1) 考え方

審判は，家庭裁判所が本案判断として行う終局裁判です。そして審判は非訟手続の裁判であり，一般的に，柔軟性，簡易迅速性が要求され対審原則も制限されます。家庭内の事件であることから真実発見とそれによる公益保護の必要性から，秘密性保持のために，期日は非公開で行われ，記録閲覧の制限がなされます（家手33条・47条4項・5項）。また，公益保護の観点から職権による後見的関与が予定され，職権探知主義（**Q8**参照）が妥当します（家手56条1項）。そして，事件によっては職権開始や取下制限が規定されるなど当事者・利害関係人の処分権が制限される場合があるのです。

ところで，審判の性質は，家事審判法を踏襲していますが，家事事件手続法においては，多くの点で，当事者・利害関係人の手続的地位を明確化ないし強化しています。特に別表第2事件を対象とする審判手続においては，争

訟性の高さに対応して手続保障を大幅強化する特則が適用され（家手66条～72条）ています。また，別表第1事件においても争訟性の強い事件には個別規定でこの特則の一部を準用しています。

(2) **当事者等の手続保障**

(a) 審判の審理は職権で進行され，家庭裁判所には，審理について幅広い裁量が認められています。家事事件手続法では，審理において，当事者の証拠申出権（家手56条1項），必要的陳述聴取（家手68条），審問申出権（同条2項），審問立会権（家手69条）等を設け，一定の範囲で当事者の主体的地位を認め手続保障を図っています。

事実の調査資料収集は，家庭裁判所が自由な方式で事実認定などに必要な資料を収集する方法であり，裁判所が当事者や参考人を審問すること，当事者から資料を提出させてこれを調査すること，家庭裁判所調査官に調査命令を出すこと（家手58条1項），官公署に照会すること（家手62条）があります。なお，家事審判において事実の調査をしたときはその要旨を記録上明らかにする必要があります（家手規44条2項）。

(b) 事実の調査とその通知　当事者の陳述書や写真といった審判に必要な資料は，取り調べる手続を経なければ，審判の資料にはならない（家手56条1項）とされ，また，裁判所が事実の調査をしたときは，特に必要がない場合を除いて，その旨を当事者等に通知する必要がある（家手70条）と規定されました。これは，当事者に対して十分な主張・立証をすることができる機会を与えるための制度です。

(c) 家事審判記録の閲覧謄写　原則として，当事者から提出された資料などの審判事件の記録の閲覧謄写が認められています（家手47条1項・3項）。例外として閲覧謄写が認められない場合については別項（**Q9**）を参照してください。

(d) 審理終結日・審判日　審理終結日とは，審判事件の審理を終結する日であり，家庭裁判所は，その日までに事実の調査等をして資料を収集し，審判する日（家手71条）であり，その日以降は，当事者は資料の提出等をすることはできなくなります。また，審判日とは，家庭裁判所の判断である審判が対外的になされ，その効力が生じる日です（家手72条）。従来の家事審判

法では特定の日を審判日と定めていることは少なかったため、家事事件手続法では、当事者の利便性を向上させるために、審判日を明確にすることとなりました。

(e) 利害関係人の参加　利害関係人の参加についての規定を説明します。

家事事件手続法では、審判を受ける者となるべき者は家事審判の手続に参加することができると規定しています（家手42条1項）。例えば、親権喪失の審判事件において、親権の喪失を求められている親権者は「審判を受ける者となるべき者」にあたるので、家事事件手続法42条1項による参加をすることができます。これは権利参加と呼ばれる参加です。これに対して審判の結果により直接の影響を受ける者は、家庭裁判所の許可を得て、家事審判の手続に参加することができます（家手42条2項）。審判の結果により直接の影響を受ける者とは、審判の結果により自己の法的地位や権利関係に直接の影響を受ける者をいうと解されています（金子修編著『一問一答家事事件手続法』264頁他）。例えば、親権喪失の審判事件では、子が審判の結果により直接に影響を受ける者にあたりますから、子どもは家事事件手続法42条2項により参加をすることができます。

(3) 審　判

審判は、審判事件が裁判をするのに熟したときに行うとされています（家手73条1項・258条1項）。

審判の効力としては、形成力があり、これは第三者効もあると解されています。

内容に対する不服申立てとしては、特別の規定があるときのみ、即時抗告が許されます（家手85条1項）。即時抗告は、原則として2週間の不変期間内にしなければなりません。

なお、審判が出される前であれば、申立てを取り下げることができますが、審判があった後は取下げをすることができないこととされています（家手82条1項）。

【相原　佳子】

Q07 審判前の保全処分

審判前の保全処分とは何でしょうか。

解説

I 審判前の保全処分とは

(1) 制度について

　家事調停や審判を申し立てても，解決までにはある程度の時間がかかってしまうことから，調停や審判の結果を待つとせっかく出された解決策の実効性が失われてしまうことがあります。例えば，婚姻費用を支払ってもらえず，調停や審判を申し立てた場合，解決するまでの期間に婚姻費用が支払われない状況が継続すると，生活が困窮してしまいます。このような事態を避けるため，家事事件手続法105条1項は，「本案の家事審判事件（家事審判事件に係る事項について家事調停の申立てがあった場合にあっては，その家事調停事件）が係属する家庭裁判所は，この法律の定めるところにより，仮差押え，仮処分，財産の管理者の選任その他の必要な保全処分を命ずる審判をすることができる。」と定めており，審判前の保全処分という制度が設けられています。

　後述しますように，離婚を争われている間の子どもの監護環境についても同様の観点から保全処分の対象となります。

(2) 審判前の保全処分を申し立てることができる事項

　家事審判のすべてについて審判前の保全処分を申し立てることができるわけではなく，家事事件手続法の定めるところによるとされています（家手105条1項）。

　保全処分の類型も法定されており，①財産管理者の選任等，②後見，③本

人の財産を管理する者等の職務の執行停止又は職務代行者の選任，④仮差押え，仮処分その他必要な保全処分とされています。

(a) 財産管理者の選任等　現在は管理者がいないが，将来本人のために成年後見人等の管理者が選任されるまでの間，本人の財産等を保全するために，財産の管理者を選任するもので，次の審判の申立ての場合に認められています。
① 後見開始（家手126条1項）
② 保佐開始（家手134条1項・126条1項）
③ 補助開始（家手143条1項・126条1項）
④ 夫婦財産契約による管理者の変更（家手158条1項）
⑤ 特別養子縁組（家手166条1項）
⑥ 遺産分割（家手200条1項）

(b) 後　見　本人の財産の保全のために特に必要があるときに，後見開始等の審判が確定するまでの間，後見などを受けるべきことを命じることができるもので，次の審判の申立ての場合に認められています。
① 後見開始（家手126条2項）
② 保佐開始（家手134条2項）
③ 補助開始（家手143条2項）

(c) 職務の執行停止又は職務代行者の選任　管理者が存在しているものの，その職務執行が不適切で本人の財産が流出する可能性がある場合に，本人の財産を保全するため，現在の管理者の職務執行を停止したり別の管理者を選任したりするもので，次の審判の申立ての場合に認められています。
① 特別養子縁組の成立及び離縁（家手166条1項・5項）
② 親権者の指定，変更（家手175条3項）
③ 親権喪失，親権停止又は管理権喪失（家手174条1項）
④ 後見人等又は後見監督人等の解任（家手127条1項・5項・135条・144条・181条）
⑤ 遺言執行者の解任（家手215条1項）
⑥ 任意後見監督人又は任意後見人の解任（家手225条・127条1項）

(d) 仮差押え，仮処分その他必要な保全処分

(ア) 認められる審判
① 夫婦の協力扶助に関する処分（家手157条1項1号）
② 婚姻費用の分担に関する処分（家手157条1項2号）
③ 子の監護に関する処分（家手157条1項3号）
④ 財産の分与に関する処分（家手157条1項4号）
⑤ 夫婦財産契約における財産の管理者の変更（家手158条2項）
⑥ 親権者の指定又は変更（家手175条1項）
⑦ 扶養（家手187条）
⑧ 遺産の分割（家手200条2項）

(イ) 仮差押え，仮処分　財産上の給付を命ずる本案審判の執行を保全するためになされるものです。仮差押えは，不動産や債権などを仮に差し押さえて，金銭を確保するもので，婚姻費用や養育費の審判での活用が考えられます。仮処分は，特定物を対象とした遺産分割や財産分与において，占有移転禁止の仮処分や処分禁止の仮処分が考えられます。

仮の地位を定める仮処分は，婚姻費用や養育費で，審判が出されるまでに支払がなされないと生活に逼迫するような場合に，一定の金員の仮払いを求めることが考えられます。

(ウ) その他必要な仮処分　面会交流に関する仮処分が考えられます（後述Ⅲ参照）。

(3) 要　件

(a) 本案審判の申立て　民事保全の場合は，本案の事件が係属していることは，保全申立ての要件ではありません。しかし，家事審判の審判前の保全申立てをするにあたっては，本案である家事事件の審判の申立てがなされていることが必要です（家手105条1項）。通常の民事保全で，保全処分を命ずる場合には，被保全権利の存在の蓋然性が必要となりますが，家事審判の場合は，一定の請求権の客観的な存否が判断の対象となるわけではなく，一定の具体的な権利義務関係の形成される蓋然性が判断の対象となります。その蓋然性を認めるためには，少なくとも本案である家事事件の審判の申立てがされていることが要件とされるのです（金子修編著『一問一答家事事件手続法』170頁）。

(b) 調停の申立てでも可能な場合　　旧家事審判法では，調停の係属では保全処分の申立てをすることができませんでしたが，家事事件手続法では，別表第2事件については，審判移行前の調停が係属していれば保全処分をすることが認められるようになりました（家手105条1項括弧書）。具体的には，次の事件です。
　① 夫婦間の協力扶助に関する処分（家手157条1項1号）
　② 婚姻費用の分担に関する処分（家手157条1項2号）
　③ 子の監護に関する処分（家手157条1項3号）
　④ 財産の分与に関する処分（家手157条1項4号）
　⑤ 親権者の指定又は変更（家手175条1項）
　⑥ 扶養の順位の決定及びその決定の変更又は取消し（家手187条1号）
　⑦ 扶養の程度又は方法についての決定及びその決定の変更又は取消し（家手187条2号）
　⑧ 遺産の分割（家手200条1項・2項）
　(c) 仮の地位を定める仮処分を求める場合　　審判前の保全処分で，仮の地位を定める仮処分を求める場合には，審判を受ける者となるべき者の手続保障の観点から必ず陳述を聴取しなければならないとされています（家手107条）。

(4) 疎　明

　審判前の保全処分の申立てをするにあたっては，その趣旨及び保全処分を求める事由を明らかにしてしなければなりません（家手106条1項）。家事事件手続法では職権探知主義が採用されています（家手56条1項）が，審判前の保全処分の手続においては，緊急性に応じた迅速かつ的確な処理を可能とするため（金子修編著『一問一答家事事件手続法』173頁），審判前の保全処分の申立人に，保全処分を求める事由についての疎明義務を負わせています（家手106条2項）。もっとも，家庭裁判所の職権調査や証拠調べが否定されるものではありません（家手106条3項）。

(5) 管　轄

　管轄は，本案審判又は別表第2の調停事件の係属する家庭裁判所ですが（家手105条1項），本案の家事審判事件が高等裁判所に係属する場合には，そ

(6) 担　保

　審判前の保全処分の担保については，民事保全法の担保に関する規定が準用されています（家手115条，民保14条）。民事保全法14条1項は，「保全命令は，担保を立てさせて，若しくは相当と認める一定の期間内に担保を立てることを保全執行の実施の条件として，又は担保を立てさせないで発することができる。」と規定されているため，家庭裁判所は，申立人に担保を立てさせることも立てさせないこともできます。もっとも，本案事件の性質上，無担保とされるか，担保を立てる場合でも一般の民事保全事件と比べると低額のようです。

　なお，家事事件手続法126条1項，134条1項，143条1項に基づく保全事件（後見開始，保佐開始，補助開始審判の申立てがあった場合の財産管理者の選任等の保全処分）は，担保不要とされています。

(7) 取下げ

　審判前の保全処分は，暫定的な処分ですので，その後の事情変更により保全の必要性が失われたときには，速やかに原状に戻すのが相当です（金子修編著『一問一答家事事件手続法』174頁）。そこで，審判前の保全処分の申立ては，審判前の保全処分があった後であっても，その全部又は一部を取り下げることができる（家手106条4項）とされています。

(8) 即時抗告

　審判前の保全処分の審判に不服がある場合，申立てを却下する審判に対しては申立人が，保全処分を命じる審判に対しては本案の審判につき即時抗告できるものが，即時抗告をすることができます（家手110条）が，すべての保全処分についてできるわけではなく，財産の管理者の選任又は財産の管理等に関する指示の保全処分及び職務代行者の選任の保全処分については，即時抗告ができません（家手110条1項1号・2号）。

Ⅱ　婚姻費用分担についての保全処分申立て

(1) 保全手続でできること

　婚姻費用分担の審判申立てをした場合の保全処分として，仮差押え，仮処

分その他の必要な保全処分を命ずることを求めることができます（家手157条1項）。

仮差押えでは，審判が出されるまでの間の財産流出を防ぐため，相手方の給与債権などを仮に差し押さえることが考えられます。

仮処分では，仮の地位を求める仮処分として，算定表等に基づく金額を仮に払う処分を求めることが考えられます。「子その他の利害関係人の急迫の危険を防止するため必要があるとき」（家手157条1項）が要件とされていますので，婚姻費用が支払われないと生活困窮に陥る場合などに有用です。

(2) 意　　義

婚姻費用の額は，算定表から算出することができるので，生活費が支払われず，生活に困窮する場合など，先に暫定的に婚姻費用の仮払いを命じるなどして生活の安定を確保し，過不足については，後から調停や審判で調整するといった解決方法をとることができます。

従前は，保全申立てを行うためには，婚姻費用の分担の審判申立てをするか，調停を申し立てて不成立として審判に移行させる必要がありましたが，家事事件手続法の制定により，婚姻費用分担の審判前の保全処分は，審判申立てがされたときのみならず，調停の申立てがあったときにも行うことができるようになりました（家手157条1項2号）。

III 面会交流

(1) 保全手続でできること

面会交流の審判申立てをした場合の保全処分として，仮差押え，仮処分その他の必要な保全処分を命ずることを求めることができるとされています（家手157条1項）が，「その他の必要な保全処分」として，仮の条件で面会交流を行うことを求めていくことが考えられます。

(2) 意　　義

「子その他の利害関係人の急迫の危険を防止するため必要があるとき」（家手157条1項）が要件とされています。面会交流をすぐにさせないと子に急迫の危険が発生する場合としては，①別居親が死亡リスクの高い手術を受けるにあたり，面会交流の調停や審判を待っていては面会交流が行えない可能性

があり，その場合に子の福祉を害する場合や，②子が乳児院等に入所しており，面会交流を行わないと子が別居親を親という特別の愛着対象として認識することができず，子の福祉を害する場合に活用を検討できるとの指摘があります（増田勝久編『Q＆A家事事件手続法と弁護士実務』240頁〔岡崎倫子〕）。

審判申立てがされたときのみならず，調停の申立てがあったときにも行うことができるようになりました（家手157条1項3号）。

Ⅳ 子の引渡し

(1) 保全手続でできること

子の引渡しの審判申立てをした場合の保全処分として，仮差押え，仮処分その他の必要な保全処分を命ずることを求めることができます（家手157条1項）。

子の引渡しの場合は，仮の地位を求める仮処分により，子の引渡しを求めていくことになります。このとき家庭裁判所は，保全処分の目的を阻害しない限り，審判を受ける者となるべき者の陳述を聴くほか，15歳以上の子の陳述を聴かなければならないとされています（家手157条2項）。

審判前の保全処分で子の引渡しを命じる場合には，本案の審判の確定を待つことによって子の福祉に反する事態を招くおそれがあるといえるか等を審理した上で，なお子について引渡しの強制執行がされてもやむを得ないと考えられるような必要性が求められます（東京高決平24・10・18判時2164号55頁）。

なお，担保については，無担保とされる運用が一般的です。

(2) 意　義

従前，子の引渡しの審判と審判前の保全処分が申し立てられた場合に，審判前の保全処分の発令後，本案の家事審判事件が家事調停に付されて最終的に話合いで解決されることもありました（金子修編著『一問一答家事事件手続法』171頁）。家事手続法では，子の引渡しの審判前の保全処分は，審判申立てがされたときのみならず，調停の申立てがあったときにも行うことができるようになりました（家手157条1項3号）ので，より一層子の福祉に沿った解決を図ることができるようになっています。

Ⅴ 養育費

(1) 保全手続でできること

養育費の審判申立てをした場合の保全処分として，仮差押え，仮処分その他の必要な保全処分を命ずることを求めることができます（家手157条1項）。

婚姻費用の分担の場合と同様に，仮差押えで，相手方の給与債権などを仮に差し押さえ，財産を保全することや，仮の地位を求める仮処分として，算定表等に基づく金額を仮に払う処分を求めていくことが考えられます。

なお，仮払いを求める場合，養育費の審判は子の監護に関する処分の事件ですが，家庭裁判所による15歳以上の子の意見聴取は行われません（家手157条2項）。

(2) 意 義

婚姻費用の分担と同様，養育費の額は，算定表から算出することができるので，養育費が支払われず，子の生活に困窮する場合など，先に暫定的に仮払いを命じるなどして子の生活の安定を確保し，過不足については，後から調停や審判で調整するといった解決方法をとることができます。

養育費の審判前の保全処分は，審判申立てがされたときのみならず，調停を申立てがあったときにも行うことができるようになりました（家手157条1項2号）。

Ⅵ 親権喪失，親権停止，管理権喪失の審判

(1) 保全手続でできること

親権喪失，親権停止，管理権喪失の審判の保全処分として，親権喪失，親権停止又は管理権喪失の申立てについての審判が効力を生ずるまでの間，親権者の職務の執行を停止し，又はその職務代行者を選任することを求めることができます（家手174条1項）。

(2) 意 義

親権喪失，親権停止，管理権喪失は，審判で行われるものですので，従前と取扱いには変更はありません。

審判前の保全が認められた審判例として，

① 未成年者が緊急に手術・治療を受けなければ死亡を免れない状況にあるにもかかわらず，両親が手術・治療に必要な同意を行わなかったことから，親権を濫用し，未成年者の福祉を著しく損なっていると解される可能性が高いとされ，親権者の職務の執行を停止して職務代行者を選任するのが相当であるとされた例（津家審平20・1・25家月62巻8号83頁）
② 養父が，未成年者の養女であるＲに対し，性的虐待を加え，またその妹である未成年者のＥに対し，虐待を加えたことから，親権者としての職務の執行を停止させ，かつ，その停止期間中は申立人である児童相談所長をその職務代行者に選任するのが相当であるとされた例（熊本家審平10・12・18家月51巻6号67頁）
③ 未成年者が高校の出席日数が不足しており，未成年者が希望する高校への転入学の手続をとる必要があるところ，親権者である父がそれを拒否していることから，未成年者の利益のため，その意向を尊重し，転入学手続をとることを可能とする必要があるとして，親権者である父の職務の執行を停止し，職務代行者として申立人母を選任した例（札幌家審平4・4・28家月45巻1号132頁）

などがあります。

Ⅶ 親権者指定・変更

(1) 保全手続でできること

親権者指定・変更の審判の保全処分として，仮処分その他の必要な保全処分を命ずることを求めることができます（家手175条1項）。仮の地位を定める仮処分として，仮の親権者を定めることを求めることが考えられます。このとき，審判を受ける者となるべき者の陳述を聞くほか，15歳以上の子の陳述聴取が義務付けられています（家手157条2項）。

また，親権者の指定又は変更の申立てについての審判が効力を生ずるまでの間，親権者の職務の執行を停止し，又はその職務代行者を選任することを求めることもできます（家手175条3項）。

(2) 意　　義

親権者指定・変更の審判前の保全処分は，審判申立てがされたときのみな

らず，調停の申立てがあったときにも行うことができるようになりました（家手175条1項）。

【小池　知子】

Q08 離婚事件における職権探知主義と子どもの問題

離婚事件における子どもの問題，特に，父母のいずれもが親権を主張した場合に，その判断をするための資料は，当事者の主張立証のみにゆだねられるのでしょうか。

例えば，審判において裁判所が自ら子どもの問題を調査して判断するということは実施されているのでしょうか。

解説

I　家庭裁判所における職権探知主義の在り方について

　私的な紛争に関しては弁論主義が採用されており，当事者の主張立証をもとに判断するというのが民事訴訟法の建前です。

　このように地方裁判所における審理が当事者主義という審理原則，そしてそれに導かれる弁論主義によってなされるのに対し，家庭裁判所における審理は職権主義という審理原則によってなされています（人訴20条，家手56条）。その相違は，審理の中心たる事実認定の手法において，地方裁判所で扱う一般民事事件が，当事者から提出された証拠によって事実を認定し結論が導かれるのに対して，家庭裁判所で扱う家事事件においては，家庭裁判所が主体的に必要な証拠を収集して結論を出さなければならないという点にあります。このような裁判所の職権に基づく審理を中心に据えた裁判の審理手法を職権探知主義といい，人事訴訟，家事調停，家事審判における審理で，採用されているのです。

　家庭裁判所における審理がこのような職権探知という審理手法によっているのは，家庭裁判所が取り扱っている紛争が公益性の強い事項を含むことが

多く，それゆえ，いわゆる実体的真実の発見が要請されて，実体的真実を離れた当事者の任意処分を原則として許されないものとすべきと判断されたことに基づきます。

　ただ，実務の運用としては当事者の対立構造をとる人事訴訟において，当事者が主張・立証すべきことは当事者の責任においてこれを行い，裁判所の職権探知は例外的かつ補充的と位置づけられています（東京家庭裁判所「東京家庭裁判所における人事訴訟事務の運用について」ジュリ1301号〔2005〕42頁ほか）。

II　家事審判における職権調査と子どもの問題

　家庭裁判所における事実の調査がどのように行われているのかですが，家事審判では事実の調査に関して，実際的には，担当の家事審判官が直接に当事者らから事情を聴取する方法と，担当の家事審判官が直接に事情を聴取せずに家庭裁判所調査官や裁判所書記官や家事調停委員を活用して事情を聴取させてその報告を得るという間接的な方法による場合があります。

(1)　審問（家事審判官による）

　事件を担当する家事審判官が当事者や関係人に直接面接して事情を聴取する方法がとられていますが，これは証拠調べではありませんから，民事訴訟法の定める厳格な手続規制に服することなく自由で裁量的な方法を駆使することができます。このような自由な証拠資料収集手続は，簡易・迅速に資料を収集することができるという利点を有しますが，他方で，心証形成過程において真実性の担保や当事者対等の原則などを手続的に考慮していないという欠点を有するという見方がなされることもあります。

(2)　事実の調査

　事実の調査は，家庭裁判所調査官あるいは書記官又は家事調停委員などによって行われます。なお，書記官又は家事調停委員の調査はあくまで家事審判官の手足として実施されます。

　家事審判官が家庭裁判所調査官に調査を命じた場合（家手58条）に関しては，調査官が人間関係諸科学の専門家であることから，法律の専門家である審判官の視点とは異なる視点による調査が実施され，その正当性の根拠も法律家と異なる専門的識見によって根拠づけられることが期待されています。

家庭裁判所調査官は高等裁判所と家庭裁判所のみに置かれている専門職であって，このような専門性を有している職種が存在することが我が国の家事事件解決の大きなメルクマールと考えられます。

(3) 子どもの問題の特殊性

家事紛争，特に，子どもの問題は，過去の事実関係を基礎にしながらも，そればかりではなく，将来の予測も含めて，将来に向かって，紛争を解決し新しい権利義務関係の構築をしていかなければならないという決定の場面であると考えられます。

すなわち，子どものいる夫婦の離婚事件を考えると，夫婦については夫婦関係の解消であることから消極的な意味で，過去の清算であり，過去の事実を調査することですみますが，未成熟の子どもがいる場合には，夫婦関係解消後の新たな親子関係を形成しなければなりません。そこで，それらの形成をするにあたっては，過去の事実関係を回顧的に審理することだけでは終わることなく，家庭の平和と健全な親族共同生活の維持を図るという視点が重要となってきます。

また，子どもの問題の中で，子の奪い合いが生じているようなケースでは，紛争の現在性・流動性にも配慮しながら，一定のルールを当事者に課しつつ，子どもの問題を未来に向かって決定していくという機能が求められます。

そこでは，単なる事実の認否で結論が出るという問題ではありません。すなわち，法律家だけで解決できる問題というよりも，場面によっては，家庭裁判所調査官に代表される専門家による子どもに関する諸科学，特に，心理学，社会学，教育学等の専門家の適切な判断を含む働きかけ等の介入が不可欠となります。

(4) 審問と調査

これまで述べてきた手続の中で，法律の専門家が最終的に下す判断において，調査官の調査がどのように組み入れられるべきであるのかが問題となります。

すなわち，家庭裁判所の仕事において「審問」と「調査」のいずれが重視されるべきかという命題にもたどり着く問題です。

法律の専門家である審判官が，非法律的専門官である家庭裁判所調査官の提出した報告書にどの程度拘束されることになるのかという観点からの問題があります。少なくとも代理人となった弁護士は，調査報告書に事実誤認が認められた場合には，適切な証拠とともに正しい事実を指摘し，書面で提出しておくべきでしょう。また必要に応じて評価に関しても，心理の専門家等の意見書を提出することも検討すべきです。

【相原　佳子】

Q09 離婚事件における記録の閲覧及び開示について

人事訴訟法や家事事件手続法の制定により，従来の書面の取扱いや記録の開示に変更があったとのことですが，子どもの問題を中心に，調停・審判・訴訟において書面の取扱い，記録の開示について，基本的な考え方と，気をつけるべき点を教えてください。

解説

I 人事訴訟法と家事事件手続法

(1) 人事訴訟法の制定

明治31年に制定された人事訴訟手続法は平成15年通常国会において新たに人事訴訟法として制定され，同年7月に交付され，平成16年4月1日から施行されました。

同法の制定において，家事調停制度が重要な機能を果たしていることから調停前置主義を維持することには異論がありませんでした。ただ，調停手続と訴訟手続とを連続したものとするのか，それとも，手続的には断絶したものとするかも議論され，最終的には，調停の当事者の意識は必ずしも，調停を訴訟に直結させるという意識ではないこと，調停の申立書の記載では訴状に求められる請求の趣旨や請求の原因の記載としては不十分なことが一般であることなどが考慮され，手続的には断絶したものとされることとなりました。

その上で，調停手続で提出された資料を当然に訴訟手続で証拠資料として利用することもできないこととなりましたが，当事者が訴訟においても利用することが予想される資料が調停手続で提出された場合には，写しの提出を

求めて原本は当事者に返戻するなどの取扱いの便宜を図ることが考えられました。

さらに，事実の調査や職権探知主義による家庭裁判所調査官の調査などについて，調査報告書の形でまとめられることにもなったわけですが，この報告書の閲覧謄写をどのような場合に認めるべきかが重大な問題となり，**Ⅲ**に述べる規定となりました。

(2) 家事事件手続法の制定

家庭裁判所は，家事審判法及び家事審判規則に基づいて家事事件を処理してきましたが，家事審判法が手続として備えるべき基本的事項や当事者等の手続保障に関する規定が不十分であると指摘されていたこと，また，社会の変化や，夫婦親子に関する関係も複雑多様化してきていることから，家事事件の手続を明確で利用しやすいものにすべきであるとの見解から，新たに，平成23年に家事事件手続法が制定され，平成25年1月1日から施行されています（**Q4**参照）。

Ⅱ 家事事件手続法における書面・記録の閲覧について

(1) 家事審判事件（審判段階における記録の閲覧謄写）

(a) 申立書の写しの送付　家庭裁判所は，別表第2事件の手続においては，家事審判の申立てがあれば，その申立てが不適法であるか，申立てに理由がないことが明らかであるときを除き，原則として，審判の申立書の写しを相手方に送付することになりました（家手67条1項本文）。

一方，別表第1事件については，簡易迅速に処理する必要があるので，この要請等を優先させて家事審判の申立書の送付等による事件係属通知を必要なものとせずに，個別の事件類型ごとに，陳述聴取を義務づけたり即時抗告権を保障するなどしています。

ただ，申立書の写しを送付するにしても，事案によっては，支障があることがあります。そこで，「家事審判の手続の円滑な進行を妨げるおそれがあると認められるときは，家事審判の申立てがあったことを通知することをもって，家事審判の申立書の写しの送付に代えることができる。」（家手67条1項但書）としています。したがって，申立書に，極めてプライベートな事

実や相手方の感情を刺激するであろうと認められることが記載されている場合には，申立書の写しを送付せずに，従前と同様の呼出しがされることになります。

(b) 事件記録の閲覧謄写等　家庭裁判所は，別表第1・2事件の審判については，当事者から事件記録の閲覧謄写許可の申立てがあったときは，一定の例外事由がある場合を除き，これを許可するとされました（家手47条3項）。したがって，当事者は，事件記録を閲覧謄写することで，手続がどのように進行しているのか，特に相手がいる別表第2事件については，相手がどのような主張を行い，資料を提出しているのかを知ることができます。これは，当事者の手続保障と手続の透明性の要請に基づくものです。

ただ，事件記録の閲覧謄写により問題が起こり得ることを回避するための手当が考えられています。すなわち，事件記録を閲覧謄写することで，事件の関係人である未成年者の利益が害されたり，当事者若しくは第三者の私生活や業務の平穏が害されたりするほか，当事者若しくは第三者の私生活についての重大な秘密が明らかにされることにより，その者が社会生活を営むのに著しい支障を生じたり，その名誉を著しく害されるおそれがある場合（家手47条4項前段），また，事件の性質，審理の状況，記録の内容等から，当事者に閲覧謄写を許可することが不適当な特別な事情がある場合には許可しないことを認めているのです（家手47条4項後段）。

(2) **家事調停事件**（調停段階における記録の閲覧謄写）

調停手続で提出された資料等といった調停事件の記録については，閲覧謄写が可能ではありますが（家手254条1項），その基準を，家庭裁判所が相当と認めるとき（同条3項）として，裁判所の裁量を認めています（これは，家事審判法の規定と変わっていません）。規定からすると，調停手続においては，閲覧謄写原則として許されず，例外的に裁判所が認めることができることになります。この点について，当事者にとって必要な情報を当事者双方で共有化しておくことが望ましく，原則として他方当事者がその情報を得られるようにすることが調停手続の透明性の観点や当事者の主体的な手続関与の観点に適合することから原則として認めるべきであるという意見もあります（秋武憲一監修，髙橋信幸＝藤川朋子著『子の親権・監護の実務』43頁〔髙橋信幸〕）。

なお，閲覧謄写される可能性はあることから調停段階においても住所や勤務先等知られたくない事実については，マスキングをして提出するのが望ましいといえます。仮に，マスキングすることができない部分については，提出時に非開示の希望であることを書面で申し出る必要があります。

特に，DV事案では住所や勤務先の他に，かかっている医療機関，子どもの学校等については留意すべきでしょう。

(3) 審判事件における調停事件記録の取扱い

別表第2事件の調停事件は，調停が不成立になれば，当然に審判に移行し，裁判官が判断することになります。審判では，調停の成果が審判に引き継がれるため，調停段階で提出された資料や家庭裁判所調査官の調査報告書を改めて提出する必要はなく，提出された資料等を取り調べる手続である事実の調査（家手56条1項・70条）を経れば審判の資料として使用できることとなります（後述）。したがって，この場合には審判手続における閲覧謄写の規定が適用されることとなりますので，除外事由は限定的となります（家手47条4項）。

したがって，調停手続では相手方に送付されないものとして提出した資料が，審判になれば原則として閲覧謄写できることになりますので，非開示の申出がなされていたとしても，裁判所は，法律的には当事者の非開示希望に拘束されるものではありません。代理人となった弁護士は留意する必要があります。

III 人事訴訟法等における書面，記録の閲覧について

(1) 事実調査部分の閲覧

訴訟記録の閲覧若しくは謄写，その正本，謄本若しくは抄本の交付又はその複製等については，民事訴訟法91条，92条が規定していますので，離婚訴訟の訴訟記録も，本体である訴訟手続として審理判断された部分は，閲覧等はそれらの規定によることになります。

しかし，付帯処分等の審理のためになされた事実の調査，特に，家庭裁判所調査官による事実の調査は，その性質上，人間関係等の機微に触れ，若しくは，特定個人の極めてプライベートな情報が記載されていることも多く，

閲覧等を通じて他に知らせることによって関係者の人間関係を決定的に破綻させ，ひいて，子の福祉に反する事態が生じる可能性があります。また，記録が作成された後に，記録の閲覧等がされることを危惧して，関係者が家庭裁判所調査官の事実の調査に対する協力を躊躇し，結果的に十分な裁判資料を得られない可能性も出てきます。

　そこで，当該部分の訴訟記録に関しては，一般の訴訟記録よりも，いっそう慎重な考慮が必要とされます。他方で，事実の調査の結果は，附帯処分等についての裁判官の判断に対して大きな影響を与える可能性が高いにもかかわらず，他方当事者に審問の場合の他立会権が保障されていないことから，当事者にとっては，訴訟記録を閲覧することによって事実の調査の結果を知り，その中の自己の主張と異なる部分に対する反論が的確になし得ることになります。そこで，記録の閲覧等を認める必要性は高く，職権探知主義に基づいて得られた資料であれば，当事者の意見を聴かなければならないとされていることからも，その前提として記録の閲覧権を保証する意味があると解されています（松本博之『人事訴訟法〔第3版〕』338頁参照）。

　そして，かような主張の狭間でその調整は非常に困難な問題であり，立法過程で最大の論点の争点でしたが，人事訴訟法35条においては，訴訟記録中事実の調査にかかる部分の閲覧等については，家庭裁判所が許可をしたときのみ可能であるとし，その許可の基準を(2)以下に記述しているとおり当事者と第三者に分けて規定をおいています。

(2)　**当事者・第三者の閲覧等の申立て**

　(a)　当事者の閲覧等の申立て　　当事者が事実調査部分の閲覧等の許可の申立てをしたときには，裁判所は，原則として，その閲覧等を許可しなければならないとしています（人訴35条2項本文）。閲覧等により不都合が生じるおそれがある次のような場合には相当と認めるときに限りその閲覧等を許可することができるとしています（人訴35条2項但書）。

① 　当事者間に成年に達しない子がある場合におけるその子の利益を害するおそれがある場合（人訴35条2項1号）　　親権者に関し，家庭裁判所調査官が子自身の意向を聴いた部分について，当事者である父母が閲覧してその内容を知ると，子の心理に悪影響を及ぼすとか，良好な親子関

係が損なわれるおそれがあるときなどがこれにあたると考えられます。人事訴訟法35条2項3号と異なり，「著しく」という限定がないのは，未成年の福祉は当事者権に優先するという考慮からであるとされています。

　なお，当事者権の保証の観点から限定をつけるべきであるとの意見も存在しています（木内道祥・ジュリ1259号95頁以下）。

② 　当事者又は第三者の私生活又は業務の平穏を害するおそれがある場合（人訴35条2項2号）　　家庭内暴力や暴力的な言動が予想されるときや，家庭裁判所調査官が，幼稚園や保育所から聴取した，現に子を監護している母親が満足に子どもの面倒を見ていない事実が報告書に書かれている場合に，閲覧によりその内容を知った父親が逆上して幼稚園や保育所に押しかけ抗議をするような場合などがこれにあたると考えられます（小野瀬厚＝岡健太郎編著『一問一答　新しい人事訴訟制度』152頁以下，石井葉子『人事訴訟法概説』281頁他）。

③ 　当事者又は第三者の私生活についての重大な秘密が明らかにされることにより，その者が社会生活を営むのに著しい支障を生じ，又は，その者の名誉を著しく害するおそれがある場合（人訴35条2項3号）　　「私生活についての重大な秘密が明らかにされることにより，その者が社会生活を営むのに著しい支障を生じ，又はその者の名誉を著しく害するおそれ」とは，民事訴訟法92条1項1号の要件とほぼ同義です。また，「その者の名誉を著しく害するおそれ」は，証言拒絶権を定める民事訴訟法196条柱書後段の「名誉を害すべき」の程度を強めたものであると解されています。当事者の過去の精神病についての病歴が報告書に記載されていて，そのことを他の者に漏らす恐れがあるようなときとされています（石井葉子『人事訴訟法概説』281頁）。

　除外事由がある場合でも，陳述の信用性について申立当事者に反論の機会を与えることが事案の解明に不可欠であると考えられる場合や，秘密の主体である相手方当事者又は第三者が了承している場合などに関しては，裁判所の裁量により相当性があるとして閲覧等を許可することができるとされています（小野＝岡・前掲154頁）。

(b) 第三者の閲覧等の申立て　　利害関係を疎明した第三者が事実調査部分の閲覧等の許可の申立てをしたときは，裁判所が，相当と認めるときに，その閲覧等を許可することができるとされており，許可するかどうかは裁判所の裁量に委ねられています。これは，第三者については，当事者ではないことから，手続保障の要請は問題とならないためです（小野＝岡・前掲155頁）。

(c) 閲覧等を許可する場合の許可する部分の特定　　当事者又は第三者の事実調査部分の閲覧等を許可する決定においては，当該事実調査部分中閲覧等を許可する部分を特定しなければならないとされています（人訴規25条）。事実調査部分の全部について閲覧が許可される場合もありますが，特定の事実調査部分が人事訴訟法35条2項但書の各号にあたるとしてその部分を除いて閲覧等を許可することもあるので，民事訴訟規則34条2項と同趣旨で，許可部分を明確にする必要から設けられた規定です（小野＝岡・前掲158頁）。

(d) 不服申立て　　閲覧等の申立てについての裁判に対しては当事者は不服申立てをすることができます。具体的には，閲覧等の申立てを却下した裁判に対して即時抗告をすることができます（人訴35条4項）。

即時抗告がなされると抗告審が閲覧等の申立ての許可をすべきか否かを判断します。

第三者の閲覧等の申立てを却下した裁判に対しては，第三者は不服申立てをすることができません。前述のとおり，訴訟の当事者ではないことから，手続保障が問題とならないためです。

【相原　佳子】

Q10 離婚事件における子どもの問題と附帯処分

未成年の子どもがいる離婚訴訟において、被告が原告の離婚請求自体について離婚原因がないと争っていた場合、すなわち、子どもの親権者をいずれにすべきかについて被告からの主張がない場合に、原告被告のいずれを子どもの親権者とするかの判断はどの段階でなされるのでしょうか。

解説

I 附帯処分の趣旨

(1) 親権者の指定

民法819条1項は、父母が協議離婚するときには、その協議でどちらが親権者となるかを決めなければならないと定めています。そして、話合いで解決しない場合には、当事者の一方から家庭裁判所に対する申立てにより、協議に代わる審判により、どちらが親権者になるか決めてもらうことができます（同条5項）。

また、同条2項では、裁判上の離婚において裁判所は、父母の一方を親権者と定めると規定しています（民819条5項・749条、人訴32条3項）。

親権者の指定については、多かれ少なかれ時間を要する訴訟によって婚姻の解消が行われた後に、さらに時間をかけて、別途親権者指定の処分を求めなければならないのは子の生活を含め生活の安定が得られないことから、法政策的な観点から離婚訴訟（及び婚姻取消訴訟）の手続の中で同時に裁判すべきものと考えられたものです（松本博之『人事訴訟法』299頁以下）。したがって被告が離婚自体を争っていたとしても離婚を認める判決の中で親権者が指定されます。親権者指定は、裁判所が離婚訴訟や婚姻取消訴訟において請求認

容判決と同時に職権によって裁判すべき事項であることから，申立てによって裁判される後述の附帯事項とは異なります。

(2) 非訟手続事項と附帯処分

裁判離婚になった場合の裁判事項の中で，子の監護の処分等非訟手続事項を一回的に解決しようとする制度として附帯処分があります。

すなわち，協議離婚ではなく，裁判離婚を求める離婚訴訟では，離婚の成否そのものは訴訟手続で争われるのですが，家庭裁判所が離婚を認める場合に，非訟手続事項である子の監護に関する事項などについては，円満に解決することは困難であることから，裁判所が離婚についての裁判に付随してこれらの事項もあわせて一体的に解決することとしています。監護すべき者とその他監護についての必要な事項，財産分与，年金分割についての裁判所の裁判は，家事事件手続法では「処分」とされていることから，人事訴訟法でもこれらを「附帯処分」としています。

II 附帯処分

(1) 人事訴訟法32条1項，2項

人事訴訟法32条1項は，「裁判所は，申立てにより，夫婦の一方が他の一方に対して提起した婚姻の取消し又は離婚の訴えに係る請求を認容する判決において，子の監護者の指定その他の子の監護に関する処分，財産の分与に関する処分（中略——以下「附帯処分」と総称する。）についての裁判をしなければならない。」と規定しています。さらに同条2項において，「前項の場合において，裁判所は，同項の判決において，当事者に対し，子の引渡し又は金銭の支払その他の財産上の給付その他の給付を命ずることができる。」と規定しました。後述の親権者の指定のみではなく，「子の引渡し」を命ずる判決がなされることは訴訟の迅速化のためにも意義が深く，特に，未成年の子が延々といくつもの裁判を経なければ安定した身分関係を築けないことは子の福祉に反することから，同条2項における子の引渡しが給付状況に含まれたことは適切な条文であると考えられています。

(2) 親権者の指定（人訴32条3項）

未成年の子がいる場合の親権者の指定については，協議離婚の時に親権者

についての協議が整わないときには家庭裁判所が協議に代わる審判に親権者を定めるとされているのですが，裁判離婚においても，前述のとおり，裁判離婚を審理判断する裁判所が父母の一方を親権者と定めるとされており（民819条1項・5項，家手39条），それを受けて，裁判所は職権で離婚判決の中で親権者の指定をしなければならないとされています（人訴32条3項）。

　したがって，夫婦の一方，例えば夫が離婚を申し立て，同時に子の親権者を父である夫にする旨を申し立てたとしても，他の一方の妻が離婚を争い，結局離婚が認容されなかった場合には，親権者をどちらにするかという問題にまでは，当然のことながら進みません。

　一方，離婚請求が認定された場合親権者が父母のどちらに決まるかによって，養育費の支払請求や，また，未成年の子に対する面会交流も，その請求する当事者や，請求を受ける当事者も異なってきます。もちろん，その内容についてもどちらが請求者になるかにより主張する内容が異なってきます。

　離婚を争っていた当事者の立場に重きを置くと，再度，子の監護に関する処分や，財産分与に関する事項を，第一審から繰り返す，つまり，前提となる紛争についての裁判の結果を見て，次の請求をなすということになりますが，前記のとおり，あまりにも時間や経費がかかり，特に，子どもに関しては安定性を欠くことも否めません。そこで，一挙に解決できる方法が適当であるとして附帯処分という制度が設けられているのです。

III　附帯処分に関する手続

(1)　附帯処分として申立て

　附帯処分として申立てを要する事項については，人事訴訟規則において，子の監護に関する処分，財産分与に関する処分又は標準報酬等の案分割合に関する処分は，当事者の申立てを要するとともにその申立ては書面でしなければならず（人訴規19条1項），申立書には申立ての趣旨及び理由を記載し，かつ証拠となるべき文書の写しで重要なものを添付しなければならない（同条2項）と規定しています。また，申立書は相手方に送達されます（同条4項）。この申立ては，手続が別種であるにもかかわらず，人事訴訟法によって特別に許される離婚訴訟（や離婚取消訴訟）への附帯申立てであり，民事訴

訟法上の請求にはありません。この附帯処分の申立ては、事実審の口頭弁論終結時までであればいつでもすることができると解されています。

典型的な問題としては、第一審で離婚を認める判決を言い渡された当事者は、附帯控訴をすることにより新たに財産分与の申立てをすることができます。

第一審で本来の請求を認容する判決がなされ、被告がこれに対して控訴を提起し、本来の請求が棄却されることを解除条件として予備的に附帯処分の申立てをする場合には、附帯処分については第一審の審理がないにもかかわらず、同時解決を重視して、人事訴訟における控訴審での反訴の提起と同様に相手方の同意を要しないと解するのが判例です（最判平16・6・3家月57巻1号123頁・判時1869号33頁）。

(2) **審　理**

裁判所は、附帯処分事項についての裁判や、親権者の指定についての裁判をするにあたり、事実の調査をすることができます（人訴33条1項）。また、裁判所は、相当と認めるときは、合議体の構成員に命じたり、家庭裁判所や簡易裁判所に嘱託するなどして、事実の調査をさせることができます（人訴33条2項）。同条4項では、裁判所は、審問期日を開いて当事者の陳述を聴いて、事実の調査をすることができ、その場合には他の当事者は立ち会うことができるとしています。なお、同条5項において、事実の調査手続は原則として公開しないとされています。

これらの規定は、未成年の子を巡る各当事者の家庭内部の問題を調査することから、秘密を要する事項が含まれると想定され、また、非公開とすることによって当事者保護が図られることが期待されています。特に、未成年者の心情等を福祉的な観点から一番に配慮して実施されることが必要と考えられています。

一方で、訴訟当事者の手続保障の観点からは、当事者に不公平、不公正であるとの印象を抱かせてしまうと、裁判に対する信頼性を損ねることにもなりかねず、バランスの取れた適切な運用が望まれます。

(3) **家庭裁判所調査官による事実の調査**

人事訴訟法34条1項では、裁判所は、家庭裁判所調査官に事実の調査をさ

せることができると定めています。親権者の指定のような附帯処分事項については，社会学，心理学，教育学などの専門的知識をもつ家庭裁判所調査官の調査を活用できることは，子の福祉に寄与するものと考えられます。

(4) **管　　轄**

ところで，離婚事件における管轄について，人事訴訟法では，その訴えの身分関係の当事者が普通裁判籍をもつ地を管轄する家庭裁判所に専属することになっており（人訴4条1項），婚姻関係の事件では夫又は妻の住所地を管轄する裁判所となりますが，離婚事件において夫婦の間に，未成年の子のある場合には，その子の住所又は居所を考慮しなければならないことが，人事訴訟法31条に定められています。これは，未成年の子が遠隔地に居るため，裁判所の調査が十分に行われないという不都合がおこらないように，未成年者の利益を念頭において設けられたものです。

【相原　佳子】

Q11 DV防止法（接近禁止命令）と子ども

夫の暴力に耐えかねて子どもとともに別居している妻に対し，夫が妻の別居先の新住所をつきとめ「子を引き渡せ」と執拗に要求し，言動がエスカレートしてきています。夫が子の通園先に現れ，子を連れ去ることを防止する手段はないのでしょうか。

解説

I 接近禁止命令

設問のようなケースでは地方裁判所に対して，子に対する接近禁止命令を申し立てることが適切であると思われます。

DV防止法による接近禁止命令とは，「保護命令の効力が生じた日から起算して6か月間，被害者の居住（配偶者とともに生活の本拠としている住居を除く。）その他の場所において，被害者の身辺につきまとい，又は，被害者の住居，勤務先その他その通常所在する場所の付近をはいかいすることを禁止する」ことを命じるものでDV防止法における保護命令の要件が満たされていれば，子どもへの接触をも禁止することができます（DV防止法10条3項）。

すなわち，上記の保護命令の要件が満たされていれば，配偶者が被害者と同居する未成年の子を連れ戻すと疑うに足りる言動を行っているような場合には，当該子への接触をも禁止することができるのです。

なお，平成19年の法改正により接近禁止命令とともに，電話等による接触行為や被害者の親族等に対する接近をも禁じることができるようになりました。

以下，DV防止法の概観を説明します。

Ⅱ DV 防止法

(1) DV 防止法とは

平成13年（2001年）に「配偶者からの暴力の防止及び被害者の保護等に関する法律」（以下本書では「DV 防止法」といいます）が，制定されました。配偶者からの暴力に関わる通報，相談，保護，自立支援等の体制を整備することにより，配偶者からの暴力の防止及び被害者の保護を図ることを目的としていますが（近時，デートDVも対象となりました），配偶者のみならず，その子どもや親族等に対する接近を禁止する命令が認められ，電話やメールなどの行為も含まれるなど禁止される行為が増え保護命令の対象も拡大されています（平成19年，平成26年改正他）。

(2) 保護命令

(a) 保護命令の種類　保護命令には，被害者の身辺への「つきまとい」や被害者の住居，勤務先その他通常所在する場所付近での「はいかい」を禁止する「接近禁止命令」（DV 防止10条1項1号）と，住居からの退去を命じる「退去命令」（同条1項2号）の2つがあります。

本項では，共通する要件のほか，接近禁止命令について説明します。

(b) 保護命令の要件

保護命令の要件は，被害者が配偶者から身体に対する暴力を受けた者である場合には「さらなる配偶者からの身体に対する暴力により」，被害者が配偶者から生命等に対する脅迫を受けた者である場合には「配偶者から受ける身体に対する暴力により」，「生命又は身体に重大な危害を受けるおそれが大きい」ことです（DV 防止法10条1項）。

「生命又は身体に重大な危害を受けるおそれ」とは，被害者（多くの場合妻）が，配偶者（多くの場合夫）の暴力により殺人，傷害等の被害を受けるおそれという意味です。

従前，保護命令が発せられるのは直接暴力を受けた場合に限定されていましたが，平成19年の法改正により被害者が配偶者から生命等に対する脅迫を受けた場合も対象に加えられました（DV 防止10条1項）。

(c) 保護命令の申立人

① 保護命令の申立てを行うことができるのは，被害者本人のみとなります（DV防止10条1項本文「被害者の申立てにより」）。このように，保護命令の申立人を被害者本人に限ったのは，保護命令が夫婦関係に重大な影響を及ぼすものだからです。

② 保護命令の申立てを行うことができる「被害者」とは，配偶者から身体に対する暴力を受けた者及び被害者の生命又は身体に対し害を加える旨告げて脅迫された者をいいます。

　配偶者から身体に対する暴力あるいは生命等に対する脅迫を受けた後，被害者が離婚又は婚姻を取り消した場合でも，保護命令を申し立てることができます。

　これは，配偶者から身体に対する暴力を受けた後に離婚をした場合，その離婚直後の時期が身体に対する暴力の危険が最も高い時期といわれているためです。

(d) 接近禁止命令の内容

① 接近禁止命令とは，「命令の効力が生じた日から起算して六月間，被害者の住居（当該配偶者と共に生活の本拠としている住居を除く。（中略））その他の場所において被害者の身辺につきまとい，又は被害者の住居，勤務先その他その通常所在する場所の付近をはいかいしてはならないこと。」を命じるものです（DV防止10条1項1号）。

② 保護命令の有効期間は保護命令の効力が生じた日から6か月間です。

　保護命令の効力が生じた日とは，相手方に対する決定書の送達があった日又は相手方が出頭した口頭弁論・審尋期日における言渡しがあった日をいいます（DV防止15条2項）。

③ 被害者の行動に現実に追従する「つきまとい」については，一切の場所で禁止されますが，唯一，「当該配偶者と共に生活の本拠としている住居」は除かれます。これは，ここでのつきまといを禁じることは，当該配偶者（加害者）の居住自体を否定することになり，その居住の自由や財産権の行使に不当な制限を加えることになるためです。

④ 被害者が不在の場合にも禁じられる「はいかい（理由なくうろつくこと）」については，被害者の住居（当該配偶者とともに生活の本拠としている

住居は除かれます）のほか，被害者の勤務先やその他通常所在する付近での「はいかい」が禁止されます。退去命令が併せて申し立てられた場合には当該配偶者とともに生活の本拠としている住居付近の「はいかい」も禁止されます。

Ⅲ 子どもへの接近禁止命令について

　被害者への接近禁止命令を発する要件が満たされていることを前提として，配偶者が被害者と同居している幼年の子を連れ戻すと疑うに足りる言動を行っていることその他の事情から，被害者がその子に関して配偶者と面会することを余儀なくされることを防止する必要がある場合には，被害者は配偶者に対し，被害者の子への接近禁止命令の申立てを行うことができます（DV防止10条3項）。

　仮に被害者に対する接近禁止命令が出されても，例えば配偶者が被害者の幼少の子を通園先等において連れ去ることにより，その子の世話をするために被害者が配偶者のもとに行かざるを得なくなり，再度，暴力を加えられる危険が生じてしまいます。そのような危険を防止するために，子への接近禁止命令が設けられているのです。

　被害者の子への接近禁止命令においては，被害者への接近禁止命令の効力が生じた日から6か月間，子の住居（当該配偶者とともに生活の本拠としている住所は除きます），就学する学校その他の場所において当該子の身辺につきまとい，又は，当該子の住居，就学する学校その他その通常所在する場所の付近をはいかいすることが禁止されます。

　なお，当該子が15歳以上の場合は，子への接近禁止命令を発するには，その子の同意が必要となり（DV防止10条3項但書）その同意は書面によりしなければならないとされています（配偶者暴力等に関する保護命令手続規則1条2項・3項）。東京地方裁判所では，同意書の署名が本人のものであることを確認できるもの（学校のテストや手紙等）を同時に求めています。

　子への接近禁止命令は，単独で発せられるものではなく，被害者への接近禁止命令を前提とし，それと同時あるいはそれが発せられた後に，発せられることになります。

【相原　佳子】

【参考文献】　森岡礼子「『配偶者からの暴力の防止及び被害者の保護に関する法律の一部を改正する法律』における保護命令制度に関する改正の概要」民事月報62巻11号 9 頁～52頁

● column 3

離婚事件における法テラスの利用1
——立替え・償還（着手金について）

　法テラス（日本司法支援センター）とは，総合法律支援法に基づき，平成18年に国が設立した独立行政法人に準じた組織です。国選弁護業務，情報提供業務等とともに民事法律扶助業務を実施しており，同業務においては，経済的に余裕がない方のための無料法律相談，弁護士・司法書士に法律事務の代理援助を依頼した場合の報酬の立替え等をしています。

　離婚に際し，法テラスを利用して弁護士に裁判における代理援助を頼んだ場合，現在（平成27年6月30日現在）次のような基準の立替えがなされます。

　金銭的請求のない離婚を求める（収入が一定額以下）離婚訴訟の場合，通常着手金・実費合計26万1800円です。そのほか婚姻費用分担調停，面会交流調停などの手続まで申し立てると総額が50万円以上となります。

　日本の総合法律支援法は，立替え・償還制をとっていますので，通常月額5000円から1万円の分割払いで償還をすることが求められます。ただし，生活保護受給者など償還困難者に対しては，償還猶予，償還免除を行う制度が実施されています。

　なお，欧米諸国では，代理人の報酬，費用を給付し，資力に応じて一部負担を求める給付・負担援助型となっています。我が国の償還制度は，無利子ではありますが，結果的に安定的な職業に就き難い子育て中の母親などの利用者が多額の負担をしなければならないという心理的なことから，援助を躊躇する人もいるとの指摘がされており，事案に適した負担となるようなより適切な制度作りが求められています。なお，個別の事案で異なってきますので，法テラスにお問い合わせください。

（相原　佳子）

● column 4

法テラスの利用２──具体的な報酬金

　離婚事件とそれに伴う子どもの問題に対して，法テラスを利用して弁護士を代理人として依頼する場合の現行の費用の基準について

　離婚等請求事件の報酬金の額は，代理立替基準によります。

① 　金銭その他の財産的給付がない又は当面取立てができない事件の報酬金は，６万4800円から12万9600円とされ，標準額が８万6400円とされています。金銭その他の財産的給付がある場合には，金銭事件の類型に入ってきます。

② 　養育費の支払を受けるときについては，次のように基準が定められています。代理立替基準(3)①離婚・認知等請求事件によれば，受けた利益の算定は，扶養料の分割払いの場合には，その２年分の10パーセント（税別）とされています。養育費の支払は，一般に，長期間にわたる分割支払となることから，履行状況を確認するため，２ないし３か月程度，様子を見てから終結決定をするのが相当であるとされ，その上で，履行の見込みがある場合には，入金予定額の２年分の10パーセント（税別）を報酬金として定めることとなります。もっとも，この金額が事件の難易，出廷回数等に鑑みて高すぎるような場合には，報酬金を減額することができます。

③ 　子どもの引渡し，監護権の指定　家事事件のうち，家事事件手続法別表第２に掲げる事件において相手方の請求を排除した場合には，請求排除の場合の報酬基準が設けられていないため，「財産的給付がない」事件として，報酬金を６万4800円〜12万9600円，その標準額を８万6400円とすることが相当であるとされています。なお，利用できる資力基準は，ホームページ（http://www.houterasu.or.jp）等をご参照ください。

（相原　佳子）

● column 5

法テラスの利用３――DVで避難しており，婚姻時の住居とは異なる他の地域に居住しているときの離婚裁判と代理人の選任について

　離婚事件が起きた際に，当事者が複数の地域に居住することは珍しくありません。特に，離婚を希望していた当事者，若しくは，相手方が婚姻時の地を離れて，実家等のある遠隔地やDV案件においては配偶者に知られないような他県のシェルターに保護されているようなことがあります。このような場合の代理人への依頼はどうなるかですが，まず，従来の依頼していた弁護士にその後も自らの代理人として訴訟手続等の代理を頼むこと自体は，当事者が打ち合わせのための自らの交通費を負担することが可能であれば，特段の問題はありません。

　しかし，その後に変更が必要となった場合，つまり，申立人が地元の弁護士に一度代理援助を依頼していた後に，新たに相手方が居住する裁判管轄（土地）の弁護士会所属の弁護士に依頼したいような場合に，変更してもらえるのかが問題になります。

　特に，DV事案でシェルター等に避難している当事者が自らの居住している地域を知られないように相手方地域の弁護士会に所属する弁護士に依頼するように変更等ができるかが問題となるのです。

　法テラスの地方事務所間における移送については，次のように定められています。地方事務所長は，援助案件が他の地方事務所において処理することが適当であると認めるときは，当該地方事務所に援助案件を移送することができる（法テラスの内部規定）とされています。この場合の「他の地方事務所において処理することが適当である」ときとは，管轄が遠隔地の裁判所にあり，他の地域で受任者を依頼することが適切な場合です。そして，援助開始決定をした事務所は，援助案件の移送をしようとするときは，移送される地方事務所と事前の協議をすることが求められていますが，その協議に先立ち，援助申請者は，当該事案における必要性をできる限り，具体的に記述することが求められます。

（相原　佳子）

● column 6

裁判所を利用して解決をするかどうかの見極めについて

　全国の家庭裁判所で平成25年の1年間で受理した人事訴訟事件の合計は1万0594件であり，そのうち87パーセントが離婚訴訟事件でした。同年終局した人事訴訟事件もほぼ同数（1万0873件）です。

　また，子の監護に関する処分の調停事件は新受件数が平成15年に2万2629件であったのが平成25年では3万2208件と約1万件増加しています。さらに，審判事件では，子の監護に関する処分の新受件数が平成15年では3600件であったのが，平成25年では8675件と2倍以上になっており増加の傾向にあります。

　一方，親権者指定・変更に関する新受件数はこの10年間2500件前後でほぼ同数です。

　離婚に際して裁判所を利用して白黒をつけるというよりも，話合いによる解決である協議離婚をすることで後に禍根を残さない方がよいということは一般的にいわれることです。

　未成熟の子どもがいる場合に，調停や離婚訴訟をするのか，協議離婚で離婚を成立させるのかですが，両親双方が話し合える状態かどうかが分水嶺となります。お互いの子どもへの対応について特段の問題を感じていなく，子どもへの愛情から親権を主張して争っている場合には，可能な限り，どのように養育していくか，時間をかけて協議すべきでしょう。

　しかし，話合いがつかない場合には，家庭裁判所に調停を申し立て，第三者である調停委員会（裁判官と調停委員）に適切な介入をしてもらい，専門家のアドバイスのもとでの，話合いによる解決を図ることが適当と思われます。さらに，それでも解決できない場合には，強制力を伴う裁判官の判断である判決（訴訟）を求めることとなります。

　離婚訴訟にいたると，相互に相手の問題点を主張することになりますが，これは，ほぼ協議が不可能なやむを得ない場合になります。近時，調停の段階に

おいても，早急に白黒つけるべきであるとして，訴訟を急ぐ当事者さらには代理人である弁護士がいると聞きます。少なくとも，離婚事件の中で子どもがいるケースにおいては，将来的に子どものための冷静な視点をもった態度が必要であり，かつ，父母はそれを認識すべきです。代理人弁護士は依頼者である父親ないし母親の利益のために行動しなければなりませんが，こと未成熟の子どもを巡る問題に関しては，代理人も含めた関係者が依頼者を含めた当事者に対して子どものための冷静な協議を強く訴えるべきと考えます。当事者はどうしても目先の親権の行方や面会交流の是非に気持ちが行ってしまいますが，子どもに関してはその将来をも見据えた対応が必要だからです。

　もちろん，当事者のいずれか，ないし双方が話合いもできないような場合にまで協議を強制することはできませんが，このような視点は忘れるべきではありません。

　ところで，**第9**以下でも記載のとおり，海外においては，子どもがいる場合の離婚には何らかの形で行政司法が離婚をチェックするシステムを作っています。婚姻と離婚自体は当事者の意思が尊重されなければなりませんが，子どもの問題は子どもの福祉の観点から，両親それぞれの利害のみで定められるべきではないというのが根本的な問題意識でしょう。我が国においても，今後の問題として，最低，どちらが親権者として適当か，養育費の取決めはなされているのか，面会交流の方法も適切になされるようになっているかを冷静に当事者に考えさせかつ，それを実効あらしめるための制度作りが必要になっていると考えます。

（相原　佳子）

第3

親権・監護権

Q12 総論（親権・監護権とは）

離婚のときに，親のどちらかに親権者を決めなくてはいけないといいますが，親権者でなくなるということは親でなくなるということなのでしょうか。逆に子どもの扶養の義務を負わなくてもよいということなのでしょうか。

解説

I 親権とは

親権は未成年の子を健全な一人前の社会人として育成すべく養育保護する職分であり，そのために親に認められた特殊な法的地位といわれています（於保不二雄＝中川淳編『新版注釈民法(25)〔改訂版〕』53頁〔明山和夫＝國府剛〕）。

すなわち，父母は，自分の子どもを，一定の裁量・判断をもって養育でき，理由もなく国家や他人から干渉されないという点では権利を有しているといえます。しかし，同時に親は，子どもを適切に世話し，大人になるまで育てる責任・義務を負っています（安倍嘉人＝西岡清一郎監修『子どものための法律と実務』29頁〔森田亮〕）。

この権利と責任・義務双方の性質を総称して「親権」というのであり，「親権」が，権利・義務の双方の側面を有しているという点は，日本の法解釈上もほぼ一致を見ているところです。

平成23年の民法等の一部改正は，この「親権」との関係で児童虐待の防止を図り，子どもの権利利益を擁護するという目的で，民法のみならず児童福祉法の改正が図られたものです。

同改正において，親権者の権利義務を定めた民法820条に「親権を行う者は，子の利益のために子の監護及び教育をする権利を有し，義務を負う。」

（下線部筆者）と「子の利益のために」という文言が付加され，あくまで「親権」が子どもの利益のために行使されるべきものであることが明確にされました。

加えて，その親権の行使が困難又は不適当で，子の利益を害する場合には，親権を喪失・停止・管理権喪失させる審判により，家庭裁判所がその親権行使を制限できるよう要件が見直されています。

ちなみに，この親権概念につき，ドイツにおいては1979年改正法によって「親の権利」から「親の配慮」へ親権概念が転換され（佐々木健「ドイツ法における手続上の子どもの代理人」戸籍時報676号12頁），父母が子のために配慮する義務を負い，権利を有することが文言上も明確にされています。

オーストラリアにおいても未成年の子の父母は，それぞれ，自分の子に関して「親責任（parental responsibility）」を有しているとされています（小川富之「オーストラリアの親権法」戸籍時報692号34頁）。

日本では，「親権」を「親責任」に変えるところまではいたっていませんが，国際的には「親権」が，解釈のみならず文言の上でも，「親の権利」ではなく「親の責任」であることを明確にする表現が用いられつつあるのが趨勢であることは，意識しておく必要があるでしょう。

Ⅱ 親権の内容

親権の内容は大きく身上監護権と財産管理権に分けられます。

身上監護権は，監護教育権（民820条），居所指定権（民821条），懲戒権（民822条），職業許可権（民823条）から構成されます。

他方，財産管理権は財産管理権・財産的法律行為代表権（民824条）から構成され，これに付随して，父母共同親権の特則（民825条），利益相反行為についての親権制限（民826条），第三者が無償で子どもに与えた財産の親権者による管理禁止（民830条）などが定められています。

(1) 監護教育権（民820条）

監護教育権とは子を心身ともに健全な成人に育成するのに必要な措置をとる権限をいいます。同条は次の「監護及び教育」の具体的内容を定めた821から823条までの規定の総則的規定といわれています（安倍嘉人＝西岡清一郎監

『子どものための法律と実務』36頁〔森田亮〕）。

　同条に平成23年民法改正で「子の利益のために」との文言が付加されたことは前記のとおりです。

　なお，子の引渡請求権は，判例上，親権者の監護教育権行使を妨害しないことを請求する妨害排除請求であるとされています（於保不二雄＝中川淳編『新版注釈民法(25)〔改訂版〕』85頁〔明山和夫＝國府剛〕）。

(2)　居所指定権（民821条）

　子は親権者が指定した場合にその居所を定めなければならないとされています。子に対する義務として規定されているように，子が意思能力あることを前提としていますが子が従わない場合強制する法的手段はないといわれています（森田・前掲37頁）。

　国際的には，離婚後も，共同親権制をとる国などにおいて監護親が子どもとともに転居することができるか（「リロケーション」）をめぐって，父母間の居所指定権の調整が，深刻な問題となっています。

(3)　懲戒権（民822条）

　親権者は監護教育に必要な範囲で子を懲戒することができるとされています（森田・前掲37頁）。

　懲戒権をめぐっては，子を虐待する親権者が懲戒権を口実に自己の行為を正当化しようとし，そのことが親権者の養育態度を改善させるための指導の支障になるとの指摘がなされていました（飛澤知行『一問一答平成23年民法等改正』18頁）。

　そのため，平成23年民法等改正では，822条に，「第820条の規定による監護及び教育に」という文言が追加され，懲戒権が，子の利益のために行使される監護及び教育に必要な範囲内でのみ認められるものであることが確認されました。

　なお，同条に規定されていた，子どもを懲戒場に入れることができるとする規定は，懲戒場に該当する施設が存在しないという理由で，同改正により削除されています。

　もっとも，子どもの権利条約一般的意見13号（2011年）においては，すべての子どもが権利の保有者として，かつ，個人の人格，特有のニーズ，利益

及びプライバシーを有する，かけがえのない，価値あるひとりの人間として承認され，尊重されかつ保護されることを要求するとし，子どもが，家庭における体罰を含むあらゆる形態の暴力からの自由を定めた子どもの権利を強調しており，懲戒権という規定が削除されなかったこと自体，問題があるといえます。

(4) 職業許可権（民823条）

子は親権者の許可を得なければ職業を営むことができないとされています。

同規定は，純粋な身上監護に関するものというよりは，身上監護と財産管理の両者の効果と理解されているようです（於保不二雄＝中川淳編『新版注釈民法(25)〔改訂版〕』116頁〔明山和夫＝國府剛〕）。

民法6条の「営業」との関係では，「営業」は同条の「職業」より広い概念とされ，親権者が未成年者に対して職業を営むことを許可したからといって，6条の営業を許可したことにはならないことになります。

(5) 財産管理権及び代表権（民824条）

子どもの財産を保護するため，親権者は，子どもの財産の管理権，法律行為の代理権及び子ども自ら法律行為をする場合の同意権（民5条）を有し，財産管理義務を負います。

財産管理とは，財産の保全・性質を変じない範囲における利用，改良を目的とする一切の事実上及び法律上の行為をいうとされ，その目的の範囲内であれば処分行為をすることも含まれると解されています（於保不二雄＝中川淳編『新版注釈民法(25)〔改訂版〕』126頁〔中川淳〕）。

親権者は，財産管理義務を自己のためにすると同一の注意義務をもって履行すればよいとされています（民827条）。

なお，今回の民法改正により，管理権喪失の要件が，父又は母による管理権の行使が困難又は不適当であることにより子の利益を害するときとされました（民834条）。

よって，例えば，自立しようとしている子どもがアパート賃貸借契約や携帯電話の利用契約などを締結しようとした場合に，親権者が合理的な理由もなく法定代理人としての同意をしないような場合には，管理権喪失が認めら

れる可能性があります。

III 親権の帰属

　日本では，両親の婚姻中は父母の共同親権となっていますが，離婚時には父母の片方に親権者を定めなければならないとする単独親権制がとられています。

　非嫡出子の場合には，原則母が単独で親権を行使しますが，父母の協議によって父と定めた場合には，父が単独で行使をすることになります。

　また，連れ子養子の場合には，継父母と子どもが養子縁組をしなければ，継父母は当然には親権者にはなりません。この連れ子養子は，配偶者の直系卑属を養子とするものとして，通常，未成年者を養子とする際に必要となる家庭裁判所の許可は不要とされています（民798条）。

IV 親権者と非親権者の違い

　親権者であろうと非親権者であろうと，子どもが父母の子どもであることには変わりはなく，子どもは，その利益に反する場合を除き自身の成長のために，双方の親と接触する権利を有しています（子どもの権利条約9条3項）。

　また，離婚後の非親権者など親権を有さない親の未成熟子に対する養育費用負担義務は，民法877条の扶養義務に基づくものであり，親権者であることから導かれるものではないというのが通説及び実務上の定説です（於保不二雄＝中川淳編『新版注釈民法(25)〔改訂版〕』738～739頁〔床谷文雄〕）。よって，親権者でなくなることにより，子どもに対する扶養の責任を免れるものではありません（子どもの権利条約27条参照）。

　そのため，養育費との関係もありますが，双方の親が子どもに対して責任をもつという意味で，進学や医療といった子どもに関する重大な決定の場合には，どちらが親権者であるかにかかわらず父母双方が協議するという内容を調停条項などに盛り込むことも少なくありません。

　しかし，対外的には，親権者が子どもに対する権利・義務を行使することになります。

　すなわち，子どもに関する個人情報開示請求手続（個人情報保護法）や転校

手続（学校教育法），携帯電話や不動産賃貸借等契約の同意権，法定代理権を含む財産管理権は親権者でなければ行使し得ません。また，子どもが行った不法行為に関する監督責任は，非親権者が子どもを監護していたなどといった特段の事情がなければ，原則，親権者に対して責任追及されることになります。

Ⅴ 親権者と未成年後見人，監護者との違い

(1) 未成年後見人との違い

未成年後見人は，未成年被後見人の，身上監護，居所指定，懲戒，職業許可につき，親権者と同一の権利義務を有するとされています（民857条）。

また，財産管理権については，後見人は，被後見人の財産を管理し，かつ，その財産に関する法律行為について被後見人を代表するとされています（民859条）。

よって，身上監護権，財産管理権を行使するという点では，親権者と未成年後見人は同じということになります。

しかし，未成年後見人には，親子間に存在するはずの自然の情愛に期待できないことから，次の点で親権者と異なるとされています（於保不二雄＝中川淳編『新版注釈民法(25)〔改訂版〕』376～377頁〔明山和夫＝國府剛〕）。

① 未成年後見監督人があるときは，その同意を得なければならないとする権利行使制限がある（民857条但書・864条）
② 善良なる管理者の注意義務が課せられている（民869条・644条）
③ 任務開始，遂行中，終了時において事務報告の義務を負うこと（民853条・854条・855条・856条・861条・870条）
④ 後見監督人及び家庭裁判所による後見事務監督（民863条）に服すること

また，前記のとおり，親族関係から生じる扶養義務については，親族関係にない未成年後見人が負担することにはなりません。

(2) 監護者との違い

監護者とは，現実に子どもを監護する者であり，例えば，単独親権者である母が，子どもを長期間母方祖父母に預けている状態は，親権者による祖父

母に対する監護教育委託契約に基づく監護教育の委託と解されます。

　現実に，家庭の養育機能の低下を受けてか，祖父母や叔父叔母といった周囲の親族が，子どもの養育を補完しているケースは多くみられます。

　養育を委託された祖父母や親族の下で子どもの生活が安定していたところ，突然，親権者が子どもの引取りを主張してきて，それが子どもの安定的な生活を害するような場合，家庭裁判所では，従前，子の利益に照らして，民法766条を類推し，第三者に対する監護者指定審判を認め，実務上，子の利益を保護しようとしてきました（福岡高決平14・9・13家月55巻2号163頁，反対の裁判例として東京高決平20・1・30家月60巻8号59頁）。

　親権停止制度新設後は同じような状況の場合に，同審判が申し立てられているケースもあると思われますが，平成24年のデータによれば，親族による親権喪失申立ては81.5％が取下げ，親族による親権停止申立ては71.7％が取下げとなっており，親族申立てによる親権喪失・停止認容にはかなり消極的な家庭裁判所の姿勢がうかがえます（最高裁判所事務総局家庭局「親権制限事件の動向と事件処理の実情 平成24年1月～12月」9頁）。

【佐野　みゆき】

Q13 親権・監護権に関する民法改正

平成23年民法等一部改正はどのような内容だったのでしょうか。

解説

I 平成23年民法等一部改正の概要

平成23年の民法等一部改正は，児童虐待の増加とその対処の困難さから，子どもの保護にとって支障となる親権の制限を目的として行われたものです。

平成24年4月1日より，同時に改正された児童福祉法とともに施行されています。

「親権」というと「親の権利」のように思われがちです。

確かに，父母は，子どもを一定の裁量判断をもって養育でき，理由もなく国家や他人から干渉されないという点では権利を有しているといわれます。しかし，同時に親は，子どもを適切に世話し，大人になるまで育てる責任・義務を負っています。

つまり，この「親権」が，権利・義務の双方の側面をもつものであるという点は，日本の法解釈上もほぼ一致を見ているところです。

そのため，親権者の監護及び教育の権利義務を定めた民法820条に「親権を行う者は，子の利益のために子の監護及び教育をする権利を有し，義務を負う。」と「子の利益のために」という文言が付加されました。

加えて，協議離婚時に父母が協議で定めるべき事項として，「父又は母と子との面会及びその他の交流」及び「子の監護に要する費用の分担」すなわち養育費が具体的に明記されました（民766条1項）。

また、これらの事項を協議で定める場合には、父母は、子の利益を最も考慮しなければならない、ともされています。

この改正を受けて、離婚届の用紙には、面会交流と養育費の取決めをしたかというチェック欄が設けられました。

平成24年から25年の統計では概ね半数以上の離婚届に、養育費・面会交流の取決めをしたという欄にチェックがなされているようです。

もっとも、子ども自身の父母との面会交流権が直接規定されたわけではなく、取り決めた養育費回収の実現を強化するものでもありません。

取決めが、離婚の要件となっているわけでもありません。

しかし、協議離婚という全く裁判所等のチェックが入らないシステムのなかで、父母が、離婚後の子どもに対する責任分担を考慮する、一つのきっかけになるということはいえるでしょう。

これは、子どもの権利条約9条3項に規定される親との接触の維持の権利、27条4項の扶養料の回復の保障に一歩近づくものともいえます。

II 親権制限

離婚とは直接関係がありませんが、この改正における重要なポイントであった親権制限についても簡単に触れておきます。

親権を法的に制限する規定としては、従前より親権喪失宣告の制度がありました。

しかし、その要件が曖昧で、他方、全面的に親権を剥奪するという効果が強力だったため、裁判所も、これを認めるのにどうしても躊躇する傾向がありました。

また、改正前は、いわゆる医療ネグレクト事案、つまり親が子どもの生存に必要な手術等の医療行為に同意しないため、医療行為ができないという事案につき、適切に対応できる法的手段がありませんでした。

そのため、医療ネグレクトに対しては、親権喪失宣告とその効果を暫定的に承認する保全手続を利用し、一時的に親権を停止するという方法をとらざるを得ませんでした。

さらには、日本では、成人年齢が20歳とされており、未成年者は親の同意

なしに，契約を完全に締結することができないことになっています。

そのため，養護施設を出て，経済的に自立した子どもが，アパートを借りようとしても，親が正当な理由もないのに，賃貸借契約に同意しないため，アパートの賃貸借契約を締結できないといった問題が生じていました。同じような問題は，携帯電話の契約などでも起こり得ます。

こうした問題に対応するため，この改正では，親権喪失の要件を，虐待や遺棄事案を念頭に置いて「父又は母による親権の行使が著しく困難又は不適当であることにより子の利益を著しく害するとき」（民834条）として，子の利益侵害を，制限の基準とすることを明確化しました。

加えて，親権制限の期間を2年と限定するかわりに，親権喪失よりも要件を緩和した親権停止制度を新設しました。

さらには，父母による管理権行使が困難又は不適当で子どもの利益を害する場合には，子どもが行った契約の同意権を含む，親の財産管理権に制約を課すことが可能となりました。

なお，この改正では，判断能力のある子ども自身が，自分で親権喪失・停止・管理権喪失の申立てをすることができるようになっています。

親権制限後，親権者が不在となる場合に親権を行使することになる未成年後見人の制度についても，複数後見や法人後見が可能なように改正されています。

【佐野　みゆき】

Q14 単独親権制度と共同親権制度

親権制度には単独親権と共同親権があると聞きました。どのように異なるのでしょうか。

解説

I 日本における親権規定の変遷

1898年の明治民法では、親権について、「子ハ其家ニ在ル父ノ親権ニ服ス但独立ノ生計ヲ立ツル成年者ハ此限ニ在ラス」（877条1項）、「父カ知レサルトキ、死亡シタルトキ、家ヲ去リタルトキ又ハ親権ヲ行フコト能ハサルトキハ家ニ在ル母之ヲ行フ」（同条2項）と規定されており、婚姻中も親権は父が単独で行使するのが原則とされていました。

戦後、憲法が改正され、1947年5月3日から日本国憲法が施行されました。憲法24条には、「婚姻は、両性の合意のみに基いて成立し、夫婦が同等の権利を有することを基本として、相互の協力により、維持されなければならない。」（憲24条1項）、「配偶者の選択、財産権、相続、住居の選定、離婚並びに婚姻及び家族に関するその他の事項に関しては、法律は、個人の尊厳と両性の本質的平等に立脚して、制定されなければならない。」（同2項）と規定され、家族生活における個人の尊厳原理と両性の本質的平等が明記されました。そのため、明治民法における父権優先原理は憲法に反することになり、規定の見直しが図られました。

その結果、1947年の現行民法では、「成年に達しない子は、父母の親権に服する。」（民818条1項）、「親権は、父母の婚姻中は、父母が共同して行う。」（同条3項本文）とし、婚姻中の父母の共同親権の行使の原則を明記しました。

もっとも、親権の内容である、身上監護権（明治民879条、現行民820条）、居所指定権（明治民880条、現行民821条）、懲戒権（明治民882条、現行民822条）、職業許可権（明治民883条、現行民823条）、財産管理権（明治民884条、現行民824条）は、戦後の改正でも大きく変わっていません。

しかし、わずかな改正であっても、考え方は大きく変わっており、「子は家の子ではなくて、社会の子である、という考え方が現行法の、従って新民法の基調である。子はもはや、家業を継ぐための子でもなく、家名や祭祀を守るための子でもなく、まして親の利益に奉仕せしめられるための子でもなく、よき社会人として、正しい国民になるべき子なのである。そうした社会のための子に、私生活上に於ける、正しい在り方を保障しようというのが最近の親子法の性格である」（中川善之助『新憲法と家族制度』75頁）と説明されています。

II 離婚後の親権

(1) 単独親権

(a) 単独親権について　　現行民法は、819条において、離婚後は単独親権となる旨を規定しています。

すなわち、協議離婚の場合には、その協議で、その一方を親権者と定めなければならないとされ（民819条1項）、離婚届書に親権者と定められる者の氏名と親権に服する子の氏名を記載することが戸籍法上定められています（戸76条1号）。

裁判上の離婚の場合には、裁判所は、父母の一方を親権者と定めるとされています（民819条2項）。

調停離婚の場合にも、親権者を定めて調停条項に記載しています。

(b) 親権の内容　　親権の内容として民法に規定されているのは、①身上監護権（民820条）、②居所指定権（民821条）、③懲戒権（民822条）、④職業許可権（民823条）、⑤財産管理権（民824条）です。

これらの権能は親権者であることから行使することができるものであって、親権の内容の一部のみを非親権者に分属させることは認められていません。

(2) 単独親権制の問題点

(a) **親権者を指定する際に生じる問題点**　離婚後の単独親権制については，親権者を指定する際に次のような問題点が生じると指摘されています（二宮周平「当事者支援の家族紛争解決モデルの模索」ケース研究307号7〜8頁）。

① 協議離婚の際には，父母の協議で親権者を指定することとされており，裁判所が介入しないため，子どもの利益を守るために親権者が指定されているかをチェックすることができません。

② 親権者を決定する協議が調わない場合，自己が親権者となれば子どもを独占することができ，他の親との関係を断ち切ることができるとの思い込みから，父母間の対立を激化させ，深刻な紛争となる可能性が大きくなってしまいます。

③ 家庭裁判所が親権者を決定する際の判断基準として，監護能力や監護実績と継続性，子どもの意思，離婚後の親子の交流に対する許容性などを考慮することから，父母はいずれも自分が親権者となるためにお互いの人格を誹謗中傷したり，監護実績を作るために子どもとの同居を確保し，非同居親に合わせようとしなかったり，逆に実力行使で子どもを連れ去るといった事態が生じるなど，親権争いが熾烈化してしまいます。

(b) **単独親権となった後に生じる問題点**　離婚後，単独親権になった場合には，次のような問題点が指摘されています（鈴木経夫「実務から見た離婚後の子どもの共同監護 共同親権制度と関連して」財団法人日弁連法務研究財団離婚後の子どもの親権及び監護に関する比較法的研究会編『子どもの福祉と共同親権』48〜50頁）。

① **非監護親の自覚の減退**　多くの場合，監護親が親権者となります。監護親は非監護親に対し，子どもの養育費を請求することができ，他方で，非監護親は子どもと面会交流を行います。

　単独親権制の下では，非監護親は面会交流や養育費の支払，その他離婚後の子どもに対する配慮について義務感が薄くなりがちで，時間の経過とともにますます自覚が減退していくといった問題点があります。

② **子どもの気持ち**　子どもの側からも，監護親の非監護親に対する感情を慮り，面会交流を拒否してしまうなど，さまざまな感情をもつものの簡単に表現することができないなどの問題点があります。自分は親か

ら見捨てられた，それは自分が悪いからだと，自責の念に駆られることも少なくありません。

③　連れ子養子の問題点　　離婚後に親権者となった親が再婚した場合に，再婚相手と連れ子を養子縁組することがあります。子どもが15歳未満の場合には，親権者が代諾者となり，養子縁組をすることができ（民797条1項），家庭裁判所の許可も必要ありません（民798条但書）。そのため，非親権者の意向は全く考慮されることなく，養子縁組をすることができるのです。

連れ子養子がされた場合には，子と養親との間に法律上の親子関係が発生することから，非親権者は養育費の支払義務を免れるのが一般的です。しかし，連れ子養子は非親権者に知らせずに行うことができるため，連れ子養子がされたことを知らずに養育費を払い続けるといったことも生じます。

III 共同親権制度を採用する各国での行使方法

近年の国際動向として，子どもの奪い合い紛争の緩和，子どもが両親のいずれとも関係を維持する権利をもつという観点（子どもの権利条約9条）から，離婚後も父母の共同親権とする立法が増加しています（水野紀子「特集家族法改正――婚姻・親子法を中心に」ジュリ1384号58頁）。

共同親権の行使は，子どもは父母の一方と同居し，日常の事項については同居親が決定し，法定の重要事項あるいは両親の合意により協議事項と定められた事項については両親が協議して決定し，非同居親は定期的に子どもと面会し交流するといった方法が，各国でほぼ共通に行われています。

具体的には，ドイツでは，日常生活の諸事情については同居親が，教育・医療等重要事項と両親が協議事項と定めた事項については，両親の協議により決定しています。

フランスでは，両親が親権行使の態様を定め，子どもの養育及び育成の分担を定める合意の認可を裁判官に申し立て，認可を受けた合意書に基づいて行使します。

アメリカ・イギリスでは，父母が専門家の援助を受けて作成する監護計画

に具体的な個々の権利行使の方法を記載し，裁判所が認可することで親権行使の態様が決まります（増田勝久「全体的な比較――一覧表と解説」財団法人日弁連法務研究財団離婚後の子どもの親権及び監護に関する比較法的研究会編『子どもの福祉と共同親権』224～225頁，228～229頁）。

Ⅳ 日本における共同親権の導入の是非について

　日本においても学者や実務家の間では共同親権の導入について議論が交わされていますが，導入に積極的な立場と消極的な立場に分かれています。

　積極的な立場があげる意見としては，①離婚時における子どもの奪い合いなど親権をめぐるトラブルが減少する，②面会交流が強化されて，多様な子育てが可能になる，といったことがあります。

　他方で，消極的な立場があげる意見としては，DVや児童虐待があるケースでは，離婚後父母が協調することは不可能であり，共同親権を導入することでさらに当事者を危険に晒してしまうことになってしまう，ということがあります。

　もっとも，いずれの立場でも，離婚後の夫婦の協力体制が重要であること，子どもの福祉といった観点から離婚後も両親との交流が求められるという点には見解の相違はありません（上村昌代「離婚後の子どもの共同養育に向けて」京都女子大学現代社会研究科論集46～53頁参照）。

【小池　知子】

Q15 親権者を定める判断基準について

離婚の裁判に際して親権者を定めるについて，どのような基準で決めることとなるのでしょうか。

解説

I 親権者

親権者に関して，民法は，「親権を行う者は，子の利益のために子の監護及び教育をする権利を有し，義務を負う。」（民820条）と規定しています。

親権の性質についてどう捉えるかに関して，現行民法制定当時から，多様な意見があります（**Q12**参照）。

まず，旧民法の父権主義，家制度は両性の平等主義に沿うべく改正されたものの，各論的規定内容は旧民法を踏襲していたことから，親権の性質について解釈論は多岐にわたっています。子どもの権利条約（4条）の締結はありましたが国内法においては明確な規律化をしない状態が現在まで続いており，「子どもの権利主体性が我が国の法律上はほとんど明文化されておらず，子どもの成長・発達に応じた自律性・自己決定権への配慮については課題が多い」と指摘されています（野田愛子＝梶村太市編編集・若林昌子＝床谷文雄編『新家族法実務大系(2)』383頁以下〔若林昌子〕）。

ただ，かように条文上の規定としては必ずしも大きな変化はありませんが親権をとりまく環境・親と子の関係についての考え方には大きな変化が認められ，一般的には，親権は，未成年の子を健全な一人前の社会人として育成すべく養育保護する職分であり，そのために親に認められた特殊の法的地位であり，権利・義務を併せ持つ包括的な地位であるといわれています（於保

不二雄＝中川淳編『新版注釈民法(25)〔改定版〕』53頁，米倉明「親権概念の転換の必要性——親権は権利なのか義務なのか」加藤一郎先生古稀記念『現代社会と民法学の動向（下）』等があります）。なお，平成23年民法改正の際には児童虐待対応として親権を行う者は「子の利益のために」監護及び養育する義務を負うとされました。

II 親権の内容

親権の内容は身上監護権と財産管理権とに大別されます。

身上監護権には，①監護教育をする権利義務（民820条），②居所指定権（同821条），③職業許可権（同823条）が含まれます。

監護教育とは，子が健康に発達するよう身体精神の両面に配慮し，子を健全な一人前の社会人に育成していくために親に課せられた職分として捉えられるものです。

財産管理権には，子の財産管理権及び代理権（民824条）の規定があります。親権者は子の法定代理人として訴訟行為をなすことになります（民訴28条・31条）。ただし，身分上の代理権については，親権者であるから当然に代理権が与えられるのではなく，15歳未満の子の氏の変更申立て（民791条），認知の訴え（民787条）における法定代理権，養子となるものが15歳未満であるときの養子縁組の代諾権（民797条）等，法律で特に定められたときにのみ，親権者に代理権が付与されます。

そして，親権者が親権を行使するに際しては，「子の利益，子の福祉」を最大限に考慮することが要求され「子の利益，子の福祉」に反する場合には，親権喪失宣告（民834条），管理権喪失宣告（同835条）といった決定がなされます。

また，親権者と子どもの間で利益が相反する場合には特別代理人の規定（民826条）が設けられています。

上記のとおり，親権者は「子の利益，子の福祉」にかなうように親権を行使すべきであることからも，親権者を決める場合，変更を認める場合，いずれの場合においても，「子の利益，子の福祉」の観点が最も重要となります。

親権については親の権利性を強調すべきではなく，むしろ，親権者となっ

た者には子の監護教育義務（子を一人前の社会人に養育する義務）があることを，社会に広く認識させることが重要な時期にあるものと考えられます（Q1，Q2参照）。現代における児童虐待のケースでは，虐待をした親が，親権の権利性を強調したり，また，「しつけ」という名目においての暴力行為を子どもに対して行うことがありますが，親権の誤解でしかありません。

Ⅲ 具体的判断基準

近時は，離婚時の親権者指定判断は，父母の親権者としての適性を判断する前提となる考慮事情の比較によって結論が導かれています。その考慮事情とは，父母側の事情として，監護能力や意欲，精神的環境・経済的環境（資産，収入，職業，住居，生活態度），居住，教育環境，子に対する愛情，従来の監護状況，親族等の援助の可能性などが考えられます。

子どもの側の事情として，子の年齢，性別，兄弟姉妹関係，心身の発育状況，従来の環境への適応状況，環境の変化への適応性，子の意向などを総合的に判断するとされています。

Ⅳ 判断基準の新しい傾向

比較考量の基準により優劣をつけ難い事件類型では，次に述べるような具体的判断基準により結論が導かれています。
① 乳幼児期における「母性」優先の原則　従来は，乳幼児については母親の存在が情緒的成熟のために不可欠であるとし「母性」優先原則といわれていましたが，最近では生物学上の母親ではなく，子どもと母性的な役割をもつ監護者（主たる養育者）との関係を重視することが指摘されています（若林・前掲388頁以下）。

　この基準については，特に，最近の子育てに対する父母の役割分担意識に著しい変化が現れており，子が誰との間に心理的関係をより緊密に形成しているかを考慮する視点が求められることとなります。
② 子の意思の尊重の原則　子の監護に関する処分事項については，子の処遇について直接影響を及ぼす事項であるから，すべての児童に対して意見表明の機会を保証しなければなりません（Q1，Q2）。ただ，子

の意思を尊重しつつも子どもの利益にかなうような判断をする結果子の意思とは異なる結論になることも当然あり得ます。その場合にはその理由を子どもの年齢，状況に応じつつ説明する必要があると考えます。
③　違法な手段による監護と監護の継続性原則　　従来は，監護の継続性の原則は，監護親の下で，子が安定していれば，その現状を尊重するべきであると理解されていましたが，これでは違法な手段で子を奪取した場合も現状を追認する結論を導くことになりやすく，子の奪い合いの誘発になりかねない状況にありました（大阪高決平12・4・19家月53巻1号82頁）。

　監護の開始において実力行使あるいは違法な奪取行為のある事案について，最近の裁判例では，これを追認することは特段の事情の認められない限り許されないものとする傾向に変化してきています。
④　兄弟姉妹不分離の原則の再評価　　従来から，兄弟姉妹不分離の原則は，継続性の原則，子の意思尊重の原則，母性優先の原則ほど重視すべきではなく，これら原則に基づく判断を補強する程度のものとされてきました。現在の実務では，これを分離しないようにする傾向はあります。兄弟姉妹は精神面や情緒面のつながりが強く分離することで子どもの精神面に影響が及ぶおそれがあるからです。

　ただ，長年，別居していた場合や，同じ親権者とすることが不可能な場合子の利益の観点から判断されることになると考えます（秋武憲一『離婚調停〔新版〕』147頁）。
⑤　フレンドリー・ペアレント・ルールの考慮　　「子が非親権者（非監護者）と交流をもつことを実現するために，親権者となることを双方の親が主張する場合，他方の親をどれほど信頼でき，許容できるか」という相手に対する寛容性の程度をテストすることが指摘され，この視点を判断基準の1つとする考え方です（若林・前掲388頁以下）。同じ条件であれば面会交流に理解がある親の方が適格性に優っていると考えます。

【相原　佳子】

Q16 親権と監護権の分属

離婚をするにあたり，子どもを引き取って育てるのは母である私ですが，子どもの親権者は父親にするつもりです。私に監護権を付与してもらうことはできますか。

解説

I 親権と監護権の意味

(1) 親権とは

親権とは，子に対する親の地位をいい，具体的な内容は，身上監護権と財産管理権です（内田貴『民法Ⅳ〔補訂版〕』211頁）。

民法では「親権を行う者は，子の利益のために子の監護及び教育をする権利を有し，義務を負う。」（民820条）と定め，包括的・抽象的な身上監護権を規定するほか，居所指定権（民821条），懲戒権（民822条），職業許可権（民823条）を列挙しています。民法には規定がありませんが，第三者が親権の行使を妨害するときに排除することができる権利である妨害排除権もあります（内田貴『民法Ⅳ〔補訂版〕』213頁）。また，認知の訴え（民787条），相続の承認・放棄（民917条）など一定の身分行為の代理権があります。

財産管理については，民法824条で財産管理と代理がその内容であると定められています。

これらの権能は，親権者であることで認められるものであり，離婚をする際には父母の一方を親権者と定めなければならないため，親権の権能を分解して複数の者に分属させることはできません。

(2) 監護権とは

民法766条1項では親権者とは別に監護権者を定め得ることを規定しています。旧民法においては、離婚の際の親権は、原則として「家」にある父が有し、協議で母に監護権を与えることができるとされていました（旧民812条）。現行民法では、「家」制度が廃止され、母も親権者になることができるようになりましたが、旧812条を若干手直ししただけでそのまま民法766条1項に引き継いだことから、このような規定となっています。

監護権者を親権者と別に定めた場合の権限の範囲は、身上監護権（民820条）のほか、教育権（民820条）も含むと解するのが通説です。

II 親権と監護権の分属

母も父と同等に親権者となることができる現行民法上、親権と監護権を分属させる必要はないとも考えられますが、実務上は分属を認める運用がなされています。もっとも、実例はさほど多くはなく、「平成24年司法統計年報・家事編（第22表）」によれば、離婚の調停や審判において、未成年の子の処置をすべき件数の総数は2万0627件でしたが、父を親権者と定めたもの2033件のうち母を監護権者とするものは133件、母を親権者と定めたもの1万9161件のうち父を監護権者とするものが23件でした。

分属を認めるのは、「父母による形を変えた共同監護として、両者が協力し積極的に評価できるような場合」「子を現実に監護する父母の一方を直ちに親権者に指定・変更するには不安があり暫時、その監護の実績を見る必要があるとき」（清水節「親権と監護権の分離・分属」判タ1100号145頁）という指摘がされています。

離婚の調停や裁判において、父母の双方が親権者となることを希望しているときに、親権と監護権を分属させることもありますが、親権争いの妥協の手段とすべきではありません（清水・前掲145頁）。

III 監護権者の指定・指定された監護権者の変更の基準

監護権者の指定・変更の決定基準は、親権者の指定・変更と同様、「子の福祉」の観点から判断されます。特に重要視される事情としては次のものが挙げられます（冨永忠祐編『子の監護をめぐる法律実務』81〜84頁）。

① 現状尊重の基準　現に監護を続けている者が引き続き監護をすべきであるという考え方です。

子どもの心理的安定を図るという配慮から，現状尊重の基準は重視されることが多くあり，違法に子を奪取して監護を始めた場合でも，親子関係が良好であれば現状どおりに監護権者を指定する裁判例は多くあります（東京高決平17・6・28家月58巻4号105頁，大阪高決平12・4・19家月53巻1号82頁など）。

② 母親優先の基準　乳幼児については，特別の事情がない限り，母親の監護養育が優先されるべきであるという考え方です。

③ 子の意思の尊重の基準　子が15歳以上のときのみならず，15歳未満であっても，無理のない方法で子の意思が明確に看取される限り，その意思は尊重されるべきであるという考え方です。

④ 兄弟姉妹不分離の基準　兄弟姉妹は可能な限り同一人によって監護されるべきであるという考え方です。

これらの基準は，事案によっては相互に衝突することもありますが，いずれかの基準を優先して決めることになります。

例えば，父親が6歳の長女と4歳の長男を出生時から継続して監護をしているが，別居中の母親が自分への監護権者の変更を求めた事案（東京高決平15・7・15判タ1131号228頁）は，監護継続性維持の基準を優先すれば父に，母親優先の基準を優先すれば母に監護権者が決定された事例ですが，裁判所は母親優先の基準を優先し，監護権者を母に変更しました。

Ⅳ　手　　続

親権者と監護権者を分属させる場合には，父母間の協議（民766条1項）で行いますが，協議が調わない場合には家庭裁判所が定めることになります（同条2項）。

親以外の第三者を監護権者に指定することも認められていますが，祖父母が監護者指定を申し立てた事案について，祖父母の申立適格を否定した裁判例があります（東京高決平20・1・30家月60巻8号59頁）。

【小池　知子】

Q17 親権の変更

離婚の際，未成年の子の親権者を父と決めましたが，母に変更することはできるのでしょうか。できる場合，その基準を教えてください。

解説

I 親権者の変更について

　父母が離婚をする際には，父母の一方を子の親権者に指定しなければなりません（民819条1項〜3項・5項）が，子の親権者が定められた後であっても，子の利益のため必要があるときには，家庭裁判所は，子の親族の請求によって，親権者を他の一方に変更することができます（民819条6項）。

　親権は権利のみならず義務を伴うものであり，義務をいったん引き受けた以上勝手に放棄することはできない（内田貴『民法IV〔補訂版〕』237頁）ことから，親権者の変更は当事者間の協議によることは許されず，家庭裁判所による調停・審判によって行う必要があります。

　離婚の際，親権者を変更しないという合意をしたとしても，そのような合意は，子の利益のための強行法規である民法819条に違反し無効となります（東京高決昭24・7・29家月1巻9＝10号9頁）。親権者を変更しないという調停が成立していたとしても，申立権の濫用にあたる事情が認められない限り，変更の申立てを排斥すべきではありません（大阪高決昭47・1・14家月25巻2号76頁）。

II 親権者変更の基準

　民法では，「子の利益のため必要があると認めるとき」（民819条6項）と定

められており，子の利益を中心として変更の必要性が検討されます。もっとも，親権者の変更は，先に親権者という地位を取得している者がいて，子の監護養育の実績があるところで検討されるので，親権者を変更しなければならないような特段の事情があるのかどうかを検討することが問題の中心とされます。すなわち，単に父母双方についての親権者としての適格性や監護能力の相当性といった事情を比較するだけでは足りず，従前の監護の実績，過去の生活実績を踏まえた親権者としての適格性，親子間の心理的結びつき等を考慮した上でなお親権者を変更する必要があるのかを検討していくことになります（北野俊光「親権者の指定・変更」村重慶一編『現代裁判法大系(10)』252～253頁）。したがって，親権者の指定よりも判断の基準は厳しいものとなります。

　裁判例で挙げられた具体的な判断基準としては，①監護の継続性の原則，②母親優先の原則，③子の意思の尊重の原則，④兄弟姉妹不分離の原則などがあります（清水節「親権者の指定・変更の手続とその基準」判タ1100号156～157頁）。

III 具体的な基準について

(1) 監護の継続性の原則

　子の健全な成長のためには，親子間の心理的結びつきが継続していることが重要であり，子の養育者や生活環境を変更することは，子に精神的な負担と動揺を与えかねないことから，従来の監護状況を優先させるという考え方です（北野・前掲254頁）。

　親権者変更の場合は，既に親権者の地位を取得した一方の親がいて，その親と子の生活が継続していることから，あえて親権者を変更しなければならない特別の事情がない限り，現状維持がなされる傾向の強いことが指摘されています（合田篤子「親権者変更の判断基準としての子の利益と意思の尊重」民商法雑誌144巻3号437頁）。

(2) 母親優先の原則

　かつては，特に乳幼児期においては，子は母親のそばで生活することが子の福祉に合致するとして，母親が優先されるべきであるとされていました。しかし，母親側に不適格な事情がある場合や，父親側に監護補助者がいる場

合もあることから，絶対的な要件であるとはいえません。

(3) 子の意思の尊重の原則

家庭裁判所は，親権者変更の審判をする場合には，満15歳以上の子の意見を必ず聴かなければなりません（家手169条2項）。実務では，概ね10歳前後から意向が確認されています。もっとも，未成年の子の意向は変動しやすい上，身近にいる者の影響を受けやすく，言葉と真意が一致しない場合もあります（清水・前掲157頁）。11歳の子の親権者変更の例では，子が家庭裁判所調査官には申立人に対する拒否的感情をあらわにしたものの，申立人との間で親和的なメールのやり取りをするなど，申立人を完全に拒否しているとは思われない言動があったとされています（さいたま家審平22・6・10家月62巻12号100頁）。

このように，子の意思の把握は，年齢が低い場合は特に困難な場合がありますが，両親の事情が拮抗している場合，子の意思に結論が委ねられることになりかねません。子の意思の的確な把握が求められます。

(4) 兄弟姉妹不分離の原則

幼い姉弟の親権者は特段の事情のない限り分離すべきでないとした審判例もあります（仙台家審昭45・12・15家月23巻8号45頁，親権者指定の審判）が，子の意思を尊重して長女と長男については親権者の変更を認めたものの二男については認めなかった審判例もあり（佐賀家審昭55・9・13家月34巻3号56頁），親権者変更を認める絶対的な要件であるとはいえません。

(5) その他

(a) 扶養能力・監護能力　扶養能力・監護能力の有無は，子の福祉に結びつきやすいため，重視されそうですが，親権者変更の場合は，監護能力が劣っていたとしても変更するまでのことはないとされる例が多く見られます。例えば，未成年者が母の実家に居住しながらその養育を受け父の顔を知らない事例において，母が父と比較して扶養能力の点で多少劣っていたとしても，母が監護教育するのを不適当とする特別の事情が認められない限り親権者を変更する理由はないと判断した例があります（東京高決昭49・6・25判時750号55頁）。

(b) 婚姻中の有責性　婚姻中に不貞行為をするなど有責配偶者であった

ことが，今後一切親権者としてふさわしくないとされるかが問題になりますが，有責性は離婚において検討されるべき事項であり，子の親権者は子の福祉の観点からどちらの親がふさわしいかを決定すべきです。したがって，有責配偶者であったから親権者になることができないと断じることはできません。

Ⅳ 戸籍の処理

　親権者変更の調停・審判が成立したら，変更後の親権者が，調停の成立，審判の確定日から10日以内に，市町村役場の戸籍の担当係に親権者変更の届出をする必要があります。届出により，子の親権者の記載が変更になります。

　子の戸籍を新しい親権者と同じ戸籍に移したい場合は，別途家庭裁判所で子の氏の変更の審判を受ける必要があります。審判が出されたら，入籍する子（15歳未満の場合は法定代理人）が，戸籍の担当係に入籍届を提出することで，子の戸籍を新親権者の戸籍に移すことができます。

【小池　知子】

Q18 親権・監護権と祖父母

離婚した際,娘は孫の親権者となりました。それ以降,祖父母である私たちと娘と孫とで暮らしていましたが,娘が子どもをおいて出て行ってしまいました。祖父母である私たちがそのまま孫の監護を続けるにはどうしたらいいですか。

解説

I 監護者になれるか

(1) 任意の指定

親権者は,その親権に服する子の監護及び教育をする権利義務を有しています(民820条)。しかし,親権者が現実の監護養育をすべて1人で行うのが不可能な場合があることや幼児を里子に出して第三者にその養育を託す里親慣行が古くから行われていることなどを理由として,子の利益に反しない限り,親権者は子の監護養育を第三者に委託することができるとされ,実務上も行われています。

したがって,本件の場合も,孫の親権者である娘とその両親である祖父母との間で,監護教育委託契約又は養育委託契約を結び,親権者の委託を受けて,監護を続けるという方法が考えられます。

しかしながら,あくまで親権者である娘が任意に委託契約を結ぶことが必要ですから娘が祖父母による孫の監護養育を求めていない場合や娘と連絡がつかない場合には困難です。また,監護教育,養育の委託は委任契約の一種であり委任者,受任者双方がいつでも解除できること,委託した親権者は自らの監護教育権を喪失しないと解されていることなどからいえば,委託期間

を定めていたとしても、娘はいつでも委託契約を解除して子の引渡しを求めることが可能であると考えられます。こうした点からも、親権者である娘が祖父母による孫の養育に積極的でない場合には、利用できません。

(2) 監護権者指定の申立て

任意に親権者から監護者の指定を受けられない場合、祖父母は、裁判所から監護権者を自らとするよう申し立て、指定を受けられるのでしょうか。

民法766条は、協議離婚をするときに子の監護をすべき者を定めることとし、その協議が調わないときには家庭裁判所が定める（2項）と規定しているため、子の監護をすべき者が定まらない場合は、家庭裁判所に対する家事審判手続においてなされます。つまり、協議離婚に関する問題であるため、①離婚の当事者でない子どもの祖父母が監護権者に指定され得るのか、②監護権者指定の申立てが可能であるのかという問題が生じ得ます。

まず①子どもの親以外の第三者も監護権者として裁判所の指定を受けることができるのかという問題ですが、これについては、父母に監護困難な事情がある場合に祖父が指定された例（大阪家審昭57・4・12家月35巻8号118頁）など、祖父母を含めた第三者を監護権者として認めた審判例があり、子どもの利益に資する場合には、祖父母も監護権者となり得るといえそうです。

一方で、②子どもの祖父母が、監護者指定の申立ての申立権者となり得るかという問題については、以前から肯定、否定双方の見解がありました。その中で、裁判例において祖父母による当該申立てが家事審判事項にあたらないとして却下された（東京高決平20・1・30家月60巻8号59頁）ことから、現在のところ、祖父母による監護者指定の審判申立ては困難となっています。

そのため、本件においても、娘から任意で、孫の監護・養育の委託を受けることができない場合には、祖父母が監護権者として、孫の監護を継続することは難しいといわざるを得ません。

II 親　　権

(1) 親権者の規定

では、監護権以外の方法として、どのようなものが考えられるでしょうか。祖父母が孫の親権者として、孫を監護していくことは可能でしょうか。

成年に達しない子は父母の親権に服し（民818条1項），親権を行うものがないときは未成年後見が開始します（民838条1号）。したがって，親権者の不存在によっても，祖父母が孫の親権者になることはありません。

　ただし，養子は養親の親権に服します（民818条2項）から，祖父母と孫とが養子縁組をした場合には，養子である孫は養親である祖父母の親権に服することになります。

　親権者の協力なく祖父母と孫の意思のみで養子縁組ができるかどうかについては，養子となる孫が15歳以上か15歳未満かによって異なります。民法では，養子となる者が15歳未満であるときは，その法定代理人が養子となる者に代わって縁組の承諾をすることができると規定されています（民797条1項）。ですから，本件においても養子となる者，つまり孫が15歳未満の場合には，その親権者（法定代理人）である母親の承諾を要することになり，出て行った娘の協力なしに祖父母が親権者になることはできません。

(2) 未成年後見人

　成年に達しない子の親権を行う者がいない場合については，未成年後見が開始します（民838条1号）。未成年後見人は，被後見人の身上の監護，財産管理を行います。

　法律が定める親権を行う者がないときとは，親権者が死亡したとき，失踪宣告を受けたとき，親権喪失宣言を受けたとき，親権を辞任したとき等があたります。また，それ以外の場合でも親権を事実上行い得ない場合として，親権者の長期不在，生死不明，行方不明，重病・心神喪失，受刑の場合などが考えられます。事実上親権を行い得ない場合に当然に未成年後見が開始するかどうかについては，見解が分かれていますが，いずれにしても，未成年者本人又は未成年者の親族その他の利害関係人が家庭裁判所に対して，未成年後見人の選任の申立てを行い，家庭裁判所による未成年後見人の選任がなければ，未成年後見人になることはできません。

　本件においても，出て行った娘と連絡がつかない状態が続いているのであれば，祖父母が家庭裁判所に選任の申立てをし，祖父母のいずれかが孫の未成年後見人として選任を受けることが考えられます。

【松川　陽子】

● column 7

離婚調停・訴訟の代理人として受任している事件のなかで児童虐待が判明したとき

　離婚調停あるいは訴訟事件の父母の代理人をしているなかで，子どもの虐待が疑われる事実が判明した場合，父母の代理人としては，どのように対応すればよいのでしょうか？

　児童虐待防止法2条による児童虐待の定義は次のとおりです。

（児童虐待の定義）

① 身体的虐待　　児童の身体に外傷が生じ，又は生じるおそれのある暴行を加えること。

② 性的虐待　　児童にわいせつな行為をすること又は児童をしてわいせつな行為をさせること。

③ 心理的虐待　　児童の心身の正常な発達を妨げるような著しい減食又は長時間の放置，保護者以外の同居人による①②又は④に掲げる行為と同様の行為の放置その他の保護者としての監護を著しく怠ること。

④ ネグレクト　　児童に対する著しい暴言又は著しく拒絶的な対応，児童が同居する家庭における配偶者に対する暴力（配偶者（婚姻の届出をしていないが，事実上婚姻関係と同様の事情にある者を含む）の身体に対する不法な攻撃であって生命又は身体に危害を及ぼすもの及びこれに準ずる心身に有害な影響を及ぼす言動をいう）その他の児童に著しい心理的外傷を与える言動を行うこと。

　児童虐待を受けたと思われる児童を発見した者は，速やかに，これを市町村や児童相談所に通告しなければならないとされています（児童虐待6条1項）。

　さらに弁護士には児童虐待の早期発見義務があります（児童虐待5条1項）。

　弁護士は依頼者との関係で，守秘義務を負っているわけですが（弁護士法23条），児童虐待防止法では，この守秘義務が通告義務の遵守を妨げるものと解釈してはならない（児童虐待6条3項）と規定され，通告義務が守秘義務に優先することが明示されています。

もちろん，依頼者との信頼関係上，まずは，適切な監護をするよう説得するとしても，それによって虐待がおさまるという状況でなければ，通告をすべきといえるでしょう。

(佐野　みゆき)

● column 8

父子関係に関する最高裁判例

　婚姻中や離婚後300日以内に子を出産した場合，その子の父親は，法律上，夫であると推定されます（民772条）。この嫡出推定を覆すことができるのは夫だけであり，子の出生を知ってから1年以内に嫡出否認の訴えを提起しなければなりません（民777条）。

　夫が長期の海外出張，受刑等で子の母と性的交渉がなかった場合など，妻が夫の子を妊娠する可能性がないことが客観的に明らかである場合には，生まれた子は夫の子であるとの推定を受けません。このような場合は，子や母から親子関係不存在確認の審判を申し立てることで，父子関係を否定することができます。

　妻が夫の子を妊娠する可能性がないことが客観的に明らかではなく，民法上の嫡出推定が及ぶものの，DNA鑑定により子と戸籍上の父との間の親子関係が否定された場合，法律上の親子関係も否定されることになるか否かについて，最高裁判所は，平成26年7月17日，民法の嫡出推定の規定はDNA鑑定の結果よりも優先されるとしました。

　この日言い渡された3件の判決のうち2件は，子が母を法定代理人として親子関係不存在確認の訴えを提起した例で，最高裁判所は，子の身分関係の法的安定を保持する必要性を理由として，親子関係不存在確認の訴えをもって当該父子関係の存否を争うことはできないとしました。もっとも，生物学上の父との間で親子関係を確立することができる状況にもあるならば，嫡出推定を及ぼ

すべきではないとの反対意見が出されています。

　もう1件は，父が親子関係不存在確認の訴えを提起した例で，最高裁は民法777条の嫡出否認の訴えについての1年の出訴期間の制限は憲法13条，14条に違反しないとしました。すなわち，父から親子関係を否定するのであれば，嫡出否認の訴えによるべきであり，出訴期間が経過しているのであれば，DNA鑑定により父子関係が否定されているとしても，親子関係不存在確認の訴えにより法律上の父子関係を否定することはできないということです。

（小池　知子）

● column 9

祖父母の役割

　両親の離婚に際して，子どもの祖父母にはどのような役割が求められるでしょうか。

　子どもが父親，母親どちらの監護下にある場合でも，両親の離婚により，子どもの同居親は，就業，ひいては仕事と子どもの監護の両立を余儀なくされる場合が多くなります。しかも，共働きの家庭と異なり，両親の間での日常的な監護の協力が期待できないことが多く，離婚前の状況に比して，子どもの日常的な監護が困難になりがちです。そのため，特に同居親側の祖父母ができる役割として，子どもの監護に対する手助けが考えられます。子どもが幼い場合にはなおさらです。

　祖父母による監護補助の多くは，同居親が仕事に出かけてから又は子どもが学校などから帰ってから，同居親が子どものもとに帰宅するまでなどの限られた時間の監護を担う，監護補助です。しかし，同居親の就業形態など個別の状況によっては，本来の監護者から，監護委託を受け，祖父母自身が監護の中心となるケースもあります。

　また，祖父母による監護の手助けは，両親の離婚により生活が変わる子ども

を，離婚当事者である両親とは別の立場で精神的に支える側面もあります。

　一方で，離婚に際して，祖父母が積極的に関与しすぎることが，子どもや離婚に悪影響を及ぼすこともあります。もちろん，祖父母としても，離婚という大きな問題を抱えた自分の子を思い，良かれと思ってアドバイスをしているのですが，過度にいたる場合には，調停などの話合いにおいて一度決まりかけたことも，当事者が帰宅後自らの親である祖父母と話したことで，そのいいなりになってしまい，次の話合いまでに言う事が変わってしまうなど，当事者の真の意思にかかわらず紛争の終局を遠ざけることもあるのです。

　これは，紛争状態が長く続くことにつながりますから，紛争を早期解決し，紛争から早く子ども解放すること，子どもの精神的安定を図ることにとってマイナスとなります。

　なお，祖父母は，親権者の求めで監護をすることはできますが，日本では祖父母に面会交流権はありません。

（松川　陽子）

第4

子どもの意見表明権

Q19 子どもの手続関与

親権者指定が必要な離婚調停や面会交流といった監護に関する処分調停・審判事件のなかで，子どもは，どのように自分の意向を手続に反映させることができるのでしょうか。

解　説

I　家事事件手続における子どもの関与

家事事件手続法では，子どもの意見表明権（児童の権利に関する条約12条）に一定の配慮をする規定が盛り込まれました（金子修編著『一問一答家事事件手続法』34頁）。

具体的には，家事事件手続法65条（調停では家手258条1項）において，子の意思の把握と審判の際のその意思の考慮が明記されるほか，15歳以上の必要的陳述聴取対象事件が，従前の親権者指定・変更や子の監護に関する処分に，親権喪失，未成年後見選任などが追加され，その範囲が拡大されています。

さらには，未成年者自身がその結果に影響を受ける一定類型の事件については，未成年者に意思能力があれば，手続行為能力を認めることが明記されました（家手151条2号・168条・118条等）。

従前より，身分行為については未成年者であっても意思能力があれば，手続行為能力を認められると解釈はされていましたが，どのような類型につきどこまで認められるのか明らかではありませんでした。

そこで，家事事件手続法においては，親権者指定・変更，子の監護に関する処分（ただし，養育費といった財産給付については除かれています）をはじめ，未

成年者自身がその手続の結果に影響を受ける事件類型につき，未成年者自身の手続行為能力を明示するにいたりました。

その結果，次に述べるとおり，当該類型の手続については，未成年者自身に，意思能力があると判断されれば，当該事件の申立てをしたり，手続に参加することができることが明確になりました。

また，家庭裁判所が未成年者を職権で手続に参加させることも可能となっています（家手42条3項・258条1項）。

II　離婚・監護手続における子どもの手続行為能力

当事者能力，家事事件の手続における手続上の行為（以下，「手続行為」といいます）をすることができる能力（以下，「手続行為能力」といいます）につき，家事事件手続法では，原則，民事訴訟法28条（原則），31条（未成年者及び成年被後見人の訴訟能力）を準用しています（家手17条1項）。

その結果，未成年者をはじめ，手続行為能力を制限された者は，法定代理人に代理してもらい家事事件手続法上の手続を行うことになります。

しかし，家事事件手続法は，別途，各則において特別規定（家手118条を準用）をおき，未成年者及び成年被後見人，被保佐人，被補助人（以下，「成年被後見人等」といいます）にも手続行為能力を認める類型を定めています。

民法上，未成年者自身に申立権が認められている事件（親権喪失・停止・管理権喪失審判申立事件（家手168条3号）や未成年後見人選任審判申立事件（家手177条2号）など）や，未成年者が審判の結果により直接の影響を受ける事件（子の監護に関する処分審判・調停事件（家手151条2号・252条1項2号），親権者指定・変更審判・調停事件（家手168条7号・252条1項4号など））が，未成年者自身に手続行為を認める類型となっています。

しかし，子の監護に関する処分審判・調停事件のうち，「財産上の給付を求めるもの」，すなわち，養育費の支払に関する事件については，未成年者に手続行為能力は認められていません。

また，父母の離婚調停事件における未成年者は，調停事件における手続行為能力を規定する家事事件手続法252条1項5号「同（人事訴訟）法第13条第1項の規定が適用されることにより訴訟行為をすることができることとなる

者」の規定により、手続行為能力が認められ、親権者指定により影響を受けるものとして、利害関係参加することができると解されています（金子修編著『逐条解説家事事件手続法』757～758頁）。

なぜなら、未成年者は父母の離婚訴訟において当事者となることはありませんが、当該訴訟に補助参加（民訴42条）することは可能であるからです。

なお、明文にはありませんが、家事事件手続に関与するのですから、意思能力は必要とされます。

当該子どもにもよりますが、意思能力は、概ね小学校高学年程度から認められると解されており、実際に9歳の子どもに利害関係参加を認めた事案が報告されています。

III 離婚・監護手続における子ども参加の要件

(1) 子どもの手続関与の要件

家事事件手続法で、未成年者に手続行為能力が認められている類型の事件につき、子どもは、申立人あるいは参加人として関与することになります。

親権喪失・停止事件や未成年後見人選任事件のように、未成年者の申立権が認められている場合には、未成年者は申立人となることができますし、また当事者参加（家手41条1項）することもできます。

親権変更など父母間で調停・審判事件が係属している場合には、子どもは、参加人として手続に関与することになります。

また、前記のとおり、子どもが手続に参加するためには、参加しようとする子ども自身に意思能力があると判断される必要があります。

子どもから参加申出がなされた場合、裁判所は(2)に述べる要件該当性とともに、子どもの意思能力を判断することになります。

これらの参加申立ては、参加の趣旨及び理由を記載した書面を提出して行う必要があります（家手41条3項・42条4項）。

(2) 参加ができる者の類型

手続に参加できるのは、次に該当する者とされています。

① 当事者となる資格を有する者（家手41条1項・258条1項）
② 審判を受ける者となるべき者（家手42条1項・258条1項）

③ 審判の結果により直接の影響を受けるもの（家手42条2項・258条1項）

この③「審判の結果により直接の影響を受けるもの」とは，当事者又は審判を受ける者に準じ，審判の結果により自己の法的地位や権利関係に直接の影響を受ける者とされており，子の監護に関する処分の審判事件や親権喪失・親権停止又は監護権喪失の審判事件等における子などが該当するといわれています（金子・前掲逐条解説138頁）。

家事事件手続法42条2項に基づき参加するためには，家庭裁判所の許可が必要です（家手42条2項）。

加えて，子どもが，家事事件手続法42条1項，2項に基づき参加する場合は，裁判所は，子の年齢及び発達の程度その他一切の事情を考慮して，同手続に参加することが，その子どもの利益を害すると認めるときは，参加許可の申立てを却下しなければならないとされています（家手42条5項）。

なお，手続行為能力がある子どもの親権者も，子どもの法定代理人として参加申し出ができるようにも思われますが，それが子ども自身の意に反してなされた場合には，子どもの利益を害するとして，却下される可能性があります（金子・前掲逐条解説142頁）。

未成年者の利益を害することを理由とする却下判断に対しては，子どもが審判を受ける者となるべき者である場合以外は，即時抗告が認められていません（家手42条6項）。

利害関係参加が認められると，当該参加人は，当事者がすることができる手続行為（家事審判の申立ての取下げ及び変更並びに裁判に対する不服申立て及び裁判所書記官の処分に対する異議の取下げを除く）をすることができます（家手42条7項本文）。

ただし，裁判に対する不服申立て及び裁判所書記官の処分に対する異議申立ては，家事事件手続法に別途規定がある場合にのみ，申し立てることができます（家手42条7項但書）。例えば親権者指定・変更，監護に関する処分事件においては，子どもは即時抗告権者とはなっていないため（家手172条1項10号・156条4号参照），審判に対して不服があったとしても，当該事件に関しては，即時抗告をすることはできません。

(3) 強制参加

子どもが，上記利害関係参加できる者に該当する場合，裁判所は本人の申立てがなくても，相当と認めるときは，職権で子どもを手続に参加させることができます（家手41条2項・42条3項）。

　子どもの職権参加を検討する場合として，子と法定代理人との間に実質的な利益相反がある，虐待が疑われる，法定代理人では子の意思を十分に伝えられない等の場合において，調査官調査その他家裁による子の意向の把握等のみでは子どもの利益が十分確保されないおそれがある等の事情がある場合などが考えられるとされています（小田正二「東京家裁における家事事件手続法の運用について──東京三弁護士会との意見交換の概要と成果を中心に」判タ1396号38頁）。

　また，監護親の協力が得られず，意思能力等に関する家裁調査官の調査が実施できない事案については，職権選任された手続代理人による子の意向の把握が検討されるとされています（小田・前掲38頁）。

　父母（又はその代理人）が，親権者指定・変更事件あるいは監護に関する処分事件のなかで，紛争解決のために子どもの参加及び手続代理人選任が望ましいと考える場合には，子ども自身に対し参加申立てを働きかけるほか，裁判所に対し，職権参加及び手続代理人選任の職権発動を促すことが考えられます。

(4) 子どもの手続代理人

　子どもが一定の手続に参加できるとしても，大人ですら馴染みのない法的手続を子どもが1人で遂行し，裁判所に自分の意見を伝えていくことは容易なことではありません。

　そのため，家事事件手続法においては，子どものように手続行為の制限を受けた者が手続行為をしようとする場合に，裁判所が，弁護士を子どもの手続代理人に選任することができる制度が設けられています（家手23条，詳細はQ21参照）。

Ⅳ　その他の子どもの手続関与方法

(1) 必要的陳述聴取

　一定の事件類型（子の監護に関する処分（家手152条2項・157条2項），養子縁組許可（家手161条3項1号），特別養子縁組許可（家手161条3項1号），同離縁（家手

165条3項1号），親権喪失審判・親権者指定変更（家手169条・175条2項），未成年後見人・同監督人選任（家手178条1項1号），児童福祉法上の審判事件（家手236条1項），生活保護法上の施設入所許可（家手240条4項）等においては，15歳以上の子に対する陳述聴取が要求されています。

　もっとも，聴取の方法に制限はなく，事実の調査としての裁判官による審問のほか，家庭裁判所調査官による調査，書面による陳述の受領，書面照会等の方法が考えられるとされています（金子・前掲逐条解説493頁）。

　実務上は，家庭裁判所調査官の面接による聴取や監護親からの書面提出などにより実施されています（安倍嘉人＝西岡清一郎監修『子どものための法律と実務』63頁，67〜68頁〔高取真理子＝山本佳子〕）。

(2) 子どもの意思の把握

　子どもがその結果による影響を受ける審判事件の手続においては，子どもの利益を確保する観点から，子どもの意思を把握するように努め，審判をするにあたっては，子どもの年齢及び発達の程度に応じて，その意思を考慮しなければならないとされています（家手65条・258条1項）。

　そのため，子どもが，親の離婚や子の監護に関する処分の調停・審判手続において，参加までは望まない場合でも，その意思を裁判所に伝えたいという場合には，子の陳述聴取，家庭裁判所調査官の調査等において，自身の意向を裁判所に伝えることになります。

　東京などの大規模庁では，家庭裁判所調査官が，期日への立会いから関与していることも多く，子どもの意思把握も，事実の調査として，当事者から生活状況や子どもの状態などの情報を得た上で子どもと自宅又は裁判所にて面談して，意向を聴取し，それを調査報告書の形で手続に反映させるということが多いのではないかと思います。

　家庭裁判所の調査官は，当該子どもが乳幼児であれば，親子のやりとりを観察して，就学前の子どもの場合には言語でのコミュニケーションを通じ，あるいは，保育園での様子や家庭での生活を聴き取る中で，小学校低学年頃までは言語表現に子どもが話をするときの表情や視線，態度等の観察を補充しつつ，子どもが10歳を超える場合には子どもが自分の意向を言語で表現する場を設定しつつ，子どもの意向把握に努めています（金子・前掲逐条解説64

〜65頁，67〜68頁）。

　調査報告書が作成されたとの連絡を受けた場合には，父母の手続代理人としては，子どもの意向等を把握するためにも調査報告書の閲覧謄写を検討することになりますが，記録の閲覧等については，調停の場合には（裁判所が）「相当と認めるとき」（家手254条3項），審判の場合には子どもの利益を害するおそれがある場合等（家手47条4項）のそれぞれ範囲の異なった制限があることに留意する必要があります。

　なお，調停手続において家庭裁判所調査官による事実の調査がなされて審判移行した場合，当然には調停の資料が家事審判手続の資料となるわけではありません。

　よって，調停時の調査報告書等を審判の資料とすることを希望する場合には，それが審判手続における事実の調査の対象となるかを確認し，仮にも，対象とならないということがあれば，証拠調べの方法による提出を検討する必要があります。

　また，前記のとおり，閲覧謄写許可の範囲が，調停審判手続それぞれにおいて異なるため，調停手続において，閲覧謄写範囲の制限があった場合には，審判手続でその制限範囲が縮小している可能性も考慮に入れる必要があります。

【佐野　みゆき】

Q20 親の離婚と子どもの権利，子どもの意見表明権との関係

親の離婚と子どもの権利の関係は？ また，両親の離婚に巻き込まれた子どもには意見を表明する権利はあるのでしょうか。

解説

I　子どもの権利条約

　子どもの権利条約（政府訳は「児童の権利に関する条約」）は1989年国際連合総会第44会期において全会一致で採択された条約です（Q2参照）。

　同条約は，従前，専ら保護の主体とされてきた子どもを，独立した人格と尊厳をもち，権利を享有し行使する主体として（権利基盤アプローチ）捉え，子どもが1人の人間として成長・自立していく上で必要な権利を保障しています（喜多明人＝森田明美＝広沢明＝荒巻重人編『逐条解説 子どもの権利条約』6頁）。

　特に，同条約中，あらゆる差別の禁止（2条），子どもの最善の利益原則（3条），生命・生存・発達への管理（6条），子どもの意見表明権（12条）の4つの権利は，一般原則とされています。

　日本は，同条約を1994年に批准しています。

　日本国憲法98条2項が「日本国が締結した条約及び確立された国際法規は，これを誠実に遵守することを必要とする。」としていることから，同条約は，公布と同時に自動的に国内法としての効力を生ずるといわれています（喜多ほか編『逐条解説 子どもの権利条約』14頁）。

　なお，同条約批准にあたっては，日本政府は，「この条約の実施のためには，新たな国内立法を必要としない」という立場をとっており（五十嵐正博「児童権利条約の国内的効力」石川稔＝森田明編『児童の権利条約――その内容・課題と

対応』53〜54頁)，権利条約規定の権利を実効化するような統一的な立法は未だなされていません。

 では，法の解釈という観点から，実際に権利侵害があった場合に，子どもの権利条約が司法において適用されているかというと，日本の裁判所は，子どもの権利条約を含む国際人権規約を裁判規範として活用することについて極めて消極的な態度をとっているといわれています（伊藤正巳「国際人権法と裁判所」芹田健太郎＝棟居快行＝薬師寺公夫＝坂本茂樹編集代表『国際人権法と憲法』13頁)。

 こうした日本の姿勢に対し，国連子どもの権利委員会は，同条約44条で締約国に義務づけられている条約の実施状況に対する日本政府の報告（第3回）に対する最終見解にて，児童の権利に関する包括的な法律を制定することを検討し，条約の原則及び規定と，国内法制度が完全に適合するように対処することを，強く勧告しています（http://www.mofa.go.jp/mofaj/gaiko/jido/pdfs/1006_kj03_kenkai.pdf 12パラグラフ)。

II 子どもの権利の性質論

 子どもの権利の性質に関する代表的な考え方としては，大きく分けて次の3つの考え方があるとされています。

 すなわち，①子どもの意思とは無関係に決定される子どもの利益に求める権利利益説，②子どもの「意思」に求める子ども権利意思説，及び比較的最近，提唱されている③当事者が主体的に意味を付与する関係を「権利」として構成すべきとする関係的権利説的子どもの権利論です（世取山洋介「子どもの意見表明権のVygotsky心理学に基づく存在論的正当化とその法的含意」法政理論36巻1号123頁)。

 ①の見解は，米国において，法学教授ゴールドシュタインらが1970年代から80年代にかけて発表した「子の最善の利益を超えて」以降3部作により代表されるものです（Joseph Goldsteiin, Albert Solinit, Aura Freud"BEYOND THE BEST INTEREST OF THE CHILD""BEFORE THE BEST INTEREST OF THE CHILD""IN THE BEST INTEREST OF THE CHILD")。

 「心理的親」との関係維持を重視するもので，日本の家庭裁判所も一時，

かなり影響をうけ，面会交流の判断などに影響を与えました（細矢郁ほか「面会交流が争点となる調停事件の実情及び審理の在り方——民法766条の改正を踏まえて」家月64巻7号18〜21頁）。同見解を前提とする別居親との面会交流の考え方については，その後，1970年代半ば以降，非監護親と定期的に交流を持ち続けた子の方が離婚後の生活によりよく適応すること等を示したケリー及びワラースタインらの研究により，否定されるにいたっています（細矢・前掲21〜22頁）。

①の見解に対するアンチテーゼとして主張されるようになったのが，②の子どもは自己決定の主体と見る見解です。

しかし，かかる見解が，子どもに選択の責任を負わせてしまう危険と懸念を払拭することは困難です（福田雅章『日本の社会文化構造と人権』46〜47頁）。

これに対し，③の見解は，子どもを，現実を認識し，現実に働きかけてそれを変え，現実に関する認識を独自の形で統合する可能性を誕生後から有しているという意味での「自由」の主体であると捉えます。そして，子どもが，この現実に関する認識を発達させるために必要な，応答的可変的な，大人との相互的な関係性を，子どもの権利の本質とみています（世取山・前掲151〜152頁）。

Ⅲ 親の離婚と，子どもの権利条約からみる子どもの権利

子どもの権利条約に規定される子どもの権利のなかで，両親の離婚の場面においては，直接的には，子どもの最善の利益（3条），非監護親との接触の権利（9条3項），意見表明権（12条），生活水準の権利（27条）などが問題となります。

以下，各権利の概要について述べていきたいと思います。

(1) 子どもの最善の利益とは（子どもの権利条約3条）

子どもの権利条約3条1項は次のように規定しています。

「児童に関するすべての措置をとるに当たっては，公的若しくは私的な社会福祉施設，裁判所，行政当局又は立法機関のいずれによって行われるものであっても，児童の最善の利益が主として考慮されるものとする。」（政府訳）

同条の趣旨に照らせば，両親の別居の際の監護者指定，離婚の際の親権者

指定，その後の監護者，親権者変更等の場面で，家庭裁判所が子どもに関する措置を決定する場合には，その決定の際には，「子どもの最善の利益が主として」考慮されなければなりません。

我が国では，平成23年民法改正において，離婚後の子の監護に関する事項の定めを規定した民法766条1項に，「父母が協議上の離婚をするときは，子の監護をすべき者，父又は母と子との面会及びその他の交流，子の監護に要する費用の分担その他の子の監護について必要な事項は，その協議で定める。<u>この場合においては，子の利益を最も優先して考慮しなければならない</u>。」(下線部筆者)と，協議離婚の場面においても「子の利益」が最優先されるべきことが明記されました(飛澤知行編著『一問一答平成23年民法等改正』10～11頁)。同規定は民法771条により裁判上の離婚にも準用されています。

このように，平成23年民法改正により，協議，調停，審判，裁判離婚のいずれの場合においても，子の監護について必要な事項を決定する際には，「子の利益」が最優先されなければならないことが，法律上も明確化されたといえます。

もっとも，「子どもの最善の利益」の内容，判断基準・要素については，民法上，何ら規定はありません。

子どもの最善の利益の名目で当該子どもの利益が侵害されないためにも(国連子どもの権利委員会・一般的意見14号（2013年）：自己の最善の利益を第一次的に考慮される子どもの権利（3条1項）34パラグラフ。日本語訳は，http://www26.atwiki.jp/childrights/pages/236.htmlを参照)，当該子どもの最善の利益を適切に判断するためにも，次に述べる子どもの意見表明権の保障が極めて重要といえます(国連子どもの権利委員会・一般的意見14号（2013年）：自己の最善の利益を第一次的に考慮される子どもの権利（3条1項）では，子どもの最善の利益を考慮されるべき要素として，①子どもの意見，②子どものアイデンティティ，③家庭環境の保全及び関係の維持を挙げています（同52～62パラグラフ参照))。

(2) **子どもの意見表明権とは**（子どもの権利条約12条，聴取される権利）

(a) 子どもの意見表明権とは　子どもの権利条約12条は，子どもの意見表明権，聴取される権利について，次のように規定しています。

「1　締約国は，自己の意見を形成する能力のある児童がその児童に影響

を及ぼすすべての事項について自由に自己の意見を表明する権利を確保する。この場合において，児童の意見は，その児童の年齢及び成熟度に従って相応に考慮されるものとする。
2　このため，児童は，特に，自己に影響を及ぼすあらゆる司法上及び行政上の手続において，国内法の手続規則に合致する方法により直接に又は代理人若しくは適当な団体を通じて聴取される機会を与えられる。」
　この意見表明権の趣旨を踏まえて，家事事件手続法においては，子どもの意思の尊重が明記され，子どもが利害関係を有する一定の事件類型への子どもの手続行為能力の付与・利害関係人参加制度，子どもの手続代理人の制度などが整備されています。
　現在，この子どもの意見表明権は，(i)子どもとかかわる司法判断・行政措置を講ずる際の「手続的権利」である，(ii)子どもの自己決定的な権利の行使に道を開く権利である，(iii)表現の自由など市民的権利に包含されるものである，(iv)子どもの参加の権利であるといった4つの理解があるといわれています（喜多ほか編『逐条解説 子どもの権利条約』100〜101頁）。

　(b)　子どもの意見表明権，聴取される権利の本質とは　　同権利が，子どもに特有の権利であるため，その本質に関しては，前記❷に述べた子どもの権利の性質に関する見解と密接に関連して議論がなされています。
　その本質は，子どもの意見表明権をサポートする役割を担う子どもの手続代理人のあり方にも当然影響を与えることになります。
　まず，権利利益説によれば，子どもは意見を聴取される対象にすぎず，意見表明権の「主体」とする見解とは相容れないことになります。子どもの手続代理人が主張すべき子どもの利益も，子どもの客観的利益（子の福祉）とみる見解と結びつくものと思われます。
　他方権利意思説によれば，当該子どもの手続代理人が主張すべき子どもの利益は，子どもの主体的利益（子の意思）とし，子どもの手続代理人も子どもの意思を忠実に伝える役割が強調されることになると思われます。
　これに対して，関係的権利説によれば，意見表明権の意義は「具体的な（子どもの）文脈のなかにおいて，子どもが現実を認識し，現実を独自の形で統合し，子どもがその子どもに直接する大人に働きかけ，それから応答を引

き出し，大人との関係を変更していく"力"を持つ主体であることを『権利』として承認する。」，「子どもの意見をその発達に応じて『適切に重視する』大人の責任を重視することにより，応答性と可変性を実現しようとしている。」と説明されます（世取山・前掲152頁）。

この見解によれば，子どもの手続代理人の必要性と役割は，「子どもが自由に自分の『意見』を代理人にぶつけることのできる相互的な関係を子どもとの間で設定し，子どもの事実に関する認識を統合しかつ自覚することを援助し，そして統合され自覚された家族関係に関する認識に基づいて将来の希望を確定することを援助」し，「家族関係を変化させる主体としての力を子どもに与えるために，子どもの自覚された認識とそれに基づく子どもの希望とを手続において提出し，それを指針として子どもと大人との関係の再調整をすること」（世取山・前掲159頁）となります。

かかる見解は，子ども自身が周囲の大人に影響を及ぼし得る力を信じ，子どもが周囲の人間関係に影響を及ぼすことをサポートし，周囲との新たな関係構築を促す，子ども手続代理人や少年事件の付添人活動のイメージに結びつきます。

そして，同見解による子ども支援の内容は，子どもをそのまま受けとめることにより子どもの自己肯定感の回復に寄り添いつつ子どもの文脈を理解し，現状を子どもに分かる言葉で説明し，その子どもの文脈を考慮に入れながら，子どもが将来に対する希望をまとめることを一緒に考えていくということになるでしょう。

その上で，子どもから提示された希望を関係する大人に提示して，当該大人に子どもとの関係を考え直してもらうことで，子どもをとりまく関係性を変更調整していくということになるのではないでしょうか。

子どもが自己に影響を与えるすべての事柄について，子どもが自由にその見解を表明し，これが正当に重視されることなくして，当該子どもの最善の利益を確保することは困難です（12条と3条の関係については，国連子どもの権利委員会・一般的意見7号（2005年）13，14パラグラフ，12号（2009年）70～74パラグラフ，14号（2013年）43～45，89～91パラグラフ参照）。

しかし，現実には，親の離婚状態など，周囲との関係が劇的に変化してい

る混乱のなかで，子どもに対し，いきなり希望を示せと，子どもひとりで意向をまとめることを要求することは，無謀ともいえましょう。

意見表明権の性質論は，子どもの最善の利益を判断や，子どもの意見表明権保障のあり方，そして，子どもの手続代理人の関与の仕方や活動内容といった点において，今後，実務の運用に影響を及ぼしてくることになると思われます。

(3) 非監護親との接触の権利（子どもの権利条約9条3項）

子どもの権利条約9条3項は，親から分離された子どもの，定期的に親双方との個人的な関係及び直接の接触を保つ権利につき，次のように規定しています。

「締約国は，児童の最善の利益に反する場合を除くほか，父母の一方又は双方から分離されている児童が定期的に父母のいずれとも人的な関係及び直接の接触を維持する権利を尊重する。」

同条同項は，親子の面会交流が，親のみならず，子どもの権利であることを明確にした点で，意義が大きいといわれています（喜多ほか編『逐条解説 子どもの権利条約』93〜94頁）。

我が国においても，平成23年民法改正において，面会交流が，協議上の離婚の際に定めるべき子の監護について必要な事項として明記されました。

もっとも，同規定は，面会交流を「非監護親の権利」，あるいは「子どもの権利」として位置づけるものではありません。最高裁第一小法廷平成12年5月1日決定（民集54巻5号1607頁）も，「婚姻関係が破綻して父母が別居状態にある場合であっても，子と同居していない親が子と面接交渉することは，子の監護の一内容であるということができる。」としつつ，同判決の判例解説は「面接交渉権といわれているものは，面接交渉を求める請求権ではなく，子の監護のために適正な措置を求める権利であるというのが相当である」（最高裁判例解説民事篇平成12年度(下)515頁）と指摘しています。

しかし，非監護親との面会交流の意義については，子どもが，「自分は親から愛してもらっているんだ，両方の親から大切にされているんだということを実感できる」と，「それが（子どもの）自己肯定感につながる」，そして，「この自分を大切にする，自分が好きだということがあって，初めて相

手も大切にすることができる」,「自分が好きだという感情がなければ,人に対して優しく受け入れていることは難しい」,「そのコアにあるのが親から愛されるという体験」「それを補っていくのか離れて暮らす親との交流」と指摘されているように（小田切紀子「離婚と子ども——揺れ動く子どもの心」ケース研究322号100頁），子どもにとっては,自己肯定感を保持できるような態様の非監護親との交流継続は,その後の人生において,周囲との健全な相互関係を構築していくために必要不可欠な要素といえます。

子どもの権利条約9条3項の趣旨に照らしても,前記のような面会交流の意義に照らしても,子どもが自身の自己肯定感を保持できるような面会交流は,子どもの成長発達及びその人格の形成に必要不可欠な子ども自身の権利として,我が国の法上においても明確に位置付けられるべきと思われます。

(4) 生活水準への権利（子どもの権利条約27条）

両親の離婚後に課題となる養育費支払や子どもの貧困との関係では子どもの権利条約27条に規定する生活水準への権利が問題となります。

子どもの権利条約27条は,子どもの生活水準への権利につき,次のように定めています。

「1　締約国は,児童の身体的,精神的,道徳的及び社会的な発達のための相当な生活水準についてのすべての児童の権利を認める。

2　父母又は児童について責任を有する他の者は,自己の能力及び資力の範囲内で,児童の発達に必要な生活条件を確保することについての第一義的な責任を有する。

3　締約国は,国内事情に従い,かつ,その能力の範囲内で,1の権利の実現のため,父母及び児童について責任を有する他の者を援助するための適当な措置をとるものとし,また,必要な場合には,特に栄養,衣類及び住居に関して,物的援助及び支援計画を提供する。

4　締約国は,父母又は児童について金銭上の責任を有する他の者から,児童の扶養料を自国内で及び外国から,回収することを確保するためのすべての適当な措置をとる。特に,児童について金銭上の責任を有する者が児童と異なる国に居住している場合には,締約国は,国際協定への加入又は国際協定の締結及び他の適当な取決めの作成を促進する。」

海外では，離婚世帯と社会保障費の増加という事情を踏まえ，国が，強力に養育費の支払を実現させる制度の整備を進めてきました。

　ところが，日本では，親が離婚後，他方親と接触を一切もたないことを可能とする協議離婚制度の存在に加え，養育費について取決めをしたとしても，養育費の回収は本人，つまり子どもを養育している親任せとなっています。支払わなくなった他方親に養育費を払ってもらおうとすると，子どもを養育している親が，養育や仕事のかたわら，慣れない強制執行，給与や預金の差押えの手続をしなければなりません。

　他方親が転居してしまったり，仕事を変えてしまって，所在や勤務先が分からなくなってしまえば，強制執行すら難しくなってしまいます。

　日本では，離婚後，子どもの親権者となるのは，母親が多いのが実情です。

　民法改正施行前の平成23年の調査で，協議離婚で養育費の取決めをしている割合は，母子世帯で30.1％となっています（平成23年度の全国母子世帯等調査結果）。ちなみに，その他の方法の離婚では74.8％です。

　加えて，養育費を受給している母子世帯は，19.7％であり，その額は，子1人の場合，1世帯平均月額3万5428円となっています。

　なお，平成22年の離婚を原因とする母子世帯の平均収入は年276万円ということであり，このような母子家庭における収入の低さを背景に，2010（平成22）年調査（国民生活基礎調査）で，子どもがいる大人1人世帯の相対的貧困率は50.8％となっています。

　こうした点は，国連子どもの権利委員会第3回最終見解においても，子どもの適切な生活水準に対する権利との関係で，子どもの貧困を根絶するために適切な資源を配分するように勧告されています。

【佐野　みゆき】

Q21 子どもの手続代理人

親権者指定が必要な離婚調停や面会交流といった監護に関する処分調停・審判事件の手続に、子どもが参加した場合、子どもに代理人をつける制度があると聞きましたが、どのように代理人が選任されるのでしょうか。
また、選任された手続代理人はどのような活動を行うのでしょうか。

解説

I 子どもの手続代理人制度の導入

家事事件手続法においては、意思能力ある子どもが申立人となったり、審判・調停手続に利害関係参加する場合、職権で、裁判所が弁護士である手続代理人を選任する制度が新設されました（家手23条・260条2項）。

導入の議論の際、調査官との役割の違いが問題となりましたが、子どもの手続代理人と調査官との違いは、子どもの手続代理人は、子どもの意見表明権行使を支援しつつ専ら子どもの側に立った活動をすることが可能であることにあります。

さらに、子どもが利害関係参加をするケースの子どもの手続代理人の場合には、父母の目を子どもの最善の利益に向けさせ、子どもの最善の利益を維持し得る解決を模索し、紛争解決を促進することも期待されます。

II 子どもの手続代理人選任の契機

(1) 前提としての子どもの手続関与

手続代理人の選任は、あくまで、子どもが手続に関与する場合にその手続に関与した子どもの代理人として就任する制度です。よって、選任の前提と

図表　子どもの手続代理人選任の契機

【私選】
├─ 子ども本人からの委任
├─ 法定代理人からの委任
└─ 選任命令による委任（家手23条2項・260条2項）

【国選】
├─ 申立てによる選任（家手23条1項・260条2項）
└─ 職権（家手23条2項・260条2項）

して子どもの手続関与がなくてはなりません。

子どもの手続参加については，**Q19**を参照してください。

(2) **手続代理人選任の契機**

手続に関与する子どもに手続代理人が選任される契機としては，次のような場合が想定されます（**図表**も参照）。

① 子ども自身又は法定代理人から弁護士が私選で代理人に選任される場合
② 子ども自身が手続行為をしようとする場合で，必要があると認められるとき，裁判長（裁判官）が申立てにより弁護士を手続代理人に選任する場合（家手23条1項・260条2項）
③ 申立てがなくても，裁判長（裁判官）が，職権で弁護士を手続代理人に選任すべき旨を命じ，又は職権で弁護士を手続代理人に選任する場合（家手23条2項・260条2項）

つまり，具体的には，裁判長（裁判官）が子ども手続代理人を選任する場合，当該子どもから相談を受けるなどして，従前より当該子どもに関わっていた弁護士が，子ども自身からの手続申立てあるいは手続への参加申立て，及び当該弁護士を候補者とした手続代理人選任申立てを事実上手伝い，当該弁護士が手続代理人に選任されることが考えられます。

他方，同じく裁判長（裁判官）が子ども手続代理人を選任する場合でも，例えば当事者が職権発動の申出を受け，あるいは，裁判所が当事者又は利害

関係参加人の手続追行の状況をみて必要性を感じ，地域の弁護士会に推薦依頼するなどして，職権で，従前まったく当該子どもと接点のない弁護士を手続代理人に選任することもあり得ます。

Ⅲ 手続代理人の活動内容

離婚や監護者指定・変更審判調停事件における子どもの手続代理人は，利害関係参加人の代理人となるものと思われます。利害関係参加人は，当事者がすることができる手続行為をすることができるとされています。子どもの手続代理人はその子どもの手続行為を代理することになり，基本的には大人の当事者の手続代理人と同様の活動をすることになります。

具体的には次のような活動を行います。
① 裁判所・調査官との協議
② 事件記録の閲覧謄写
③ 子どもと接触するための監護親との連絡・調整
④ 子どもとの面会
⑤ その他関係者からの情報収集・連携（学校・保育園，福祉・医療関係者等）
⑥ 子どもからの聴取結果の手続への顕出
⑦ 手続代理人としての主張書面の提出
⑧ 調停，審問等期日への出頭，子どもの陳述聴取への対応
⑨ 調停条項の提示等調整活動
⑩ 子どもへの報告，相談対応
⑪ 即時抗告（明文ある場合のみ）の検討
⑫ 子どものアフターフォローや費用回収を含めた手続後の対応

Ⅳ 報酬について

(1) 裁判所が選任した子どもの手続代理人の場合

裁判所が選任した，子どもの手続代理人の報酬及び費用は，民事訴訟費用等に関する法律2条10号に該当し，「弁護士に支払つた報酬及び費用」で「裁判所が相当と認める額」が，当事者又はその他の者が負担すべき手続費用となるものとされています。

この規定によれば，本来は，子どもから手続代理人に費用及び報酬をまず現実に支払った上で，次に述べるその他の者に負担させるという費用負担裁判，報酬決定，費用額確定処分を受けて，子どもが指定された負担者に求償していくという理屈になります。

　しかし，子どもがあらかじめ代理人に費用・報酬を支払うことは現実的ではないことから，それらを「手続費用」とするために，手続代理人は，手続代理人に選任された後，手続上の救助の申立てをし（家手32条2項，民訴83条1項2号），手続代理人の報酬及び費用についての支払の猶予の決定を受ける必要があります。

　この手続費用となった子どもの手続代理人の報酬・費用は，原則として，各自の負担，すなわち子ども自身の負担となりますが（家手28条1項），裁判所は事情により事件の当事者（離婚調停に子が参加した場合の両親等）に負担させることができるとされています（家手28条2項）。よって，例えば離婚調停に子が参加した場合，この手続費用を両親に等分に負担させる決定又は合意がなされるということになります。審判又は調停において，手続費用を親に負担させる旨の決定又は合意がなされた場合，法テラスを利用している親の代理人から直ちに終結報告がなされてしまうと援助が終結してしまうため，子どもの手続代理人の報酬費用が，追加費用として法テラスから立替払いされなくなってしまいます。

　よって，親の代理人となっているときには，この点，注意を要するとともに，子どもの手続代理人としても，法テラスを利用している親の代理人に対し，終結報告前に，報酬額を追加費用として法テラスに申請してもらいたい旨，あらかじめ依頼しておく必要があります。

　同時に子どもの手続代理人は，活動報告書を裁判所に提出し，裁判所による報酬額認定につき職権発動を促します。

　子どもの手続代理人は，報酬額が確定すると，親に対し，負担割合に応じ，認定された報酬額を請求します。

　任意に支払ってもらえなかった場合には（審判の場合には確定後），費用額確定処分の申立て（家手32条2項・31条1項，民訴85条後段・71条）をします。

　これを受けて，裁判所書記官が報酬及び費用について，裁判所が相当と認

める額（民訴費2条10号）を認定，費用額確定処分（家手31条1項，民訴71条1項）を行います。

調停不成立（一般調停），なさず，取下げの場合には，別途，申立てにより，費用負担裁判（家手31条1項，民訴73条）をする必要があります。

(2) **子どもが依頼をした私選代理人の場合**

子どもが依頼をした私選代理人の場合には，子ども自身が報酬を支払うことになります。しかし，子どもに資力があることはあまり考えられないため，民事法律扶助制度又は日弁連の子どもに対する法律援助の利用を考えることになります。

しかし，現行の民事法律扶助制度の利用契約は，親権者の同意なく利用契約ができないため，親権者の協力がなければ利用ができません。

他方，日弁連子どものための法律援助利用の要件は，対象者が，①児童虐待若しくは学校又は保護施設における体罰，いじめその他の事由により人権救済を必要としている子ども（貧困，遺棄，無関心，敵対その他の理由により，その子どもの親権者及び親族から協力を得られない場合に限る），②少年法6条の2第1項の調査を受けている子ども，（平成19年11月以降）とされており，離婚事件における親権争い，監護権争いに子どもが参加していく場合には対象とならない可能性が高いものと思われます。

Ⅴ 子どもの手続代理人として注意を要する点

前記Ⅲ記載のとおり，外形的には通常の大人の代理人と同様の活動を行うことになります。

しかし，そもそも激しく争っている両親間の争いに関与してくことになりますし，また，子どもの見解が，客観的に見て子ども自身の利益を害するように感じられる場合など，何が子どもの利益かという点につき，時には非常に難しい判断を迫られることになります。

子どもの手続代理人として活動するにあたり，特に注意すべき点としては，次のような点があります。

(1) **手続関与，面接方法への配慮**

(a) **子どもの心情への配慮** 自ら手続に参加すると決意した場合であっ

ても，子ども自身は，両親の手続に関わっていくことに非常に複雑な気持ちで臨んでいると思われます。

そのため，子どもが話をしやすいよう極力配慮する必要があります。

面接の場の雰囲気作りや子どもへの代理人の役割や守秘義務等の分かりやすい説明，理解の丁寧な確認等を通じ，子どもとの信頼関係を構築し，子どもに徐々にでも本当に思うところを話してもらえるよう心がけるべきでしょう。

また，揺れる子どもの気持ちに配慮し，両親に対する批判などが子どもの口から出るようなことがあっても，代理人がそれを安易に肯定することは慎むべきです。

さらに，子どもの意思は裁判所に伝えなくてはなりませんが，他方において，子どもと監護親との生活は継続しているわけですから，子ども自身の審問への出頭や，審判となれば原則閲覧謄写の対象となる報告書等の作成にあたっては，親子の関係継続の観点からも，細心の注意を払う必要があります。

なお，親権者の指定・変更，監護者指定等の事案では，子どもに親のどちらかを選ばせるような質問は，子どもに心理的な負担を与える可能性があるため，避けるべきです。

子どもがどちらかの親との生活を望む意向を示している場合も，オープン質問などで，それを支持する事実（従前や現在の生活状況に関する情報等）をできるだけ多く引き出し，当該子どもの文脈のなかで，その意思を理解・確認する必要があります。

(b) 当事者への公平性への配慮　子どもの手続代理人は，離婚の際の親権者指定，監護者指定等，両親が激しく争う場面に介入することになります。

そのため，手続関与や子どもとの面接方法については，裁判所とも協議の上，公平性を疑われないよう配慮する必要があります。

当事者が特に公平性に敏感になっている場合には，面接時間や場所なども検討する必要があります。

子どもからの聴取にあたっても，子どもの心情に配慮しつつ，誘導がない

よう注意しながら，子ども自身の見解及びそれを支える事実関係を聴取する必要があります。

そのために，クローズド質問（回答者が「はい」「いいえ」で回答できるような質問）を回避し，オープン質問（「どう思ったか」など回答者が自由に回答できるような質問）をこころがけ，逐語記録，あるいは子ども自身の了解を得て，録音録画などで発言の過程を残しておく必要もあります。

提出書面の記載には，監護親が居所を秘匿している場合などは，監護親の居住場所が特定されるような情報を掲載しないよう注意が必要です。

(2) 客観的利益と主観的利益──何を代理するのか

子どもの手続代理人の役割に関する議論として，子どもの手続代理人は子どものどのような利益を代理するのかというものがあります。

このような問題は，具体的には，子どもの意向が子ども自身の利益を害すると思われる場合，例えば，子どもの登校や外出を否定するような，精神疾患が疑われる監護親の下にある子どもが，監護親の下で生活したいと望む場合，つまり，ネグレクト状態となることが明らかな環境で生活することを希望しているような場合に問題となります。

この場合，子どもの手続代理人は，子どもの意向を代理するのであれば，監護親の下に残ることを主張することになりますが，将来をも見据えた子どもにとっての利益（客観的利益）を考えると，非監護親と生活することを主張したほうが望ましいように思われる場合もあります。

この点，ドイツの子どものための「手続補佐人」の任務は，「子の利益を確認し，それを裁判手続の中で反映させ」ることとされ，主観的利益（子の意思）とならんで，子の客観的利益（子の福祉）を取り入れ，子の意思とは別の見方や疑念を示すことが許されるとされているようです（岩志和一郎「ドイツにおける『子どもの代弁人』──手続補佐人の新たな規定」法時2009年2月81号51頁）。

他方，オーストラリアなどでは，子どもの手続上の代理人（Independent Children's lawyers 略してICL）は，子どもによって表明された意見はすべて裁判所に提供することがその義務として求められつつも，「子どもの最善の利益」を代表し，「子ども自身」を代弁するのではないことが明確にされているということです（小川富之「オーストラリアにおける子どもの手続上の代理人」法

時2009年2月81号43～44頁)｡

　我が国においては調査官制度があり，子どもの客観的利益を一定程度考慮するシステムは既に備わっていると思われます。

　子どもの手続代理人としては，子どもの主観的利益を周囲に伝える重要性を意識しつつ，その主観的利益の表明にあたっては，子どもとの双方向的なコミュニケーションを通じ，子どもが自分が大切にしている関係性含め自分の文脈のなかで自分の気持ちを言葉にすることを支援することが必要となります。それを裁判所，父母といった大人に伝え，大人に応答してもらうことにより，子どもが自己に影響を与える手続に主体的に関わることを支援していく，関係論的なアプローチが求められているといえます。

(3) 守秘義務との関係

　前記のような信頼関係を築くためには，子どもが，子どもの手続代理人に対し，忌憚なく意見をぶつけられることが必須です。

　その意味でも，子どもの手続代理人の子どもに対する守秘義務は非常に重要です（弁護23条）。

　子どもが代理人に話をした内容を秘密にしてほしいといわれたものの，その内容が子どもの利益という観点から看過できないような場合，この代理人の守秘義務との関係で問題となります。

　その内容が児童虐待に該当するような事実である場合には，児童虐待防止法6条3項は，「刑法……の秘密漏示罪の規定その他の守秘義務に関する法律の規定は，第1項の規定による通告をする義務の遵守を妨げるものと解釈してはならない。」と規定しているため，その内容を児童相談所へ通告しても守秘義務違反には問われません。

　しかし，通告することで子どもとの信頼関係が破壊される可能性もありますので，まずは，子どもに対し，子どもの手続代理人としては子ども自身の安全確保や利益のためにそれを看過することは適当ではないと考えたので，他の大人に話す必要がある旨本人を説得していくべきでしょう。

【佐野　みゆき】

Q22 子どもの手続代理人制度の課題

子どもの手続代理人制度は今後どのようになっていくのでしょうか。今後の課題はあるのでしょうか。

解説

　家事事件手続法は、子どもが自身の生活に極めて重要な影響を及ぼす親権者指定・変更・監護者指定等への手続に、子ども自身が参加していくことを明記し、子どもの手続代理人選任制度により、参加した子どもが弁護士により手続遂行を支援されることを可能にしました。

　しかし、その制度設計には、未だざまざまな課題も残されています。

I 子どもの手続代理人選任対象が意思能力ある子どもに限定されていること

　Q19～Q21でも述べたように両親の離婚手続やそれに伴う監護者指定の手続等への子どもの利害関係参加は、当該参加しようとする子どもに意思能力がある場合に限定されています。

　法制定過程では、子が審判の結果によって影響を受ける場合、意思能力を有しない子についても、親が子の利益を代弁することが困難な状況にある場合には、子の利益の代弁者を裁判所が選任する制度を導入すべきではないかということが検討されました。

　しかし、意思能力を有さない子については言語による意思疎通が困難であり、本人の真意の把握は容易ではないと解され、仮に当該本人に利益代弁者が選任されたとしても、選任された者が子とどのように関わり、家事事件手続において、どのような活動をするか困難な問題に直面するとして、結局、

導入はされませんでした（金子修編著『一問一答家事事件手続法』76～77頁）。

　しかし，国連子どもの委員会は，乳幼児も意見表明権の主体とし，締約国は，乳幼児が関連のあらゆる場面における日常的活動のなかで漸進的に自己の権利を行使できるような機会の創設に，親，専門家及び担当の公的機関が積極的に関与することを促進するために，必要なスキルの訓練の提供を含め，あらゆる適切な措置をとるべきであるとしています。また，その乳幼児の参加の権利を達成するために，大人が子ども中心の態度をとり，乳幼児の声に耳を傾けるとともに，大人が，乳幼児の関心，理解水準及び意思疎通の手段に関する好みにあわせて自分たちの期待を修正することにより，忍耐と創造性を示すことも必要である，としています（http://homepage 2 .nifty.com/childrights/crccommittee/generalcomment/genecom 7 .htm。ARC 平野裕二の子どもの権利・国際情報サイト国連・子どもの権利委員会の一般的意見／一般的討議勧告　一般的意見 7 「乳幼児期における子どもの権利の実施」14）。

　ドイツでは，裁判所は，手続能力が認められる未成年の子以外にも「その子の利益の確保のために必要である限りにおいて」手続補佐人を選任しなければならないとしています（岩志和一郎「ドイツにおける『子どもの代弁人』——手続補佐人の新たな規定」法時2009年 2 月81号50～51頁）。

　事例の蓄積を通じ，調査官との役割が明確になるにつれ，子どもの意見表明権行使支援という子ども手続代理人の必要性は，意思能力ある子どもに限定されることなく追及されていくべきものと思われます。

Ⅱ　手続代理人の費用の問題

　家事事件手続法においては，手続代理人が裁判所により職権にて選任されるシステムは明文化されたものの，通常は無資力である子どものために，裁判所が選任した手続代理人の報酬を，だれが負担するか，という点については，十分な手当てがなされていません。

　同法23条 3 項は，「前二項の規定により裁判長が手続代理人に選任した弁護士に対し手続行為につき行為能力の制限を受けた者が支払うべき報酬の額は，裁判所が相当と認める額とする。」と規定しています。

　その上で，それが手続費用となる場合には，原則は各自の負担となりま

す。しかし，子どもが費用負担者となった場合には，手続代理人は子ども自身から費用を徴求することになりますが，これは現実的に困難です。現状，子どもは単独で民事法律扶助の申込みができない（親権者の同意が必要）ことから，民事法律扶助の利用もできません。

家事事件手続法は，裁判所が事情により，利害関係参加した子どもが負担すべき手続費用の全部又は一部については，当事者たる両親等に負担させることができるとする規定を置いています（同法28条1項・2項）。

子どもの手続代理人の報酬につき，親に費用負担が命じられた場合，子どもの手続代理人が訴訟救助の申立てを行っていれば，民事法律援助の追加費用として，親の民事法律援助の枠組内では立替払いの対象となります。また，親が任意に支払わない場合には，親に対し強制執行をすることもできます。

しかし，本来，子どもの利益のために，職権で子どもの手続代理人を付した場合に，意に反して子どもの手続代理人を付された親が，報酬を支払うということには矛盾があり，少年事件でもよく経験することですが，親に経済的負担が生じるということであれば，子ども自身，代理人選任につながる参加申出すら躊躇するということも生じかねません。

この点，日弁連では，国選代理人（裁判所から職権で選任された手続代理人）の報酬については，日本司法支援センターが支払うことを可能とすべきこと，子ども自身が弁護士を私選代理人として選任する場合には，民事法律扶助制度を，子ども単独で利用できるようにするとともに子どもに償還義務を課さないことを求める意見書を公表しています（日本弁護士連合会「子どもの手続代理人の報酬の公費負担を求める意見書」2012（平成24）年9月13日）。

いずれの制度も新たな立法措置が必要となるため，子ども手続代理人制度を実効化するためには，こうした立法の手当てが必要な現状にあります。

【佐野　みゆき】

第5

子どもの連れ去りと引渡し

Q23　子どもの引渡しを求める方法

配偶者が，子ども（未成熟子）を連れて，出て行ってしまいました。子の引渡しを求める手続としては，どのようなものがありますか。

解　説

I　子の引渡しを求める手続

子の引渡しを求める手続としては，家事審判，人事訴訟，人身保護請求，民事訴訟及び刑事手続が考えられます。話合いによるものとしては家事調停の利用もあります（**Q24**参照）。

(1) **家事調停**

(a) **調停の場合**　家庭裁判所に調停を申し立て，子の引渡しを求めることができます。調停委員会を介した話合いによる解決を見込むことができる場合に適した方法でしょう。この場合，申立権者は父，母，又は監護権者（民766条1項）であり，管轄は，相手方の住所地の家庭裁判所又は当事者が合意で定める家庭裁判所です（家手245条1項）。

子の監護に関する処分（子の引渡し）調停が不成立となった場合は，調停申立てのときに審判の申立てがあったものとみなされ，審判手続に移行します（家手272条4項）。

(b) **調停のために必要であると認める調停前の処分**　調停委員会は，家事調停事件が係属している間，調停のために必要であると認める処分を命ずることができ（家手266条1項），この処分の内容として，子の引渡を命ずることができます。当事者に申立権はありませんが，調停において，職権の発動を促すことが考えられます。この処分は調停委員会が行う一種の勧告にすぎ

ず，執行力はありません（家手266条3項）。もっとも，正当な理由無く従わなければ10万円以下の過料に処することはできるという規定（家手266条4項）はあります。

(2) 家事審判

家事審判は，家事事件手続法に基づいて，子の監護者の指定，その他子の監護に関する処分として，子の引渡しを請求することができます（民766条2項・3項，家手別表第2の3項）。申立先は子の住所地を管轄する家庭裁判所です（家手150条4号）。

家事審判を本案とする審判前の保全処分の申立ても可能です（**Q7**参照）。これにより，家庭裁判所に子の引渡しの本案審判を申し立てた当事者は，本案審判の申立てとともに子の引渡しの仮処分を申立て，仮処分命令を得て，子の引渡しを直ちに求めることができるのです。現行の家事事件手続法でも審判前の保全処分の制度が引き継がれ，規定が整備されています。

(3) 人事訴訟

人事訴訟である離婚訴訟等の附帯請求（子の監護に関する処分）として，子の引渡しを請求することができます（人訴32条1項・2項）。これを本案とする保全処分の申立ても可能です（人訴30条）。

この手続も家庭裁判所に対して申し立てます（**Q10**）。

(4) 人身保護請求

人身保護法に基づいて，子の引渡しを請求することができます（人保2条）（**Q25**参照）。この手続は高等裁判所又は地方裁判所が管轄を有します（人保4条）。

(5) 民事訴訟

民法上明文の規定はありませんが，親権又は監護権に基づく妨害排除請求として，子の引渡しを請求することができます（最判昭35・3・15民集14巻3号430頁など）。

(6) 刑事手続

子の連れ去りが略取行為と評価できる場合（最決平17・12・6家月58巻4号59頁など）には，告訴等による刑事司法の介入（行為者の身体拘束又は警察官による説得など）により，子を取り戻すことが考えられます（**Q26**参照）。

Ⅱ 手続の選択

　いずれの手続によるかですが，条文の規定で明らかな場合の他は，子の引渡しの紛争の類型に応じて選択することになります。

　ただ，最高裁の平成5年10月19日判決（民集47巻8号5099頁）において人身保護請求の適用範囲を限定的なものとすることが明示されました（**Q25**参照）。これは，父母間における子どもの引渡しをめぐる紛争に関しては，子の福祉の観点から家庭裁判所の積極的関与が求められると考えられる，すなわち，子の引渡しの判断においては，家庭裁判所調査官や，医務技官等の科学的調査機構や，人間関係諸科学等の専門的知見の活用が不可欠とされるからです（上記判例における可部恒雄裁判官の補足意見参照）。

【相原　佳子】

Q24 家事事件手続法による子どもの引渡し

家事事件手続法に定められた子の引渡しについて説明してください。

解説

I 家事事件手続法に基づく子の引渡しの手続

(1) **申立権者**

子の父又は母が申立権者となります。父母以外の事実上の監護者に子の引渡審判の申立権が認められるかについてはQ18を参照してください。

(2) **管　　轄**

子の所在地を管轄する家庭裁判所に対して子の引渡審判を申し立てます（家手245条1項）。

(3) **申立費用**

申立手数料は，子1人につき収入印紙1200円（民訴費3条1項・別表第1の15の2）です。その他，裁判所から指定される郵便切手を予納する必要があります。

(4) **申　立　書**

申立書には，申立てを認容する審判の主文に対応する文言を記載します。

審判の主文については，子の引渡しの強制執行の方法との関係で，実務上は，「相手方は，申立人に対し，○○を引き渡せ。」「相手方は申立人が○○を引き取ることを妨害してはならない。」のいずれかの主文を記載することが通常です（梶村太市ほか「子の引渡し保全処分事件の処理をめぐる諸問題」家月47巻7号25頁）。

申立ての理由としては，当事者の身分関係，子の監護状況，相手方が子を

監護するにいたった事情等を記載し，申立人に引き渡すことが必要である関連事実を記載することになります。

また，添付資料として申立人の申立権ないし適格の証拠書類として，申立人，相手方及び引渡しの対象となる子の戸籍謄本を提出します。

Ⅱ 共同親権者間の請求

別居中の夫婦の一方から，子を手元に置いて監護している他方に対して子の引渡しを請求する場合については，過去には民事訴訟事項とする下級審判例がありましたが，現在では，家事審判事項に該当することを前提に，家庭裁判所が管轄を有することに争いはありません。

また，家事審判事項の中で，子の監護に関する処分の一態様として審判事項となるのか（民766条2項・3項，家手別表第2の3項の類推適用）（東京家審昭40・3・26家月17巻5号71頁など），夫婦の協力扶助に関する処分の一態様として審判事項となるのか（民752条，家手別表第2の1項）見解が分かれていましたが，現在は，子の引渡しを争う別居中の夫婦は，事実上の離婚状態にあることなどを根拠に，子の監護に関する処分の一態様として審判事項と考えられています（梶村太市「子の引渡請求の裁判管轄と執行方法」司法研修所論集創立50周年記念特集号2巻317頁）。

Ⅲ 子の引渡しの審判における判断要素について

Q15において述べている親権者・監護者の指定の判断要素とも重複しますが引渡しを認めるための判断要素もあると考えられます。

(1) 判断要素

父母側の事情として，①監護能力（年齢や健康状態，異常な性格ではないこと），②精神的，経済的家庭環境（資産，収入，職業，住居，生活態度），③居住環境，④教育環境，⑤子に対する愛情の度合い，⑥従来の監護状況，⑦親族の支援体制などが挙げられます。

子の事情としては，①従来の環境への適応状況・環境の変化への適応性，②子の年齢，性別，③心身の発育状況，④兄弟姉妹との関係，⑤子自身の意向などが挙げられます（中山直子「子の引渡の判断基準」判タ1100号182頁）。

(2) その他の判断要素

(a) **有責性**　当事者の一方に不貞行為などの有責性がある場合，このことが子の引渡しの判断において影響するかですが，有責性が直ちに影響をもつものではないとするのが実務の考え方です。夫婦間ではともすれば他方の有責性をもって夫婦関係の破綻の原因に関する有責性を指摘し，そのことによって，子どもの監護者としても欠格であるとの主張がなされることが往々にしてあります。あくまで，子にとって適切な監護がなされるかが検討されるべきであり，有責性が直結するものではありません。

もっとも，不貞行為が継続することにより，子に対する監護が不適切になっているような場合であれば，監護者のその監護状況に問題があり，つまり，不貞行為が子の監護養育に影響を及ぼすと判断され，監護者としての適格性を欠くと判断されるおそれは十分にあります。

(b) **監護開始の態様**　平穏に監護養育されていた子を相手方が強引に連れ去った場合のように，監護開始の態様に問題がある場合，このことがその後の引渡しの判断に影響を与えるかが問題となります。子どもの問題を純粋に考えるべきであるとした場合には，影響を与えないということになり得ますが，実際のケースにおいて，強引に奪取した行為を不問にすると裁判所がそれらの行為を追認することになり結果的に実力行使による問題解決を誘発しかねません。

そこで，近時の実務においては，そうした場合には子の監護開始の態様に違法性がある現監護者に，引き続き子を監護させることが，子を奪われた父又は母に監護させる場合よりも明らかに子の福祉に合致すると認められない限り子の引渡しを認めるべきとして，監護開始の態様の違法性を事実上重視して子の引渡しを認めています（仙台高秋田支決平17・6・2家月58巻4号71頁）。

同様の考え方をさらに進めたのがハーグ条約（**Q28，Q29**参照）の基本ともなる考え方であり，国際間の問題ではありますが，共同で監護していた状況下で，一方が他方に無断で子を従来の環境から連れ去った場合には，子どもをもとの居住環境に戻すことを命ずることができるものです。このような考え方は今後影響を与えることとなるものと思われます。

(3) 共同親権者間の争いの場合の留意点

前述のとおり，父母側の事情や子の事情などの判断要素を比較考量して，将来に向けて当事者のいずれに子を監護させるのが子の福祉にかなうかという観点から子の引渡しを認めるべきか否かが判断されます。ただ，親権者・監護権者が非親権者・非監護権者に対して引渡しを求める場合であれば親権者等の申立てが子の福祉に反することの明らかな場合等の特段の事情が認められない限り当該申立てを正当として認容すべきであるとするのが裁判例です（東京高決平15・3・12家月55巻8号54頁）。

共同親権者である夫婦の一方が他方に子の引渡しを求める場合には，現監護者も親権に基づいて子を監護している以上，子を申立人に監護させた場合に得られる利益が，子を現監護者に監護させた場合に得られる利益よりわずかでも大きいということだけでは足りないと考えられています。

Ⅳ 審判の効力

子の引渡しを命じる審判は，確定したときに効力を生じます（家手74条2項但書）。確定により，形成力及び執行力（家手75条）が生じます。既判力は認められていません。

強制の方法として，一定期限までの引渡しを命じるとともに，期限までに引渡しを履行しない場合は一定額の金員の支払を命じる間接強制をなし得ます。なお，直接強制をなし得るかについて見解は分かれていますが，近時は肯定的に解されています（**Q27**参照）。

Ⅴ その他

(1) 家庭裁判所調査官の関与

家庭裁判所は審判の申立てがされると，早期に事件記録を検討し，事件の問題点を把握し，裁判官に意見を述べます。また，家庭裁判所調査官は，裁判官からの調査命令を受けて，子の監護養育状況等を調査し，前述の判断要素となるべき資料となる調査報告書を提出します。さらに，期日にも出席するのが実務でありその役割は非常に大きいといえるでしょう。

(2) 付調停

家庭裁判所調査官による調査結果を踏まえ，事案の内容及び当事者双方

の意向等を検討して，調停による紛争解決が適当ないし調停が成立する可能性があると裁判官が判断する場合には，家庭裁判所は，事件を調停に付することがあります（家手274条1項）。なお，その場合には，申立人及び相手方の付調停に対する意見を聴取することが定められています（同項）。

(3) **保全処分**

迅速な引渡しが必要である場合には審判前の保全処分（**Q7**参照）が認められています。

【相原　佳子】

Q25 子どもの引渡しと人身保護法

実力行使による子どもの奪取の問題等において，人身保護法を根拠として子どもの引渡しを求めることができるでしょうか。

解説

I 人身保護法による子の引渡し

(1) 人身保護法の利用状況

人身保護法は，家事事件を想定して立法化された法律ではありません。しかし，これまで，家事法で対応できなかった子どもの引渡しの事例に，同法を根拠として申立てがなされ，実際にも人身保護法による引渡しが履行されてきたという歴史があります。特に共同親権者間の子の引渡しにおいては，同法による申立ても多く，判例も集積されています（吉田欣子「子の引渡に関する訴訟と家事審判」岡垣學＝野田愛子編『実務家事審判法講座』198頁参照。最判昭24・1・18民集3巻1号10頁ほか）。

しかし，最高裁第三小法廷平成5年10月19日判決（民集47巻8号5099頁・判時1477号21頁）において，人身保護法の適用を従前より限定し，（昭和55年改正による）審判前の保全処分の活用（**Q7**参照）を説示していますので，今後は人身保護法を根拠とする子の引渡請求は従来よりも減少すると考えられています。

(2) 人身保護法の要件

現在は，①子が拘束されていること，②拘束が違法であること，③拘束の違法性が顕著であること，④救済の目的を達成するため，他に適切な方法がないことが必要とされており，③の違法の顕著性に関して前記最高裁判決で

は，「拘束者が幼児を監護することが，請求者による監護に比して子の福祉に反することが明白であることを要する」と判断されていることが重要です。

II 人身保護法における救済手続

(1) 人身保護法の目的

　人身保護請求制度は，基本的人権を保障する憲法の精神に従い，不当に身体の自由を拘束されている者が，拘束に関する手続，例えば，刑事訴訟法や民事の通常の手続に基づく引渡手続で請求するだけでなく，司法裁判により，迅速かつ容易に身体の自由を回復させ，拘束を受けている者に，特別の事情があるときは，さらにその者の利益のため，適当な処分をすることを目的として定められました。

(2) 人身保護請求権の発生要件

　身体の拘束が行われている場合にその拘束からの救済を請求する権利です。その内容は以下のとおりです。

　(a)　身体の自由が拘束されていること（人保2条1項）　身体の自由とは，行動の自由をいい，意思能力の有無を問いません。したがって，幼児であっても身体の自由は認められます。

　拘束とは，逮捕，抑留，拘禁等，身体の自由を奪い，又は制限する一切の行為をいい，「現実」に行われていることが必要となります。

　(b)　拘束が法律上正当な手続によらないで行われていること（人保1条・2条1項，人保規4条）　具体的には，拘束が権限のない者によって行われていることが必要です。人身保護請求は身体の自由を拘束されている者だけでなく，それ以外の何人でもできるとされています（人保2条1項・2項）。

　(c)　請求者　請求者は人身保護請求をする場合には，原則として弁護士を代理人として請求しなければならないとされています（弁護士強制主義。人保3条本文）。なお，人身保護法3条但書で，請求者に弁護士を代理人として請求できない特別の事情があるときは，請求者自ら請求することが許されることとされています。この場合には，特別事情の疎明が必要となります（人保規6条）。なお，請求者についての法定代理は，人身保護請求の性質上親し

まないとされています。
　(d)　拘束者　　拘束者は、人身保護請求の相手方となり（受動的当事者）、自然人に限られます。拘束者については、代理人の選任は要件とされていませんが、代理人を選任するときには、弁護士であることを要する（民訴54条1項）とされています。
　(e)　人身保護請求手続における被拘束者の地位　　被拘束者は、形式的には当該請求の当事者ではありません。しかし、①被拘束者は、人身保護法による救済を受ける当の本人であり、人身保護請求権の帰属主体であること、②人身保護請求は、常に、被拘束者のためになされるものであることから、実質的には被拘束者は請求者と同じ地位にあると考えられ、被拘束者の意思に反する人身保護請求はできません（人保規5条）。審問が行われる場合には被拘束者も召喚を受けて（人保12条1項）、審問期日は原則として被拘束者及びその代理人の出席がなければ開くことができないこと（人保14条1項、人保規30条1項）、被拘束者は当該請求について攻撃防御方法の提出、異議申立て、上訴提起、請求の取下げ、その他一切の訴訟行為をすることができるだけでなく、その被拘束者の訴訟行為は、請求者の訴訟行為に優先する効力があること（人保規34条）が規定されています。
　人身保護請求事件における訴訟能力については、民事訴訟法の規定ではなく、人格権に関する請求であることから、刑事訴訟（刑訴28条）又は人事訴訟法（人訴13条1項）に準じた意思能力をもって足りると解するべきとされています。
　(f)　拘束の顕著な違法性（人保規4条本文）　　子どもの引渡しに関する人身保護法による拘束については、「拘束の顕著な違法性」が認められるか否かが問題となります。
　最高裁平成5年10月19日判決（民集47巻8号5099頁・判時1477号21頁）によると「夫婦の一方による右幼児に対する監護は、親権に基づくものとして、特段の事情がないが限り、適法というべきであるから、右監護・拘束が人身保護規則4条にいう顕著な違法性があると言うためには、右監護が子の福祉に反することが明白であることを要する」として明白性の原則をとることを明らかにしています。

また，最高裁平成6年4月26日判決（民集48巻3号992頁・家月47巻3号51頁）は，「請求者であると拘束者であるとを問わず，夫婦のいずれか一方による幼児に対する監護は，親権に基づくものとして，特段の事情のない限り適法であることを考えると，右の要件を満たす場合としては，拘束者に対し，家事審判規則52条の2又は53条に基づく幼児引渡しを命ずる仮処分又は審判が出され，その親権行使が実質上制限されているのに拘束者が右仮処分等に従わない場合」「幼児にとって，請求者の監護のもとでは安定した生活を送ることができるのに，拘束者の監護の下においては著しくその健康が損なわれたり，満足な義務教育を受けることができないなど，拘束者の幼児に対する処遇が親権行使という観点から見てもこれを容認することができないような例外的な場合が之にあたる」として，要件が具体化されるにいたりました。

(g) **補充性の原則**　さらに，他の方法によっては相当の期間内に救済の目的が達せられないことが明白であること（補充性の原則）（人保規4条但書にかなうこと）が必要です。

これについては，不当な拘束からの救済を求める方法としては，人身保護請求の他に，訴訟，家庭裁判所の調停，審判等によることができる場合もあるわけですが，人身保護請求をするためには，それらの方法によって救済を求めたが，その手続が遅延している場合，不奏功の場合，あるいは，最初から，他の方法によっては到底救済の目的を達せられないことが明白な場合であることが必要となります。

(h) **被拘束者の意思**　最後に被拘束者の自由に表示した意思に反しないこと（人保規5条）が必要です。

被拘束者が子どもの場合にはその意思表示能力が問題となりますが，確たる基準はなく，個々のケースで判断せざるを得ません。判例においては，小学校高学年程度を目安として意思能力の有無を判断していると思われます（最判昭33・5・28民集12巻8号1224頁・判時151号20頁）（瀬木比呂志「子の引渡しと人身保護請求」同『民事裁判実務と理論の架橋』397頁）。

(3) 具体的な方法

(a) **準備調査（人保9条）**　人身保護請求があると，形式的要件を欠くことから決定で却下される場合又は事件が他の裁判所に移送される場合の他

は，請求に理由があるか否かについて裁判所によって審理されます。

その審理手続の第一段階が準備調査（人保9条1項）です。準備調査をするか否かは裁判所の自由裁量です（人保9条1項）。準備調査が開かれる場合としては，審問期日を開くために必要な前提事実が明らかでない場合，当事者の話合いによる任意の子の引渡しが期待できる場合，当事者の生の声を裁判所に伝えたいと当事者が促し，相応の必要性があると認められた場合などがあります（石田文三監修『「子どもの引渡し」の法律と実務』52頁）。

準備調査は，拘束者，被拘束者，請求者及びその代理人その他事件関係者のうち，拘束の事由その他の事項の調査について裁判所が必要であると認める者を審尋して行われます（人保9条1項，人保規17条）。この審尋は，書面又は口頭による陳述も可能とされています。

(b) 人身保護命令　人身保護命令とは，裁判所が，拘束者に対し，被拘束者を審問期日に出頭させるとともに，同期日までに拘束の事由を明らかにした答弁書の提出を命ずる決定をいいます（人保規2条）。

人身保護命令の効果としては，人身保護命令が拘束者に送達されると被拘束者の身柄は当該命令を発した裁判所の支配下に移り，以後，当該裁判所の指揮の下に，拘束者が被拘束者を従前の拘束場所において引き続き監護することになります（人保規25条1項）。そして，拘束者には，被拘束者を監護する義務，審問期日に被拘束者を出頭させる義務，答弁書提出義務（人保12条2項他）が生じます。拘束者がそれらの義務に違反したときは，拘束者を勾引し又は命令に従うまで勾留すること並びに，遅延一日につき500円以下の割合による過料に処することができます（人保18条）。この勾引及び勾留には刑事訴訟に関する法令の規定が準用されます（人保規39条）。

さらに，拘束者が人身保護命令を無視して被拘束者を移動，蔵匿，隠避するなど，法による救済を妨げる行為をし，若しくは，答弁書にことさら虚偽の記載をしたときは，2年以下の懲役又は5万円以下の罰金に処せられます（人保26条）。

III 人身保護法の適用場面

前述のとおり，子どもの引渡しに関して，判例には，人身保護法の適用場

面を限定的に解しようとする動きがありますが，その一方で，最高裁第二小法廷平成6年7月8日判決（判タ859号121頁）は，調停合意に反する幼児の拘束に顕著な違法性があるという判断をなしています。同判例は，離婚調停において調停委員会の面前でその勧めによってされた合意により，夫婦の一方が他方に対してその共同親権に服する幼児を期間を限って預けたが，他方の配偶者が，右合意に反して約束の期日後も幼児を拘束し，右幼児の住民票を無断で自己の住所に移転したなど原判示の事実関係においては，右拘束には，人身保護法2条1項，同法4条に規定する顕著な違法性がある，としています。

また，最高裁第一小法廷平成11年4月26日判決（判タ1004号107頁）では，調停進行過程における合意違反の幼児の拘束を顕著な違法性があるとしました。

これは，離婚調停中の父母間で，母が子を監護していたが，調停合意の面接交渉の際に父親が子を強引に連れて去ってしまった事案です。原審は明白性の要件を適用し，父親の子の奪取の態様は悪質であるが父母の監護環境を比較考量して父親による監護が子の幸福に反することが明白であるとはいえないとして，棄却しました。母親からの上告審では，調停合意違反の事実を非難し，母親の監護が著しく不当であるとはいえないとして，父親の拘束には顕著な違法性があるとし，原判決を破棄し，原審に差し戻しています。

Ⅳ 共同親権者間の子の引渡し請求

上記のとおりであり，共同親権者同士の間での子の引渡請求に関しては，明白性の要件が課されていますので，人身保護請求が認容されるのは，審判等違反類型ないしこれに準じる場合や，親権濫用類型に該当する場合に限られると考えられます。

なお，非親権者，非監護権者による拘束の場合には，明白性の原則は要求されていませんので，人身保護法に基づく子の引渡し請求が認容される可能性は少なくないといえるでしょう。

なお離婚後のケースである最高裁第三小法廷平成11年5月25日判決（家月51巻10号118頁）では，法律上の監護権を有する者の請求において請求者の子

に対する愛情及び監護意欲に欠けるところがなく，監護の客観的態勢も整っているという事情の下においては，拘束者の監護が平穏に開始され拘束者の愛情の下にその監護が長期間続いており，子が現在の生活環境に慣れ安定した生活をしているとしても，子を請求者の監護の下に置くことが子の幸福の観点から著しく不当ということはできないと判断しています。

【相原　佳子】

Q26 子どもの連れ去りと刑事事件

離婚事件の渦中にある親や他の親族が実力行使して子どもを他の親から奪取したケースに関して刑事処罰がなされることはあるのでしょうか。

解説

I 子どもの奪取

親であっても子の奪取の態様によっては，刑法上の略取誘拐罪が認められる（刑224条，未成年者略取及び誘拐罪，3月以上7年以下の懲役）ことがあります。別居中の夫婦間や，親族間での子の取合いが，刑事法上の事件となったケースも珍しくはありません。

II 未成年者略取事件となったケース（最二小決平17・12・6刑集59巻10号1901頁）

母の監護下にある2歳の子を別居中の共同親権者である父が有形力を用いて連れ去った略取行為につき違法性が阻却されないとして，未成年者略取罪が成立するとされた事案があります。

このケースでは，母親と離婚係争中の父親が母親の代わりに保育園に迎えに行った祖母の隙をつき，子を奪取して連れ去り，半日後に警察に逮捕されています。この裁判では，共同親権者である父親により行われたとしても監護養育上それが現に必要とされるような特段の事情が認められず，行為態様が粗暴で強引なものであること，子が自分の生活環境についての判断・選択の能力が備わっていない2歳の幼児であること，被告人に略取後の監護養育について確たる見通しがあったと認め難いことが判示されました。今井功裁

判官は「家庭内の紛争に刑事司法が介入することは極力謙抑的であるべきであり，また，本件のように，別居中の夫婦の間で，子の監護について争いがある場合には，家庭裁判所において争いを解決するのが本来のあり方であると考えるものである。……ところが，本事案のように別居中の夫婦の一方が，相手方の監護の下にある子を相手方の意に反して連れ去り，自らの支配下に置くことは，例え，それが子に対する親の情愛から出た行為であるとしても，家庭内の法的紛争を家庭裁判所で解決するのではなく，実力を行使して解決しようとするものであって，家庭裁判所の役割を無視し，家庭裁判所による解決を困難にする行為であるといわざるを得ない。」と補足意見を述べています。他に，強引なケースとして，外国籍の親権者が，外国に連れ去る目的で，入院中の子の両足を引っ張って逆さにつり上げて病院から連れ去った事案について，最高裁は，親権者であることを考慮しても違法性は阻却されないとして，国外移送略取罪（刑226条）の成立を認めました（最決平15・3・18判時1830号150頁）。

III 未成年者略取誘拐事件の成立を認めつつ，執行猶予とした事案（最一小判平18・10・12裁判集刑事290号517頁・判時1950号173頁）

このケースは，実の娘の再婚に反対し，その娘から孫（当時3歳4か月の女児）を連れ去って監護養育していた祖父母に対し，未成年者略取誘拐罪が成立するとした上で1，2審は，目的のために手段を選ばず，娘や孫の人格を無視した身勝手な動機による犯行として懲役10か月の実刑判決を下していましたが，上告審は，2審判決を破棄し，懲役10か月執行猶予3年を言い渡しました。

違法状態の解消を性急に求めるのではなく，現実的な解決の道筋をも踏まえた判断が必要であるとされました。

判決においては，「本件は未成年誘拐罪に付きその祖父母が告訴された事案であり，再婚相手を巡る意見の対立に由来する親族間の紛争であるところ，本来，このような紛争は，家庭裁判所の調停手続や当事者間の話し合いなどにより解決を図るのが相当であり，刑事裁判になった場合でも刑の量定にあたっては，継続的な関係にある親子の間の紛争という事案の性質に照ら

し，被害者である未成年者の福祉を踏まえつつ，将来的な解決の道筋なども勘案しながら，刑事司法が介入すべき範囲，程度に付き慎重に検討する必要があるというべきである」として，言外に刑事司法が介入すべきではない事案であるといわれていると指摘されています（園尾隆司監修・杉山初江著『民事執行における子の引渡』49頁）。

　子が3歳4か月から8歳になるまでの長い家族間の紛争について，時間がかかっても女児本意の解決策を導き出すようにこの母親と祖父母に促しているものといえます。

【相原　佳子】

Q27 子どもの引渡方法（執行について）

裁判所において「子を引き渡せ」という判決や決定等が出された後，同判決等の執行として，「子どもの引渡し」はどのような方法がとられているのでしょうか。

解説

I 現状

　離婚事件における親権・監護権の変動や，実力行使による子どもの奪取の問題等が起きた後の子どもの引渡しを命ずる債務名義（人事訴訟判決・家事調停成立調書・確定家事審判審判前の保全処分命令等）が出されたときの対応について法律上特段の規定がなされていないのが現状です。その中で，「子どもを引き渡せ」という裁判所の判断が出された後に，その執行方法としてどのような方法を取り得るかについて見解が分かれており，民事執行法の動産の引渡しを準用（ないし類推適用）して直接強制を可能とする考え方と直接強制をとるべきではなく間接強制のみしか取り得ないという大きく分けて2つの考え方があります。現在では直接強制説が多数を占めているといえますが，明文の規定は存在しないことから子どもの引渡しについて，立法的な解決が望まれる事態ともなっています。

II 子の引渡しに関する考え方

　父母の一方が子を監護すべき旨及びその者に子を引き渡せとの裁判所の判断があった後も，他方がこれに従わず，子を引き渡さない場合に，強制執行をすることができるのかについて，判例，通説は強制執行を認めますが，そ

の方法については多様な見解があります。

(1) 直接強制説

　子についても，物と同様な引渡義務を認め民事執行法169条を類推適用して，執行官が子を拘留する者の手から直接子を取り上げて引き渡す直接強制の方法を認める説です。民事訴訟法学者の多くは，意思能力のない子の引渡しの執行は，動産執行に準じて直接強制を行うというのが自然であると考えているようです（加藤正治『強制執行法要論』313頁，吉川大二郎『強制執行法』1331頁，香川保一監修『注釈民事執行法(7)』176頁〔宮越和厚〕ほか。判例では広島高松江支判昭28・7・3高民6巻6号356頁）。

　しかし，この立場においても，一律に直接強制を認めるのではなく，場合によって，すなわち，子に意思能力がある場合には，直接強制を否定し，間接強制又は不作為義務の執行のみを肯定する考え方（金子一『増補強制執行法』278頁），また，15歳以上の子についても直接強制を認めるが子の意思を尊重して判断すべきだとする説（田中加藤男「監護処分」家事調停と家事審判・判タ250号200頁，201頁参照），直接強制は認めるが子が反抗した場合には執行が不能になるという説（菊井維大『民事訴訟法』2293頁，三ヶ月章『民事執行法』413頁）があります。

(2) 間接強制説

　間接強制とは，民事執行法172条1項に定められており，作為又は不作為を目的とする債務では171条1項の強制執行（代替執行）ができるものについての強制執行は，執行裁判所が，債務者に対し，遅延の期間に応じ，又は相当と認める一定の期間内に履行しないときは直ちに，債務の履行を確保するために相当と認める一定の額の金銭を債権者に支払うべき旨を命ずる方法により行うとするものです。

　民法（家族法）の研究者は直接強制を否定し，間接強制説を採用しています（我妻栄『法律学全集(23)親族法』332頁，乾昭三「幼児引渡の強制執行方法」続判例百選〔第2版〕50頁，51頁参照）。

　間接強制説の背後には，幼児であっても子どもは人格を有しているのであり，人格を有する子どもを物に準じて考えるのは相当ではないという考え方を根拠とします。子の引渡請求権は妨害排除請求権であるとして，これに対

応する義務は妨害しないという不作為義務であり，代替執行に適さないとして間接強制のみを認める立場です（田中康夫『新民事執行法の解説』376頁，中島恒・最高裁判例解説民事篇昭和38年度2180頁参照，旭川家決平元・9・25家月41巻12号129頁（間接強制として一日金3万円の支払を命じる））。

(3) 折衷説他

一般的に直接強制を認め，子や債務者の人格の尊厳を害するおそれがある場合には間接強制によるべきであるという説（中川善之助編『注釈親族法(下)』49頁〔山木戸克己〕），道義的な感情や幼児の人権尊重上是認される場合にのみ直接強制を認める説（大阪高決昭30・12・14高民8巻9号692頁他）があります。また，子の引渡請求権の実質を債務者に対する権利者の引き取りを妨害しないことを求める不作為請求権と解し，債権者が直ちに直接強制による執行を申し立てることを否定するが，その妨害があった場合の不作為執行の方法として直接強制を許容する見解（中野貞一郎『民事執行法〔増補新訂6版〕』798頁）があります。

(4) 近時の判例に見る子の引渡しに関する考え方

民事執行法は，財産権を対象とした内容となっており，人である子どもの引渡しを，「動産」の執行に準じて同法等を根拠とする考え方には批判があります。意思能力の有無を問題にするのは，子が意思能力を有する場合には，執行の客体である「物」とは違うことが明らかです。この点について，札幌地裁平成6年7月8日決定（判タ851号299頁）では，物と人格をもつ幼児を同一視することはできないとして直接強制を否定した決定を出しています。一方で，平成8年に直接強制を認める裁判例（東京家審平8・3・28家月49巻7号80頁）が出されています。これは，父親が暴力的に5歳と2歳の子どもを奪取した上，審判前の保全処分にも履行勧告にも間接強制にも応じず，かつその子ども達の養育環境が劣悪であったことで直接強制を認めたものです（他に東京高決平24・6・6判時2152号44頁）。

(5) 最高裁事務総局民事局の見解

平成10年の最高裁判所事務総局民事局監修『執行官提要〔第4版〕』においては，「子の引渡」について「動産引渡」の項で取り上げ，以下のように記載しています。

「意思能力のない幼児の引渡については，動産に準じて執行官が取り上げて債権者に引き渡す直接強制によることができるとの説と間接強制によるべきであるとの説がある。子の引渡請求は親権行使妨害排除請求であるが，作為請求であると解して差し支えなく，ただ親権行使妨害請求の性質に照らし，非代替的なものと解すべきであるから，意思能力のない幼児の引渡であっても，その引渡方法は，間接強制によるべきであり，動産に準じて執行官が債務者からこれを採り上げて債権者に引き渡す方法によることができないと解すべきであろう。」

つまり，この時点の最高裁判所事務総局民事局の見解においては，「子の引渡」については，執行官が直接強制でなすべきものではないとして消極的見解を示していたのです。

これに対して平成20年最高裁判所事務総局民事局監修『執行官提要〔第5版〕』では，直接強制と間接強制の両論が併記され，間接強制の説明の後で，この見解に対して「例えば，幼児を実力で奪い去られたような場合において，正当な権利を有する者が直接的な手段でその引渡を求めることができないというのはかえって正義に反する結果となり，直接強制によることがむしろ子の福祉に合致するものであること等を考慮して，直接強制によることができると解するものである。」と記述されています。

そして，同提要では具体的な手段として，「子の引渡の執行の方法については，執行裁判所とも事前によく協議し，その円滑な実施のために，債権者から必要な情報を入手するとともに，必要に応じて，家庭裁判所調査官とも相談するなど，事前に十分な準備をしておく必要がある」と記載されています。

Ⅲ 現行実務における子の引渡しの直接強制

(1) 執行官の身分と職務

直接強制を担当するのは執行官です。執行官とは各地方裁判所に配置される裁判所の職員であり（裁62条1項），特別職の国家公務員です（国家公務員法2条3項13号）。執行官の事務は，主に裁判所の庁舎外で行われるものであり，単なる観念的な処分や書類上の措置をとるだけではなく，目的とする一

定の事実状態を実現するために，法律効果を伴った事実的処分を行っています。執行官は独立かつ独任制の執行機関であり，執行事件の処理に関して，原則として執行裁判所の直接の指揮を受けることなく，自己の判断と責任において，権限を行使します。

(2) 「子の引渡し」執行手続と職務の執行の確保

(a) 子の引渡しの執行手続　子の引渡執行の強制執行は，債権者（子どもの引渡しを求める者）・債務者（現在子どもを監護している者）・代理人の表示（氏名及び住所），債務名義の表示，強制執行の目的とする財産の表示（対象の子どもの表示）と強制執行の方法を記載した申立書に，執行力のある債務名義の正本を添付して（民執規21条），執行裁判所に申し立てます。

執行官は債権者からの申立てを受けると，提出された強制執行申立書や添付書類等の適法要件を審査し，債権者に強制執行手数料等の費用を裁判所に予納させます（執行官法15条本文）。その後，執行方法や，立会証人，執行補助者（解錠技術者等）の要否，執行期日の指定等の打ち合わせを執行債権者と行います。

子の引渡しは，「動産執行引渡し」に準じて行われていますが，動産執行では，引渡執行に臨場した執行官は，債務者の住所その他債務者の占有する場所に立ち入ることができますし，必要があれば施錠されている扉を開くために解錠技術者に解錠させることができます。動産執行では，債権者の出頭が執行開始の要件とはなっておらず，債権者が執行場所に出頭していなくても執行することができますが，「子の引渡し」の執行においては，執行官が引渡しを受けた子どもをすぐに申立債権者に引き渡すのが相当であることから，債権者や代理人が出頭するのが常です（園尾隆司監修・杉山初江著『民事執行における「子の引渡」』90頁）。

(b) 職務の執行の確保に必要な準備　執行官は，職務の執行を確保する職責を有し，抵抗を排除するために威力を行使し，警察上の援助を求めることができる（民執6条1項）と規定されています。先にも述べましたが「子の引渡し」は動産執行に準じて実施されることから，執行官の職務に対する実力による妨害，暴力・脅迫行為，バリケードの設置，戸扉の施錠による閉鎖に対して，補助者を用いて解錠することができますし，必要があるときに

警察上の援助を求めることができることになります。また，場合によっては，住居主の承諾を得ずに住居に立ち入ることができ，住居の平穏を害する性質をもつ行動をなす権限があることから，その職務の執行の適正確保のために，立会証人が必要とされています（民執7条）。

　また，執行の目的を達するために，執行が日曜日その他の一般の休日や，平日の夜間や早朝に行われることもありますが，前記と同様に人の住居の平穏を保護する趣旨から，休日，夜間，早朝の執行においては立入りについて住居者の承諾があっても執行裁判所の許可を要するとされています（民執8条1項・2項）。

　その他，執行官は，事案の内容によって単独で職務の執行にあたるのが困難である場合，又は著しく非効率的である場合には，他の執行官の援助を求めることができるとされています（執行官法19条）。子どもの引渡しの執行の場合に，兄弟を同時に別の場所で引渡しの執行をする場合には複数の執行官が必要とされると考えられます。

　(c)　執行費用　　執行官は，事件の申立人から手数料を受け取ります（執行官法7条）。手数料の額は，同法9条に，最高裁判所規則で定めることが規定されています。また，執行官は，手数料のみではなく，執行に要した費用の支払又は償還を受け取ることができ，その費用の種類や具体的な金額についても，執行官の手数料及び費用に関する規則に定められています。

Ⅳ　ハーグ条約実施法における考え方

(1)　ハーグ条約

　ハーグ条約（国際的な子の奪取の民事上の側面に関する条約）の締結に伴い実施法が制定されました。同実施法は，正式名称を，「国際的な子の奪取の民事上の側面に関する条約の実施に関する法律」（以下，「ハーグ条約実施法」）といい，平成26年4月1日施行とされました（**Q28**参照）。

　同法では，第4章に子の返還の執行手続に関する民事執行法の特則が規定されています（**Q28，29**参照）。

(2)　代替執行（ハーグ条約実施法）

　ハーグ条約実施法では，

「第134条　1項　子の返還の強制執行は，民事執行法（略）第171条第1項の規定により執行裁判所が第三者に子の返還を実施させる決定をする方法により行うほか，同法第172条第1項に規定する方法により行う。

　2項　前項の強制執行は，確定した子の返還を命ずる終局決定（略）の正本に基づいて実施する。」

と規定しています。これは，子の引渡しに関して代替執行を基本とする規定です。ただし，代替執行の前に間接強制を実施しなければならないことを，同実施法136条において定めています。

【相原　佳子】

第5　子どもの連れ去りと引渡し

Q28 国境を越える子の連れ去り事案（ハーグ条約等について）

　国境を越える子の奪取に関して、ハーグ条約を締結した場合には、どのように取り扱われるのでしょうか。国際間の子の奪取の問題の考え方を教えてください。
　また、ハーグ条約で子どもを返還することになった場合の親権や監護権等を判断するのはどの国になるのかについて、どのようなルールがあるのでしょうか。

解説

I　ハーグ条約の成立ち

(1)　ハーグ条約

　「国際的な子の奪取の民事上の側面に関する条約」（Hague Convention on the Civil Aspects of International Child Abduction）（以下「ハーグ条約」といいます）は、1980年にハーグ国際私法会議において採択（日本はハーグ国際私法会議の加盟国）、1983年に発効した条約であり、締約国は93か国（2015年6月30日現在）です。

(2)　条約の目的

　条約の目的は、国境を越えて、いずれかの締約国に不法に連れ去られ、又は留置されている子の迅速な返還を確保すること（条約1条a）と、締約国の法令に基づく監護の権利又は接触の権利が他の締約国において効果的に尊重されることを確保すること（条約1条b）と定められています。
　父母間の争いにおいて、自分に有利な場所（国）で解決する目的で子を連れ去るケースがみられることから、このような連れ去り等が行われた場合に

迅速に返還させる制度を設けることで，不法な連れ去りそのものを抑止しようというところに目的があります。子どもが常居所地国から不法に連れ去られ，留置されることは子の利益を損なうものである，ことに，父母間での子の奪い合いという実力行使は，子の利益を損なうものであるとの考え方が根底にあります。

(3) **ハーグ条約の構造**

(a) ハーグ条約は，子が国境を越えて連れ去られた場合において，残された親（以下，LBP（Left Behind Parent）といいます）が，子の現在居住する国の裁判所に対し返還命令を求める手続です。なお，連れ去った親のことを，以下，TP（Taking Parent）といいます。LBP が自国以外の裁判所で手続をすることとなりますが，構造上 LBP の負担を軽減し，簡易迅速に返還命令を得られるような手続となっています。

(b) また，ハーグ条約は，LBP が子と接触する権利（面会交流権）を保障しています（条約21条）。

(4) **条約が想定する返還のための手続**

条約によって締結国が負う義務を履行する責任を負う機関として，締約国は，中央当局を指定することとなっています。

中央当局は，他の締約国の中央当局との連絡調整，子の所在確認，情報提供や助言等の役割を負います。なお，いかなる機関が中央当局となるかは締約国にゆだねられていますが，日本では外務大臣が中央当局に指定されました（ハーグ条約実施法3条）。

Ⅱ 条約の内容

(1) **対象となる子どもの年令**

対象は16歳未満の子です（条約4条）。

子どもが返還命令時において16歳未満であっても，執行時に16歳に達した場合には，執行できないとされます。

(2) **条約の特徴**

(a) 迅速性　返還命令手続においては，原則として手続開始から6週間以内に結論を出すことが期待されています（条約11条）。実際には，6週間以

(b) **返還が原則** 返還事由の証明は比較的容易であるのに対し，返還拒否事由は要件的にハードルが高くなっています。各国の判例においても，返還拒否事由は認められにくく，原則として返還を命じる構造となっているのです。

(c) **子の所在が不明の場合の所在の特定** 子の所在が不明の場合に中央当局が子の所在特定のために適当な措置をとる義務を負います（条約7条2項a）。

(3) 留意点

国際間の子の奪取が対象であり，国内における連れ去り事案には適用されません。一方で，日本人間の子どもであっても，国外から日本国内に連れ去った場合には対象となります。発効する前に生じた不法な連れ去りや留置については，適用されず，過去に生じた連れ去りは対象ではありません。子の返還命令は，子を「常居所地国へ返還せよ」ということにとどまり，「申立人（LBP）に引き渡せ」と命じるものではありません。

したがって，LBP（申立人）に監護させることが子の福祉を害するおそれがあることのみをもって，返還命令を否定することにはなりません。

また，TP（相手方）が子とともに常居所地国に戻ることが求められているものでもなく，TP（相手方）に戻れない事情があった場合についても，各国の判例は種々の判断を下しています。

Ⅲ ハーグ条約実施法

(1) 中央当局

我が国のハーグ条約実施法は次のとおりの内容となっています。

① 中央当局は外務大臣が担当します。
② （海外にいる）LBP（申立人）は，自国の中央当局に対して申請書を提出し，中央当局が日本の中央当局に転達して提出します。
③ 日本にいるLBP（申立人）も，日本の中央当局に対して申請書を提出し，中央当局が締約国の中央当局に転達して，援助申請をすることとな

④ 中央当局は，情報提供や他の締約国との連絡等をしますが，子の所在確認が実質的に重要な職務と考えられます。

もっとも，中央当局が把握した情報が当然に LBP（申立人）に知らされるのではなく，まず，子と同居している者の氏名について LBP（申立人）に開示されます。これは，だれを相手方として返還申立てを行うべきかが明らかとなる必要があるからです。さらに，子の住所及び居所については裁判所のみに直接開示され，中央当局から LBP（申立人）に開示されることはないこととされています。裁判所が得た住所情報は，TP（相手方）の同意があったとき，また，返還命令が出され，強制執行のために必要があるときにのみ裁判所から LBP（申立人）に対して開示されることとなります（ハーグ条約実施法5条）。

⑤ 返還命令の申立てについて，中央当局が LBP（申立人）に対して弁護士の紹介をしています。

(2) 返還命令の手続について

(a) 管　轄　わが国の管轄は子の所在地により東京家庭裁判所と大阪家庭裁判所とすることが定められました（ハーグ条約実施法32条）（なお，専門性の見地から通常の家事事件とは異なる管轄にしている国もあるようです）。

子の所在が不明の場合の管轄は，東京家庭裁判所と定められ，その後，大阪高等裁判所，広島高等裁判所，福岡高等裁判所又は高松高等裁判所管轄区域内に在住であることが裁判所に判明すれば，大阪家庭裁判所に移送されることとなります。

(b) 子の返還申立て及び審理　申立書には，当事者及び法定代理人，申立ての趣旨，子の返還申立事件の手続による旨を記載した書面を提出します（ハーグ条約実施法70条）。審理，事実の調査，証拠調べ等に関しては，家事事件手続法が援用されています。審問期日には集中審理がなされます。

(c) 返還事由と返還拒否事由　条約は，子がそれまで生活していた国から他の国に不法に連れ去られること自体が子に有害な影響を与える可能性があるとの考え（前述の目的），国境を越えた子の連れ去り事案の迅速な解決を目指しています。

裁判所は，返還事由である，
① 子が16歳に達していないこと（ハーグ条約実施法27条1号）
② 子が日本国内に所在していること（同条2号）
③ 常居所地国の法令によれば，日本国への連れ去り又は日本国における留置が申立人の有する子についての監護の権利を侵害するものであること（同条3号）
④ 当該連れ去りの解き又は当該留置の開始の解きに，常居所地国が条約締約国であったこと（同条4号）
がすべて満たされたときは，子の返還を命じることになります。

ただ，法28条1項に定められた事由（返還拒否事由）のいずれかがあると認められる場合においては，子の返還の申立を却下することになっています。

具体的には，
① 子の返還の申立てが当該連れ去りの時又は当該留置の開始の時から一年を経過した後にされたものであり，かつ，子が新たな環境に適応していること（ハーグ条約実施法28条1項1号），
② 申立人が当該連れ去りの時時又は当該留置の開始の時に子に対して現実に監護の権利を行使していなかったこと（同項2号），
③ 申立人が当該連れ去りの前若しくは当該留置の開始の前にこれに同意し，又は当該連れ去りの後若しく当該留置の開始の後にこれを承諾したこと（同項3号），
④ 常居所地国に子を返還することによって，子の心身に害悪を及ぼすことその他子を耐え難い状況におくこととなる重大な危険があること（同項4号），
⑤ 子の年齢及び発達の程度に照らして子の意見を考慮することが適当である場合において，子が常居所地国に返還されることを拒んでいること（同項5号），
⑥ 常居処置国に子を返還することが日本国における人権及び基本的自由の保護に関する基本原則により認められないものであること（同項6号）
のいずれかが認められた場合です。

ただし，ハーグ条約実施法28条1項1号から3号まで又は5号に掲げる事

由がある場合であっても，裁判所は一切の事情を考慮して常居所地国に子を返還することが子の利益に資すると認められれば，子の返還を命じることができるとされています。

以上は，ハーグ条約実施法における考え方ですが，将来的に国内法にも影響を与える可能性があります。

(d) **子の参加** 返還手続の結果により最も影響を受けるのは子どもです。また，返還手続においては子の異議が返還拒否事由ともなっています。そこで，返還手続においては，返還を求められている子自身が手続に参加できるとされています（ハーグ条約実施法48条1項）。また，裁判所は相当と認めるときは職権で返還を求められている子を返還申立手続に参加させることができます（ハーグ条約実施法48条2項）。職権の場合もあります。

いずれの形態もその参加のためには子に意思能力があることが前提となり，参加した子は，原則として当事者がすることのできる手続行為（申立ての取下げ等を除く）ができます。

子の手続代理人については，原則として弁護士がなります（ハーグ条約実施法51条）。

(e) **終局決定** 決定の主文は，「相手方は，子を，○○国に返還せよ。」といったものとなると考えられ，返還を命じない場合には，却下決定となります。

終局決定は告知によってその効力を生じますが，返還を命ずる終局決定は，即時抗告期間が満了して確定しなければその効力を生じません（ハーグ条約実施法93条2項・3項）。

(3) **出国禁止命令等**

子の返還申立て後，子が日本国外に連れ出されるおそれがあるときは，事件が係属する裁判所は，子の返還申立事件の一方の当事者の申立てにより他方の当事者に対し，子を出国させてはならないことを命じることができることが考えられています（ハーグ条約実施法122条1項）。

また，出国禁止命令申立ての相手方が子が名義人となっている旅券を所持しているときは家庭裁判所は申立てにより当該旅券の外務大臣への提出を命じなければならないとされています（「旅券禁止命令」ハーグ条約実施法122条2

項)。

　これは，TP（相手方）が第三国に連れ去ることを防止する目的で発せられるのみならず，LBP（申立人）が面会交流に際して連れ去ることを防止する目的も有しています。この出国禁止命令には，特段の制裁がないことから，必ずしも実効性がある規定とはいえませんが，連れ去られた後，海外において監護者の指定等の裁判がなされる場合に，事実上の影響はあるものと考えられています。

　旅券提出命令の裁判を受けた者が当該裁判に従わないときは20万円以下の過料に処せられます（ハーグ条約実施法132条）。

Ⅳ 国際裁判管轄問題

(1) 子の監護権に関する国際裁判管轄

　ハーグ条約は前記のとおり子どもの生活に密接な裁判管轄で裁判を行うことを可能とする暫定的な措置であり，子どもの監護に関する本案審理を行うものではありません（条約19条参照）。そこで，子の監護権に関する国際裁判管轄が問題になります。

(2) 現行の取扱い

　ハーグ条約の手続に基づき，アウトゴーイングケースで子どもが日本に戻されたとしても，また，インカミングケースで返還申立てが却下されたとしても，親の離婚及び子どもの親権者指定・養育費の額が決まっていない場合には，別途，手続を行う必要があります。

　このような場合，日本の弁護士としては，日本の裁判所で上記手続を行うことができるかを検討する必要があります。

　渉外的要素を有するその手続を日本の裁判所で行うことができるか，すなわち，国際裁判管轄が問題となるのです。

　現在，人事訴訟事件・家事事件については，どのような場合に日本の裁判所が管轄を有しているのか，規定が整備されていません。

　そのため，例えば，渉外離婚で，日本に管轄が認められるか否かについては，最高裁大法廷昭和39年3月25日判決（民集18巻3号486頁。原告が遺棄されたものである場合，被告が行方不明である場合その他これに準ずる場合においては，被告の

Q28 国境を越える子の連れ去り事案（ハーグ条約等について）

住所が日本になくても，原告の住所が日本にあれば，日本の裁判所は，前記訴訟につき，国際的裁判管轄権を有すると解するを相当とする）及最高裁第二小法廷平成 8 年 6 月24日判決（民集50巻 7 号1451頁。日本に居住する日本国籍の夫がドイツに居住するドイツ国籍の妻に対する離婚請求訴訟を日本の裁判所に提起した場合において，妻が先にドイツの裁判所に提起した離婚請求訴訟につき妻の請求を認容する旨の判決が確定し，同国では右両名の婚姻は既に終了したとされているが，日本では，右（上記：筆者注）判決は民訴法200条 2 号の要件を欠くため効力がなく，婚姻はいまだ終了しておらず，夫がドイツの裁判所に離婚請求訴訟を提起しても婚姻の終了を理由に訴えが不適法とされる可能性が高いときは，夫の提起した離婚請求訴訟につき日本の国際裁判管轄を肯定すべきである）を基準に，具体的事案ごとに判断せざるを得ないのが現状です。

　本来，国際裁判管轄は法律関係ごとに決定されるため，例えば，離婚と子の親権者指定の国際裁判管轄が異なることもあり得ますが，離婚の国際裁判管轄が日本に認められれば，離婚の附帯請求とされる親権や監護に関する処分事件の管轄も肯定されるのが実務の取扱いであるとされています（渡辺惺之監修・大谷美紀子＝榊原富士子＝中村多美子『渉外離婚の実務──離婚事件の基礎からハーグ条約まで』30頁〔大谷美紀子〕）。

　また，日本の裁判所に管轄があるかどうか明確でない場合であっても，被告が応訴した場合には本案判決をした例もあるとされており，特に調停の場合は相手方が応じれば管轄を認める傾向にあるようです（大谷・前掲27頁，33頁）。

　なお，国際結婚あるいは海外への移住などに伴い，渉外的な要素をもった親族間の争いは増加してきており，その解決が日本の家庭裁判所に求められる場合も少なからずあるという実情を踏まえ，今後，人事訴訟事件及び家事事件の国際裁判管轄については，法制審議会国際裁判管轄法制（人事訴訟事件及び家事事件関係）部会において，審議されます。

【相原　佳子＝佐野　みゆき】

184　第5　子どもの連れ去りと引渡し

Q29　子の返還の執行手続（ハーグ案件ケース）

子の引渡しを求める手続としては，ハーグ案件の場合には，どのような執行手続が規定されていますか。

解説

I　ハーグ条約に定める子の引渡しを求める手続

(1)　ハーグ条約（Q28参照）

ハーグ条約は，国際間の子の奪取事件において子を元の常居所地国へ迅速に返還するための国際的な民事司法の協力システムを定めています。本条約における不法な連れ去りとは「常居所地国の法令によれば監護の権利を有する者の当該権利を侵害する連れ去りであって，当該連れ去りの時に当該権利が現実に行使されていたもの又は当該連れ去りがなければ当該権利が現実に行使されていたと認められるものをいう。」（ハーグ条約実施法2条6号）と規定されています。なお，対象とされる子は，締約国から他の締約国に連れ去られた16歳未満の子です（条約4条）。

したがって，父親母親のいずれもが日本人であったとしても，上記の手続に則って，常居所地国への返還を求めることができます。実際にハーグ条約を締結し，国内における法律が発効した後，日本人間の子の引渡請求において，中央当局等の介入により，同条約に基づき，返還した事例が認められています。

(2)　子の返還裁判手続

国際間の子の奪取事件において，監護権を侵害された者は，子の返還申立てを行うことができ（ハーグ条約実施法26条），裁判所は，①子が16歳に達して

いないこと，②子が日本国内に所在していること，③常居所地国の法令によれば，当該連れ去り又は留置が申立人の有する子についての監護の権利を侵害するものであること，④当該連れ去りの時又は当該留置の開始の時に，常居所地国が条約締結国であったことという事由のいずれにも該当すると認めるときは，子の返還を命じなければならないとされています（ハーグ条約実施法27条）。

　ただし，①子の返還の申立てが当該連れ去りの時又は当該留置の開始の時から1年を経過した後にされたものであり，かつ，子が新たな環境に適応していること，②申立人が当該連れ去りの時又は当該留置の開始の時に子に対して現実に監護の権利を行使していなかったこと（当該連れ去り又は留置がなければ申立人が子に対して現実に監護の権利を行使していたと認められる場合を除く），③申立人が当該連れ去りの前，若しくは当該留置の開始の前にこれを同意し，又は当該連れ去りの後若しくは当該留置の開始の後にこれを承諾したこと，④常居所地国に子を返還することによって，子の心身に害悪を及ぼすことその他子を耐え難い状況に置くこととなる重大な危険があること，⑤子の年齢及び発達の程度に照らして子の意見を考慮することが適当である場合において，子が常居所地国に返還されることを拒んでいること，⑥常居所地国に子を返還することが日本国における人権及び基本的自由の保護に関する基本原則により認められないものであること，という事由のいずれかに該当するときは，裁判所は，原則として子の返還を命じてはならない（ハーグ条約実施法28条1項本文）と定めています。

II　ハーグ条約実施法に定める子の返還（強制執行）

(1) 間接強制

　子の返還の強制執行については，まずは間接強制（民執172条1項）の申立てをしなければなりません。

　間接強制に関する申立てについては，

「1　債務者は，子を○○国へ返還せよ。

　2　債務者が本決定の告知を受けた日から○週間以内に前項の債務を履行しないときは，債務者は，債権者に対し，上記経過期間の日の翌日から履

行済みまで，一日あたり〇円の割合による金員を支払え。」
等という申立ての趣旨が考えられています（最高裁判所事務総局「国際的な子の奪取の民事上の側面に関する条約の実施に関する法律執務資料」平成26年9月家庭裁判所資料第198号214頁）。

(2) 子の返還の代替執行の申立て

　間接強制の決定確定後2週間を経過しても債務者が子を返還しない場合には，代替執行（民執171条1項）の申立てをすることができます（ハーグ条約実施法134条・136条）。

　(a) 申立ての趣旨　　代替執行の申立てとしては，後の主文に対応させるために，

「1　〇〇〇〇（住所　〇〇国　州〇〇……）は，債務者の費用で，子を〇〇国に返還することができる。
　2　執行官は，債務者の費用で，国際的な子の奪取の民事上の側面に関する条約の実施に関する法律第140条第2項に規定する債務者による子の監護を解くために必要な行為をすることができる。」

といった申立てをすることとなるでしょう。

　(b) 返還実施者　　ところで，子の返還に関する強制執行の申立てにおいては，返還実施者となるべき者の氏名及び住所を特定してしなければなりません（ハーグ条約実施法137条）。そして，執行裁判所である家庭裁判所は，債権者が特定した返還実施者となるべき者を返還実施者として指定することが子の利益に照らして相当でないと認めるときは，代替執行の申立てを却下しなければならない（ハーグ条約実施法139条）と規定しています。債権者が返還実施者である場合においては，却下のケースは余り考えられませんが，債権者以外の者は，必ずしも子を監護する権利を有していた者であるわけではなく，債権者以外の者を返還実施者として指定する場合には，相当性について十分な審査を経る必要があることが指摘されています。そして，返還実施者となるべき者が債権者と異なるときには，返還実施者として指定することの相当性に関する事項の記載を求めることとされています。また，返還実施者は，その権限（ハーグ条約実施法141条1項）を第三者に委任することはできません。

(c) 執行官の権限

〔ハーグ条約実施法140条〕

「1項　執行官は，債務者による子の監護を解くために必要な行為として，債権者に対し説得を行うほか，債務者の住居その他債務者の占有する場所において，次に掲げる行為をすることができる。

1号　債務者の住居その他債務者の占有する場所に立ち入り，その場所において子を捜索すること。この場合において，必要があるときは，閉鎖した戸を開くため必要な処分をすること。

2号　返還実施者と子を面会させ，又は返還実施者と債務者を面会させること。

3号　債務者の住居その他債務者の占有する場所に返還実施者を立ち入らせること。

2項　執行官は，前項に規定する場所以外の場所においても，子の心身に及ぼす影響，当該場所及びその周囲の状況その他の事情を考慮して相当と認めるときは，子の監護を解くために必要な行為として，債務者に対し説得を行うほか，当該場所を占有する者の同意を得て，同項各号に掲げる行為をすることができる。

3項　前二項の規定による子の監護を解くために必要な行為は，子が債務者と共にいる場合に限り，することができる。

4項　執行官は，第1項又は第2項の規定による子の監護を解くために必要な行為をするに際し抵抗を受けるときは，その抵抗を排除するために，威力を用い，又は警察上の援助を求めることができる。

5項　執行官は，前項の規定にかかわらず，子に対して威力を用いることはできない。子以外の者に対して威力を用いることが子の心身に有害な影響を及ぼすおそれがある場合においては，当該子以外の者についても，同様とする。

6項　執行官は，第1項又は第2項の規定による子の監護を解くために必要な行為をするに際し，返還実施者に対し，必要な指示をすることができる。」

上記のとおり代替執行にあたり執行官は債務者による子の監護を解くため

に実力行使を含む必要な行為をすることができますが，子に対する実力行使は認められず，また，子の心身に有害な影響を及ぼすおそれがある場合には，子以外の者に対する実力行使も認められない（ハーグ条約実施法140条5項）ことに留意すべきでしょう．

(d) 執行官と返還実施者　裁判所は子の返還の代替執行の授権において，返還実施者と執行官を指名する（ハーグ条約実施法138条）こととなっています．その関係ですが，現場においては執行官と返還実施者両者がいなければ解放実施はなし得ず，解放実施に際しては執行官に主導権があります．解放実施は，子の心身に重大な影響を及ぼすおそれがあり，債務者との衝突も予想され，ときには威力の行使を伴いますから（同法140条4項），執行官が解放を実施し，一方で，解放された後の監護者の存在が当然必要となりますので，ハーグ条約実施法規則88条2項においては，解放実施においては，返還実施者の出頭したときに限り，行うことができるとされています．そして，返還実施者は，自ら債務者による子の監護を解いて返還実施を行うことはできない（自力執行の禁止）という趣旨を明確にするため，同法規則88条3項において「返還実施者は，執行官が解放実施によって子の監護を解いたときに限り，法第140条第1項に規定する行為をすることができる．」と規定されています．

なお，条文上は上記の担当者が実施しますが，事案に応じて，子どもの心理的な側面に対する具体的なサポート担当者として，子どもの心理の専門家等の立会いが望まれるところです．

III　検証されるべき事項

ハーグ条約による子の引渡しの執行には二つの側面からの検証が必要と考えます．

一つは，条約に基づいた迅速な解決がはかられているかということです．審理とともに返還の決定を効力あらしめるための制度がとられているかが問われるのです．ちなみに，海外の多くの締結国においては，裁判所の決定そのものに従わない場合には，法廷侮辱罪等の一般的なペナルティが課されることが多く，強制執行についての特段の配慮が求められること自体が少な

といわれています。

　もう一つは，先にも述べていますように，ハーグ案件では一定の監護権が認められた場合には元の常居所地国へ返還し，監護権や親権等の問題は当該国で審理されることを前提としています。時間をかけて子どもの問題を判断するといった実質的な手続は本来予定されていません。とすると，子どもの引渡しの態様によっては子どもに対して心理的に多大な影響を与えることにもなりかねませんので，子どもに対する直接的な実力行使や，可能な限り悪影響を避ける方法をとることも求められているのです（後記注参照）。

　迅速な解決と子どもの利益を守るという相反する方向からの検証が，今後求められています。

　ところで，執行官は本来民事執行法等の担い手であり，子どもの心理の専門家ではありません。子どもの引渡しの場面では子どもの心理の専門家等適切な関係官の支援が必要となるものと考えます。

【相原　佳子】

【注】
　最高裁事務総局「執行官のための解放実施実務に関する執務資料」民事裁判資料253号平成26年6月。

第6

離婚後の子ども

Q30 子の姓と戸籍

私は夫と離婚をしました。子どもの姓や戸籍はどうなりますか。

解説

I 戸籍について

(1) 戸籍とは

　戸籍には，生まれてから死亡するまでの身分関係が登録されています。戸籍制度ができたのは明治5年であり，人口調査の目的のために家ごとに編製されました。明治5年式戸籍は，施行の年の干支にちなみ，「壬申戸籍」と呼ばれています。

　明治31年7月に家制度を重視する旧民法が施行されたことに伴い，戸籍法が施行され，戸籍は，家制度を中心とする身分登録公証を目的とするものになりました。

　現行戸籍は，民法の親族・相続編が改正されたことに伴い，昭和23年1月に，戸籍法が全面改正されたことに基づいています。家制度が廃止されたことから，夫婦及び氏を同じくする子を編製基準とすることになりました。

　このような戸籍制度は日本特有のもので，他の国は，個人単位の記録簿で登録されています。

(2) 戸籍の意義

　戸籍には，本籍地の他，氏名，生年月日，実父母の氏名及び続柄，他の戸籍から入った者についてはその戸籍の表示などが記載され（戸13条），戸籍を辿っていけば出生時から死亡まで在籍した戸籍がわかるようになっています。

戸籍は，本人が日本人として存在することの証明，親族関係の証明のために重要な役割を果たしています。

(3) 戸籍の編製

戸籍は夫婦及び氏を同じくする子ごとに編製されます（戸6条）。出生により入る戸籍は親の戸籍ですが，婚姻をすると，親の戸籍を出て，夫婦で戸籍を編製します。婚姻の際に名乗る姓を夫の姓にすると，戸籍の筆頭者は夫になります。夫婦間に子が出生すると，その子は両親の戸籍に入ります。出生により入った戸籍の親の姓は，その者の民法上の氏となります。

II 離婚後の親の姓

(1) 復氏が原則

夫婦が離婚をした場合，婚姻により改姓をした者は，婚姻する直前の姓に戻ります（民767条1項）。このとき戸籍は，婚姻する直前に在籍していた戸籍に戻るか，自分が筆頭者となる戸籍を作るかのいずれかになります（戸19条1項）。

(2) 婚氏続称したい場合

離婚後も引き続き婚姻時の姓を名乗りたい場合には，離婚日から3か月以内であれば，家庭裁判所の許可を得ることなく，市町村役場の戸籍担当課に届け出ることにより，婚姻中の姓をそのまま使うことができます（民767条2項，戸77条の2）。戸籍は，自分が筆頭者となる戸籍を新しく作ることになります（戸19条3項）。

先述したとおり，婚姻により姓を改めた者は，離婚により復氏し，婚姻前の姓が民法上の氏となります。婚氏続称の届出により，姓の呼び名が婚姻中の姓に変わりますが，婚姻中の姓と全く同じ姓ではなく，呼称上の氏と呼ばれます。

なお，離婚の際には婚姻する直前の姓に戻ることを選択したものの，離婚日から3か月経過した後に婚姻中の姓を名乗ることを希望した場合には，家庭裁判所で氏変更の許可（戸107条1項）を得る必要があります。

III 子の姓について

(1) 離婚届の提出段階

離婚により，姓が変更になり，戸籍の移動が生じるのは，婚姻のときに氏を改めた者のみであり，子どもの姓や戸籍は変動しません。例えば，離婚の際に親権者を母と決め，母が婚氏を続称していたとしても，子どもは今までの戸籍に入ったまま動きません。

子の姓を変更し，戸籍を動かすためには，家庭裁判所の許可を得て，市町村役場に届け出る必要があります（民791条1項）。

なお，協議離婚の条件として，「子どもの苗字や戸籍を変更しない」あるいは「子どもの苗字は，親権者である母の苗字に必ず変更する」などとすることがありますが，そのような取決めは子どもの福祉に反するため無効です。つまり，子どもには出生により取得した民法上の氏がありますが，これを変更するのは子どもが生活していくために必要かどうかという観点から，子どもが15歳未満の場合は親権者が，15歳以上の場合は子ども自身が決定するものであり，離婚の条件とすべき事柄ではありません。

(2) 手続について

(a) 子どもが未成年者の場合

(ア) 親権者と同じ姓・戸籍にする場合　子どもが15歳未満の場合は法定代理人が（民791条3項），子どもが15歳以上の場合は，子ども自身が家庭裁判所に出向き，子の氏の変更の申立てをし，許可をもらう必要があります。法定代理人とは，この場合親権者です。

家庭裁判所では，特別の事情がなければ，即日許可が出されます。その後，許可書を持参して，市町村役場で入籍届の手続をします。

(イ) 親権者でない親と同じ姓・戸籍にする場合　例えば，子どもの親権者は父ですが，子どもを引き取って面倒を見るのは母という場合，子どもは母と一緒に生活するので，姓が異なると生活に支障が出る場合が生じます。

子どもが15歳以上の場合には，子ども自身が家庭裁判所で子の氏の変更の許可をもらい，役場で手続をします。

子どもが15歳未満の場合には，法定代理人が手続をする必要がありますが，法定代理人である親権者が手続に非協力的な場合もあり得ます。このよ

うな場合は、まず、非親権者が家庭裁判所に対し、親権者変更の調停や審判の申立てをし、親権者を変更してから、子の氏の変更の申立てをすることになります。

なお、親権者が父、監護権者が母と定められていた事案で、母が子の氏の変更申立権者となることができるかが問題となり、子どもを養育している監護権者も法定代理人に含まれるとした審判例があります（釧路家北見支審昭54・3・28家月31巻9号34頁）。この審判例は、監護権者が単独で手続をすることができるとしています。

　(ｳ)　氏変更した子が成人した場合　　上記記載の手続により姓を改めた未成年の子は、成年に達したときから1年以内に市区町村役場に届け出ることにより、従前の姓に戻ることができます（民791条4項）。戸籍は従前の戸籍に入るか、自分が筆頭者となる戸籍を作るかのいずれかになります（戸19条2項・1項）。

　(b)　子どもが成年者の場合　　子どもが成年の場合には、子ども自身が家庭裁判所で子の氏の変更の許可をもらい、役場で手続をします。

　一般的に、子が氏変更する必要があるのは、子が幼少で母と同氏でないと生活するのに不便が生じる場合です。成人後に、母と同氏でないと生活に支障が生じるとも考えられないのに旧姓に戻った母と同氏を希望するのは、何らかの理由があると思われがちです。「氏と名を変更して多重債務を逃れたり、犯歴を隠すために利用されたり、悪用されることが往々にしてある。」（島田充子「改氏許可基準と手続(1)」判タ1100号263頁）との指摘もあり、家庭裁判所での氏の変更の許可審判が慎重になされる可能性があります。

Ⅳ　子どもが連れ子だった場合

(1) 再婚する際の子どもの戸籍

(a)　婚姻届だけでは変動しない　　例えば、前夫と離婚をして、妻が子どもの親権者となり、戸籍も子どもと同籍していたが、再婚をすることになったとします。再婚相手の姓を名乗る場合、婚姻届を提出することで、今までの戸籍を抜け、再婚相手と戸籍を編製することになります。再婚相手が既に戸籍の筆頭者であった場合には、その戸籍に入籍することになります。

このとき，前夫との間の子どもの戸籍には変動はありません。子どもが再婚相手と同じ氏を名乗るためには，普通養子縁組をする方法と子の氏の変更の許可をもらう方法の2通りがあります。

(b) 普通養子縁組による場合　子どもが未成年者の場合，養子縁組をするには原則として家庭裁判所の許可が必要になりますが，実親の再婚相手との養子縁組の場合は，例外として家庭裁判所の許可は不要になります（民798条但書）。また，配偶者のある者が未成年者を養子にする場合には，配偶者とともにしなければなりませんが，その未成年者が配偶者の嫡出子である場合には，単独で養子にすることができます（民795条但書）。

15歳以上の場合は，養子縁組届に自分で署名押印をする必要がありますが，15歳未満の場合は，代諾者として法定代理人が手続をすることになります。

(c) 子の氏の変更による場合　前述のとおり，家庭裁判所の許可を得て，市町村役場で入籍届の手続をすることになります。

(2) **再婚相手と離婚する場合**

(a) 連れ子を養子縁組していた場合

(ア) 養子離縁について　再婚相手と離婚しても，連れ子の氏や戸籍は離婚のみでは変動しません。養子縁組していた場合は，養子離縁をすることになります。養子が15歳未満の場合は，離婚の際に，離縁後の親権者を決め（民811条3項），養子離縁は養親と離縁後の法定代理人との協議で行います（同条2項）。

もっとも，連れ子であっても母親が離縁を希望しないケースもあります。養父が離縁を希望し，協議で離縁ができない場合には，調停や裁判をすることになります。連れ子の母親との婚姻関係が破綻して離婚をしたため，養子縁組も継続し難い重大な理由があると判断され，離縁を認めた裁判例もあります（京都地判昭39・6・26判時389号79頁）。しかし，直接的には養親子関係の破綻が問題とされるべきとの考え方も強く（横田勝利「養子縁組の裁判離縁の原因」判タ747号250頁など），未成年養子の場合は，養親との関係が良好か否か，離縁をすることで子の養育状態が環境面・経済面で悪くなるか否かなど，養子の福祉や養育が十分に考慮される必要があります。

(ｲ)　離縁後の戸籍について　　養子が養親と離縁すると，縁組前の姓に戻り（民816条1項本文），戸籍は，縁組する前の戸籍に戻るか，その戸籍が除籍になっているとき又は養子が新戸籍編製の申出をしたときには，新戸籍を編製するかのいずれかになります（戸19条1項）。

　連れ子養子の場合，連れ子が養子縁組前に在籍していた戸籍は既に除籍になっていることが多いものと考えられます。すなわち，連れ子は，連れ子の母親の戸籍に在籍していた場合が多いと考えられますが，その戸籍は連れ子の母親が父親と離婚したあと，母親が筆頭者となって編製された戸籍ですので，母親の再婚と連れ子の養子縁組により在籍者がいなくなっていることが想定されるからです。

　そうすると，戸籍法19条1項の規定により，離縁した連れ子は縁組前の戸籍に戻ることができないので，連れ子1人で新戸籍を編製することになってしまいます。

　(ｳ)　同籍入籍について　　連れ子が母親と同籍することを希望する場合は，離縁届書の「離縁後の本籍」欄は，「もとの戸籍にもどる」にチェックをし，その他欄に「養子は，離縁後母と同籍することを望む」と記載することで，家庭裁判所の許可を得ることなく，母の戸籍に入籍することができます。母親が戸籍法77条の2の届出をして後夫の姓を続称していた場合も同様です。

　これは，本来であれば，前述のとおり，連れ子について新戸籍を編成し，母の戸籍に入籍する入籍届を出すべきです（なお，このとき家庭裁判所で子の氏の変更の許可を得ることは不要です。母と子の民法上の氏が同じ場合，家裁の許可なく母と同籍する旨の入籍届をすることにより，母の戸籍に入籍することができますが，連れ子養子の場合，母親が後夫と離婚した後の民法上の氏と，連れ子が離縁によって復する民法上の氏は同じだからです）が，手続が煩雑なので戸籍実務上，上記のとおりの取扱いとしているものです。

　(b)　連れ子が氏の変更の許可を受けることにより養父と同籍していた場合
　　母親の離婚後，再度家庭裁判所で子の氏の変更の申立てをし，許可を得て，市町村役場で入籍届の手続をすることで，母と同氏・同籍することができます。

(3) 配偶者が外国人の場合

(a) 外国人と婚姻した場合の日本人の戸籍と姓

(ア) 戸籍について　日本人と婚姻した外国人は，婚姻により日本国籍を取得することはありません。戸籍が作られるのは日本国籍を有している者のみですので婚姻により，日本人配偶者が筆頭者となる戸籍を編製することになります。既に戸籍の筆頭者であった場合には，戸籍に変動はありません。

(イ) 姓について　民法では，婚姻をした場合には，夫又は妻の氏を称すると規定されています（民750条）が，これは夫婦がともに日本人の場合に適用される規定ですので，外国人と婚姻した日本人には適用されません。そのため，外国人と婚姻しても姓に変更はありません。

外国人配偶者の称している姓を名乗りたい場合は，婚姻の日から6か月以内であれば，家庭裁判所の許可を得ることなく，市町村役場に届け出ることで変更することができます（戸107条2項）。婚姻の日から6か月を経過した後に変更を希望する場合は，家庭裁判所の許可を得る必要があります（戸107条1項）。

(ウ) 子どもの戸籍　出生のときに父又は母が日本人であれば，子どもは日本国籍を有します（国籍法2条1号）。そのため，子どもは，日本人の親と同じ戸籍に入籍します。

(b) 外国人と離婚した場合の日本人の戸籍と姓　外国人と離婚した場合，日本人の戸籍に変動はありませんし，姓も変わりません。子どもの戸籍も変動しませんし，姓も変わりません。

日本人が，戸籍法107条2項の届出により，外国人配偶者の称している姓に変更していて，婚姻前の姓に戻すことを希望する場合，離婚の日から3か月以内であれば，家庭裁判所の許可を得ることなく，市町村役場に届け出ることで変更することができます（戸107条3項）。離婚の日から3か月を経過した後に変更を希望する場合や，姓を変更した際家庭裁判所の許可を得ていた場合には，婚姻前の姓に戻すには家庭裁判所の許可を得る必要があります（戸107条1項）。いずれの場合も戸籍には変動はなく，筆頭者である日本人の姓が変更されるので，子どもの姓も一緒に変更になります。　【小池　知子】

Q31 連れ子養子の問題

私は，娘が8歳のときに，夫と離婚しました。現在娘は10歳ですが，私には，幸い，新たに出会いがあり，今，再婚を考えています。

元夫と娘は，月1回の面会交流をしており，養育費も一応支払われています。

姓が私と同一になった方が生活をする上でも好ましいため，夫には私の娘と養子縁組をしてもらおうと考えています。そして，できれば，元夫には，再婚相手への配慮も必要なので，娘とのかかわりを控えてほしいと思っています。

何か支障があるでしょうか。

解説

I 連れ子養子とは

未成年者が養子となる場合，養親は，原則，家庭裁判所から許可を得なければなりません。

しかし，これには例外があります。

一つは直系卑属を養子にする場合であり，もう一つが，配偶者の嫡出子を養子とする，いわゆる連れ子養子の場合です。

連れ子養子で子どもが15歳未満の場合，親権者の代諾により，養子縁組を行うことになります。子どもの親権者は，離婚により単独親権者となっているため，他方親が監護権者となっている場合を除き，他方親の了解を得ることもなく，代諾権者として，再婚相手と子どもとの間で，養親子関係を形成することができます。

II 連れ子養子のメリット・デメリット

(1) 養子縁組のメリット

再婚相手と連れ子の間で養子縁組をすることにより、子どもも単独親権者であった実親と同じ戸籍に入ることができます。加えて、養親に養子に対する扶養義務が発生するため、生活の安定を確実にすることができるというメリットがあります。

(2) 養子縁組のデメリット

他方において、家庭裁判所のチェックが一切入らず、かつ、子どもが15歳未満の場合には、子どもの利益や意向が考慮されることないまま、養子縁組がなされるおそれがないとはいえません。

また、養子縁組は、双方が合意の上で解消するのであれば、離婚と同様、離縁届を役所に提出すれば済みますが、双方の意向に齟齬がある場合には、離婚と同じ手続をとらなければならないことに留意しておく必要があります。

特に、養親から養子への虐待があるというような場合、そして、その配偶者である実親が養親への配慮から子どもの側に立ち切って養親と敵対することができないような場合には、子どもと養親との関係を切断することが極めて困難となります。

すなわち、単独親権者が再婚していない状態であれば、他方親が親権変更を申し立て、それが認められれば親権者となった他方親の監護下で生活するということが可能となります。

しかし、養子縁組してしまうと、養親と単独親権者たる実親の共同親権となるため、他方の実親への親権変更は認められないというのが判例通説です。

そこで、養親に対しては、離縁を求めることになりますが、子どもが15歳未満の場合、離縁の申立権者は養子の離縁後にその法定代理人となるべき者（民811条2～4項）となるため、単独親権者たる実親の協力がなければ不可能です。

仮に協力が得られたとしても、養親が離縁に応じない場合、裁判離縁とな

り，離縁事由が必要です。すなわち，虐待の事実等を立証する必要が子どもの側に生じてしまいます。

こうしたことから，養子が養親の虐待から保護された，あるいは，養子自身が逃げてきたようなケースで，養親が養子の引渡しを執拗に要求してくるような場合には，養親及びその配偶者たる実親の親権停止の活用などを検討する必要が生じます。

Ⅲ 実親との関係

養子縁組をした場合，非親権者たる実親との関係はどうなるでしょうか？

養育費に関しては，養親が第一次的な扶養義務を負うことになるため非親権者なる実親は，扶養義務の一環である養育費支払義務を解除されると考えられます。

しかし，面会交流については，親権者の再婚により，従前築いてきた非親権者との交流を切断できるものではないことから，近時では当然に，差し控えるべきことにはならないものと考えられています（細矢郁ほか「面会交流が争点となる調停事件の実情及び審理の在り方——民法766条の改正を踏まえて」家月64巻7号81頁参照）。

【佐野　みゆき】

第7

面会交流

Q32 面会交流の法的性質

10年間連れ添った妻との間に，7歳と3歳の子どもがいましたが，半年前に協議離婚しました。子どもたちがまだ小さいことや妻の強い希望もあって，父親である私は，時々子どもたちと会って交流をもちながら，その成長を見守ることができればよいと思い，親権者は妻にすることに同意しました。ところが，離婚が成立してしまうと，妻は，私が，再三にわたり，子どもたちに会いたいと頼んでも，いっこうに聞き入れてくれません。私の親も，「孫に会えないのは辛い」と，嘆いています。親権がないと，実の親や祖父母であっても，子どもや孫に会うことはできないのでしょうか。

解説

I 面会交流とは？

「面会交流」とは，子どもの監護者ではない父又は母（以下「非監護親」といいます）が，実際に子どもと会って直接会話を交わしたり，電話や手紙やメール等を利用して間接的に意思疎通を行ったり，通知票や写真を送る等して子どもの様子を知らせる等，非監護親と子が何らかの交わりをもつことをいいます。

かつては，同じ意味で「面接交渉」という言葉が用いられていましたが，今では「面会交流」の方が一般的な用語になっています。平成24年4月1日施行の民法改正でも後者が採用され，民法766条1項（民771条で裁判離婚に準用）にも，「面会及びその他の交流」と規定されました。

II 面会交流の法的根拠

第7　面会交流

　平成24年4月1日に改正民法が施行される前は，わが国に，非監護親と子どもとの面会交流を直接定めた規定は存在しませんでした。

　しかし，従来より，非監護親と子どもの面会交流は，協議離婚の際に定めることができる事項を規定した改正前の民法766条1項（民771条で裁判離婚に準用）の「子の監護について必要な事項」の一つと解され，離婚時に父母の間で面会交流につき協議が調わないときや協議をすることができないときは，家庭裁判所が，同条項（改正前）に基づき，家事審判法9条1項乙類4号により，面会交流について相当な処分を命じていました。

　もっとも，明文で規定されていないために，かかる取決めがなされないまま離婚してしまうということも少なくありませんでした。そこで，子どもの権利利益を擁護する観点から，離婚に際し，これについても取決めをするよう促すため，平成24年4月1日施行の民法改正により，「子の監護について必要な事項」の具体例として「面会」，「交流」が，同条項に明示されることになりました（民法等の一部を改正する法律案に対する附帯決議）。そして，面会交流等，子の監護について必要な事項は，離婚をめぐり激しく対立する父母間の駆け引きの材料とされてしまうことも少なくないため，離婚時に子の監護について必要な事項を定める場合には，「子の利益を最も優先して考慮しなければならない」という理念も同条項に明記されるいたりました。

　これに対し，かかる取決めをしないまま両親が離婚してしまった後の非監護親と子どもとの面会交流をどのように決するかについて定めた規定は何もありませんでしたが，家庭裁判所がはじめて面会交流の権利性を認めてこれを命じて（東京家審昭39・12・14家月17巻4号55頁・判タ185号195頁）以来，この場合も，実務上，前記改正前の民法766条1項に基づき，家事審判法9条1項乙類4号（家手別表第2の3項同旨）によって，家庭裁判所が必要に応じて命じることができるとの解釈運用が確立しています（野田愛子「面接交渉権の権利性について」最高裁判所事務総局家庭局編『家庭裁判所の諸問題(上)』188頁，最決昭59・7・6家月37巻5号35頁）。

　また，離婚にまではいたっていないものの，婚姻関係が破綻して別居状態にある非監護親と子どもとの面会交流についても規定は存在しませんが，子どもと同居していない親が子どもと面会交流することは，子どもの監護の一

内容であるということができるため，この場合であっても，別居状態にある父母の間で面接交渉につき協議が調わないとき，又は協議をすることができないときは，家庭裁判所は，民法766条（改正前）を類推適用し，家事審判法9条1項乙類4号により，面接交渉について相当な処分を命ずることができると解し（最決平12・5・1民集54巻5号1607頁，杉原則彦・最高裁判所判例解説民事編平成12年度(下)515頁，杉原則彦「婚姻関係が破綻して父母が別居状態にある場合に子と同居していない親と子の面接交渉について家庭裁判所が相当な処分を命ずることの可否」ジュリ1199号86頁），別居中の面会交流も審判の対象としてきました。これは，平成24年施行の民法改正後も変わりはないと思われます。

III 面会交流の法的性質・権利性

(1) 面会交流の権利性に関する諸説

面会交流が法的な権利として認められるのか否かについては争いがあります。諸説を要約すると，およそ次のとおりです（棚村政行「離婚と父母による面接交渉」判タ952号59頁）。

(a) 権利性否定説　権利性を否定する説は，面会交流についての審判権を肯定するために，面会交流を権利であると性質づける必要はなく，家庭裁判所が面会交流について相当な処分を命じることができるのは，民法766条から当然に導かれる結論であり，権利だからではないなどと明言しています（以下「否定説」といいます。梶村太市「『子どものための面接交渉』再論」小野先生還暦記念『21世紀の民法』425頁，207頁，島津一郎＝松川正毅編『基本法コンメンタール親族〔第5版〕』87頁〔梶村太市〕等）。その上で，あえて権利であるというとすれば，面接交渉の内容は，監護親の監護教育内容と調和する方法と形式において決定されるべきものであるから，面接交渉権といわれているものは，面接交渉を求めることができる実体法上の請求権ではなく，子の監護のために適正な措置を求める権利である（杉原則彦・最高裁判所判例解説民事編平成12年度(下)514頁，杉原則彦「婚姻関係が破綻して父母が別居状態にある場合に子と同居していない親と子の面接交渉について家庭裁判所が相当な処分を命ずることの可否」ジュリ1199号86頁）と述べています（梶村太市「『子どものための面接交渉』再論」小野幸二教授還暦記念論集『21世紀の民法』425頁，207頁，島津一郎＝松川正毅編『基本法コンメン

タール親族〔第5版〕』87頁〔梶村太市〕等）。

　(b)　権利性肯定説　　これに対し，権利性を認める説は，その根拠を何に求めるかにより，次のとおり，さらに諸説に分かれています。
　①　自然権説　　面会交流は，監護の機会を与えられない非監護親の愛情や親子関係を保障する最後の絆ともいうべきもので，親子という身分関係から当然に認められる自然権であるとする説です。
　②　基本権説　　親には子どもを育てるという憲法上保護された権利があり，面会交流は，かかる憲法上の基本的権利に含まれると構成する説です。
　③　監護権説又は潜在的親権説　　親権の行使と帰属を区別し，面会交流は，共同監護が変質したもの，ないしは，そこから派生する監護の一態様にすぎないとして，面会交流を，親権又は潜在的親権の一権能であり，監護権の一部であると解する説です。
　④　監護関連権説　　面会交流は，監護そのものではないが，監護に関連する権利であるとする説です。
　⑤　自然権・監護関連権説　　面会交流権は，本質的には親に与えられている自然権であるが，その具体的内容は監護に関連する権利として，協議，調停，審判により形成されるとする説です。
　⑥　子の権利説　　面会交流は，親との交流をとおして精神的に成長発達するという子の権利であるとする説です。これは，日本も批准している子どもの権利条約9条3項が，親子の面会交流について，「父母の一方又は双方から分離されている児童が，定期的に父母のいずれとも人的な関係及び直接の接触を維持する権利」を有するのであって，「締約国は，児童の最善の利益に反する場合を除」いては，この「権利を尊重する。」と明示していることにも合致した説であるといえます。

(2)　だれの権利か？

　面会交流権の権利性を認めるにしても，これをだれの権利と解するかにより，①親の権利であるとする見解，②人格の円満な発達に不可欠な親の愛育の享受を求める子の権利である（大阪家審平5・12・22家月47巻4号45頁等）とする見解，③親の権利であると同時に子の権利であるとする見解に分かれて

います。

　しかし、いずれの説も、子の利益のための面会交流という視点から、子の福祉に反する事由があれば制限を受けると解している点に相違はありません。そして、平成24年4月1日施行の改正民法766条1項にも、面会交流は、「子の利益を最も優先して考慮しなければならない」と明示されました。それゆえ、面会交流が認められるか否かの判断基準が、「子どもの利益」ないしは「子ども福祉」であるということに異論はないと思われます。

　もっとも、祖父母の権利としては認められていませんので、祖父母が、「面会交流」の調停や審判の申立てをすることはできません。ただし、「親族間の調整」調停等を申し立てることにより、祖父母が孫との面会交流を求めることは可能でしょう（参考：東京高決昭52・12・9家月30巻8号42頁）。子どもは、いろいろな家族や親族から愛され、また交流することによって健康に成長することができます。親族との交流についても、子どもの利益になるような方法を父母間でよく話し合うことが大切です。

(3)　最近の実務の動き

　かつては、面会交流について必要な事項を定める場合には、子の利益を考慮しなければならないとしても、面会交流が、子どもの成長に及ぼす影響や監護親と子どもとの関係に及ぼす影響等を総合的に考慮した上で、子どもの福祉（利益）に合致する場合にのみ限定的に面会交流を認容するという、否定説に基づくと思われる解釈も有力でした（東京高決昭40・12・8家月18巻7号31頁、大阪高決昭42・8・14家月20巻3号64頁等）。

　しかし、家庭裁判所調査官等による心理学等、人間関係諸科学による親子の交流等についての長年の実証的研究の成果等から、近年、面会交流は、子どもの人格的成長のために望ましいことが明らかにされ（小澤真嗣「家庭裁判所調査官による『子の福祉』に関する調査――司法心理学の視点から」家月61巻11号1頁）、最近では、面会交流を可能な限り認めることが子どもの精神的な成長発達にとって望ましいという理解が定着し、裁判官、家庭裁判所調査官、実務家、当事者さらには社会的意識までも変えるにいたっています。離婚によって夫婦は他人になっても、子どもにとって、父母はかけがえのない唯一の存在ですから、子どもは、父母双方から愛されているという実感をもつこ

とにより安心して，自分の存在に価値を見いだし，健全な人格を形成し，成長していくことができるからです。

　こうした動きを背景に，最近の審判や学説には，面会交流の権利性を否定するものは見あたらず，面会交流の実務においても，注目すべき変化が生じています。すなわち，最近の審判例では，面会交流の権利性をことさらに問題とすることなく，面会交流は，子どもの健全育成に不可欠なものであり，離婚後の親子関係の断絶を回避することこそ子どもの利益であるとの理念を前提とし，原則として面会交流を肯定しつつ，これを制限あるいは禁止する場合の取扱いを抗弁的に取り扱う傾向が顕著になってきています（以下「原則認容論」といいます）。

　すなわち，子どもと非監護親との面会交流は，子どもが非監護親から愛されていることを知る機会として，子どもの健全な成長にとって重要な意義があるため，面会交流が制限されるのは，非監護親が，かつて，子どもを虐待していたため，虐待を受けていた子どもが，その時の経験から，当該非監護親に会うと情緒不安定になるとか，気分を悪くしてしまう等，面会交流することが子どもの福祉を害すると認められるような事情がある例外的な場合に限られています（大阪高決平21・1・16家月61巻11号70頁，東京高決平24・1・12家月64巻8号60頁，田中由子「子をめぐる家事事件の審理と運営について」家月62巻4号19頁等）。

　したがって，例外的な場合を除き，非監護親と子どもとの面会交流は原則として肯定され，これを拒否することは難しく，現在では，面会交流をめぐる審理・判断の中心は，面会交流を円滑に行うための具体的方法をどうするかに移行しているといえます。

　このように，離婚後の親子関係の断絶を回避することが子どもの利益であるとの理念を前提とする原則認容論は，面会交流の目的を「子の最善の利益」の現実化と捉える前記子どもの権利条約の理念とも合致した普遍的かつ現代的な解釈であるといえます（若林昌子「子の監護法制の動向と現代化への課題――面会交流の実務，国際間の子奪取ハーグ条約問題を中心に」法律論叢84巻2＝3合併号499頁，大阪高決平21・1・16別冊判タ29号142頁）。

【石黒　清子】

Q33 面会交流を求める方法

私には2人の子どもがいますが、妻と離婚した後、親権者として子どもを監護している妻に、子どもとの面会を求めても拒否され、困っています。家庭裁判所に申し立てるとよいともいわれましたが、どのような手続でなされるのでしょうか。家庭裁判所以外での手続はできるのでしょうか。

解説

I 面会交流の重要性

平成23年に改正された民法766条1項には、面会交流について「父又は母と子との面会及びその他の交流」と明文化されました。また、同項後段では、「子の利益を最も優先して考慮しなければならない。」と規定されました。これは、子の監護に関する事項については、離婚をする当事者間の利害の対立が大きいのみならず、離婚をめぐる夫婦間の協議における駆け引きの材料とされるおそれがあることから、家庭裁判所における調停又は審判の際のみならず、当事者間の協議の際にも子の利益を優先するという理念を明記したのです（細谷郁ほか「面会交流が争点となる調停事件の実情及び審理の在り方」家月64巻7号3～4頁）。

父母双方の影響を受けながら育つことが、子どもの成長に有益であり子の幸せにつながります。子どもにとっての面会交流は、①親から愛されていることの確認、②親離れの促進、③アイデンティティの確立、といった意義があるとの指摘があります。面会交流がある子どもは、別居親から愛されていると確信することで、自分自身を大切にして自信をもち、他人を尊重するようになります。また、別居親との交流により、両方の親の考えと気持ちを知

ることができ，同居親の意見や感情に巻き込まれることなく，両親から距離を置き，親離れができるのです。さらに，自分のルーツである父親と母親を深く知ることで，アイデンティティを確立することができます（小田切紀子「子どもから見た面会交流」自由と正義60巻12号29～30頁）。

面会交流を実施していない子どもは，実施している子どもと比べると自己肯定感が低い一方で親和不全が高く，面会交流を実施している子どもは，両親のそろっている子どもと比べると，自己肯定感及び親和不全について差がないとの調査結果があります（細谷ほか・前掲51頁）。

このように面会交流は子どもの成長にとって必要不可欠であることから，原則として面会交流は認められるものであり，面会交流を行うことで子の福祉を害すると判断される例外的な場合のみ否定されるべきです。

東京家庭裁判所でも，子の福祉の観点から面会交流を禁止・制限すべき事由が認められない限り，具体的な事案に即して面会交流の円滑な実施に向けて審理・調整を進めることを基本方針としているところです（細谷ほか・前掲75頁）。

面会交流を求める方法としては，①当事者間の話合い，②家庭裁判所での調停・審判の利用，③ADRの利用が考えられます。

II 当事者間での話合い

子どもの生活関係，人間関係や父母の置かれている状況については，当事者がもっとも理解しています。面会交流が子どもの人格形成のために必要不可欠であるとの観点から，第三者から強制されて面会交流の方法を決められてしまうよりは，両親が，相互に協力しあい，納得できる方法を協議によって定めることができれば理想的ですし，より実効性のある交流を行うことができます。平成23年に改正された民法766条１項には，「父母が協議上の離婚をするときは，子の監護をすべき者，父又は母と子との面会及びその他の交流，子の監護に要する費用の分担その他の子の監護について必要な事項は，その協議で定める。」と規定されています。そのため，まずは当事者間での話合いで面会交流の条件を決めることが望ましいところです。

しかし，現実には，離婚にいたるまでに醸成された父母相互の不信感や嫌

悪感等により，当事者だけの協議によって面会交流を定めることは容易ではありません。

Ⅲ 家庭裁判所の利用

(1) 「子の監護に関する処分」の一類型

当事者間での話合いがうまくいかない場合は，面会交流は，家事事件手続法別表第2の3項に定める「子の監護に関する処分」の一類型とされていますので，家庭裁判所に調停又は審判を申し立てることができます。

調停ではなく審判を申し立てても構いませんが，付調停とされることがあります（家手274条）。

父母が離婚をしておらず別居状態にある場合でも，別居親と子どもの面会交流についても，家庭裁判所は民法766条を類推適用し，家事事件手続法別表第2の3項に定める「子の監護に関する処分」事件として，調停や適当な処分を命ずることができるとされています（最決平12・5・1判時1715号17頁）。

(2) 申立ての手続について

(a) **申立権者** 申立権者は父又は母です（民766条）。祖父母については，面会交流を認めた審判例がある（東京高判昭52・12・9家月30巻8号42頁）ものの，面会交流の申立権はないとするのが多数説・実務の取扱いです（棚村政行「祖父母の面接交渉」判タ1100号193頁）。

(b) **管轄** 調停の場合は，相手方の住所地を管轄する家庭裁判所又は当事者が合意で定める家庭裁判所です（家手245条1項）。

審判の場合は，子の住所地を管轄する家庭裁判所（複数の子がある場合はその1人の子の住所地の家庭裁判所）（家手150条4号）か当事者が合意で定める家庭裁判所です（同法66条1項）。

ここで「住所地」とは，生活の本拠としている場所をいい，住民登録地に限られません。

(3) 家庭裁判所での審理

調停委員会は，第1回調停期日において，当事者双方に面会交流の目的・意義等を説明しつつ，意向を聴取することで，面会交流を禁止・制限すべき事由の有無を検討・判断します。面会交流を禁止・制限すべき事由が認めら

れない場合は，面会交流を円滑に実施していくための環境整備を進めることになります。

　他方で，面会交流を禁止・制限すべき事由が認められる場合には，当事者双方に主張を裏付ける資料の提出を求めたり，調査官による調査を行ったりして事実関係を確認します。その結果，面会交流を禁止・制限すべき事由がないと認められれば，面会交流を円滑に実施していくための環境整備を進めることになりますし，面会交流を禁止・制限すべき事由がある場合には直接の交流は認めないにしても間接交流の可否を検討していくことになります（細谷ほか・前掲75～76頁）。

　また，調停や審判の係属中に，子どもと非監護親との面会を試みる，試行的面会交流がなされることもあります。面会交流の実施や方法について不安があったり，実施条件に争いがあったりする場合や，今後の見通しを検討するために行われていましたが，最近では，当事者に新たな協力関係を構築させることや非監護親の現実認識を促すためにも行われています（棚村政行「面会交流の実情と当事者支援のニーズ」棚村政行編著『面会交流と養育費の実務と展望』17～18頁）。

　なお，子どもが15歳以上の場合は必ず子どもの意見が聴取されます（家手152条2項）。

(4) 効　果

　調停が成立すれば，その旨調停調書に記載されます。調停条項にどの程度具体的に条件を記載するかについては，事案に応じて検討する必要があります。子どもが小さく予定変更は見込まれない場合は，面会交流の日時，場所，時間など具体的に記載しておく方がトラブル防止につながりますが，子どもが大きく，子どもの都合での日程変更が見込まれる場合には，柔軟に対応できるような条項にする方が当事者にとって便宜です（細谷ほか・前掲86頁）。

　面会交流の申立ては，「別表第2に掲げる事項についての調停事件」に該当しますので，調停が不成立の場合は，調停申立てのときに審判の申立てがあったものとみなされ（家手272条4項），審判に移行します。

　審判の申立ては，審判があるまで，その全部又は一部を取り下げることができます（家手82条1項）。取り下げる場合は，相手方の同意が必要です（同

条2項)。

Ⅳ FPICでのADRの利用

(1) FPICとは

家庭問題情報センター（Family Problems Information Center：FPIC）は，家庭紛争の調整や非行少年の指導に長年携わってきた元家庭裁判所調査官たちが，その豊富な経験と人間関係の専門知識，技法を広く活用し，健全な家庭生活の実現に貢献することを目的として設立された公益法人です（FPICのホームページ http://www1.odn.ne.jp/fpic/ 参照）。

FPICでは，家庭内の問題や人間関係についての相談や，面会交流の援助，養育費に関する相談，後見人や後見監督人の就任，講師・相談員の推薦などの他，東京・大阪及び名古屋のFPICでは離婚協議等のADRを行っています。FPICは法務省からADR業務の認証を受けた団体です。

(2) ADRとは

民間紛争解決手続（ADR）とは，民間事業者が，紛争の当事者が和解をすることができる民事上の紛争について，紛争の当事者双方からの依頼を受け，当該紛争の当事者との間の契約に基づき，和解の仲介を行う裁判外紛争解決手続のことをいいます（裁判外紛争解決手続の利用の促進に関する法律2条1号）。

民間事業者が法務省の認証を受けた場合，その業務には，①時効の中断（同法25条），②訴訟手続の中止（同法26条），③調停の前置に関する特則（同法27条）といった法的効果が生じます。

調停の前置に関する特則とは，例えば，認証を受けた団体で離婚のADRを行った場合，ADRでの和解が成立しなかった場合には，家庭裁判所の調停を経なくとも離婚訴訟を提起することができます。

(3) FPICでのADR

(a) 取り扱う紛争の種類　東京・大阪・名古屋のFPICで婚姻関係の維持又は解消及び婚姻解消後の子の監護に関する紛争のADRを行っています。

(b) 調停人　家庭裁判所調査官又は家事調停委員として5年以上の勤務実績をもつ者若しくは法曹資格をもつ者が担当します。

(c) 手数料，費用等　　申込時に手数料として，当事者双方が各3000円を納付します。調停の実施費用として，期日ごとに1回につき当事者双方に各1万円が発生します。合意ができた場合に調停合意書が，調停が不成立の場合は調停不成立証明書が作成されますが，文書料は1通5000円です。

(d) 実　績　　平成24年度（平成24年4月1日から平成25年3月31日まで）に終了した件数は18件で，いずれも当事者には代理人が付いていませんでした。

18件のうち，成立は13件，成立見込みなしが2件，一方が離脱したものが1件，応諾しなかったものが2件でした。

担当調停人は，5回以内の調停期日又は3か月以内の期間での合意が調うように努めていますが，多くの場合，期間は3か月以内，回数は2～3回で終了しています。

(e) 特　徴　　裁判所の調停は，当事者が別席で行われますが，FPICでは，当事者が同席して行われます。対面すると相手のことや自分が置かれている状況を捉え直し，現実認識ができるようになります。そうすると，相手を非難することに終始せず，感情レベルでの交流が深まり，調停がスムーズに進むようになると報告されています（武政司郎「FPICのファミリー相談室におけるADR調停の実際——家庭裁判所の家事調停の進め方とどう違うのか」http://fpic-fpic.jp/doc/familio/familio055_a.pdf）。

【小池　知子】

Q34 家庭裁判所における面会交流許否の判断

家庭裁判所における面会交流許否の判断はどのようになされるのでしょうか。
あわせて，面会交流を支援する機関を教えてください。

解説

I 家庭裁判所における面会交流許否の判断

(1) 過去の審判例

面会交流を制限した過去の審判例には，次のようなものがあります。

① 再婚家庭にとけ込み，平和な生活を送っている7歳の子どもを後妻との葛藤の渦中に巻き込む可能性がある場合（東京高決昭40・12・8家月18巻7号31頁）

② 再婚して後妻と養子縁組をしている9歳5か月の子どもに精神的な動揺を与える場合（大阪家審昭43・5・28家月20巻10号68頁）

③ 養父母を実の父母として平和な家庭生活を送る5歳の子どもの純粋な童心を傷つけ，家庭生活に波乱を起こす危険性が高い場合（大分家中津支審昭51・7・22家月29巻2号108頁）

④ 父母の感情的対立が激しく，子の情緒の安定に影響が出る場合（大阪高決昭55・9・10家月33巻6号21頁）

⑤ 情緒不安定，学習意欲の減退，拒否反応，不安感等，子どもの情操を損ねる事情がある場合（浦和家審昭56・9・16家月34巻9号81頁）

⑥ 面会交流の動機が金銭の要求や相手方への未練など不当な目的による場合（浦和家審昭57・4・2判タ476号181頁）

⑦ 当事者間に面会交流を円滑に機能させるための協力体制がなく，子どもの健全な育成の妨げになる場合（東京高決昭60・6・27判タ601号60頁）
⑧ 両親の間に離婚訴訟が係属するなど，不和，反目が存する状態の中で，監護親の意思に反して面会交流を認めることは年少の子どもの精神的発育にとって好ましくない場合（東京高決昭60・12・19判タ600号107頁）
⑨ 離婚訴訟係属中で，監護親が強硬に反対しているのに，その協力が得られないまま面会交流させることは，3歳9か月の子どもの精神安定に多大の影響を及ぼすような場合（東京高決平2・2・19家月42巻8号57頁）
⑩ 暴力や虐待などで子どもが嫌悪感を抱き，強く面会交流を拒否している場合（東京家審平7・10・9家月48巻3号69頁）
⑪ 幼少の3歳の子どもが母親から離れて時間を過ごすことで情緒不安定な兆候を示した場合（岐阜家大垣支審平8・3・18家月48巻9号57頁）

(2) 判断基準

前記のとおり，家庭裁判所が，面会交流について相当な処分を命じることができるとされる法的根拠は民法766条であり，平成24年施行の民法改正の際，同条1項に，子の監護について必要な事項を定める場合には，「子の利益を最も優先して考慮しなければならない」と明記されるいたったことからも明らかなように，面会交流許否の判断基準は，「子の利益」，「子の福祉」であることに争いはありません。

そして，最近では，面会交流を可能な限り認めることが，子どもの精神的な成長発達にとって望ましいという理解が定着し，面会交流は，子どもの健全育成に不可欠なものであり，離婚後の親子関係の断絶を回避することこそ子どもの利益であるとの理念を前提に，原則として面会交流を肯定するという傾向が顕著になってきています。それゆえ，具体的には，子どもの年齢・心理状態，非監護親との面会交流に対する子どもの意向，子どもの監護状況，非監護親の子どもに対する態度や愛情，監護親及び非監護親の意向や負担・姿勢等を総合的に考慮した上で，面会交流が子どもの福祉を害すると判断されない限り原則として認め，問題がある場合でも，禁止ではなく，手紙の交換等間接的なものを含め，面会交流の方法を工夫することにより，いずれは，直接の面会交流ができるよう，極力その実現に向けた判断がなされる

ようになったというのが現在の実情です。

　しかし，これだけでは，当事者間で合意ができず，面会交流の取決めを家庭裁判所の判断に委ねることになった場合，判断をする裁判官の裁量の幅が広く，その個人的価値観や親子観に左右されるおそれが大きいといわざるを得ません。そこで，面会交流を制限ないしは禁止すべき事由にあたる「面会交流が子どもの福祉を害する場合」とはいかなる場合かが問題となります。

(3) 「面会交流が子どもの福祉を害する場合」にあたるか否かが問題とされる具体例

　(a)　子どもに対する虐待等，子どもが危害を加えられる危険性がある場合
　子どもに対する虐待等，面会交流により，直接，子どもが危害を加えられるおそれがある場合，その危険性がなくなるまでは，面会交流を制限すべきであるということに異論はないと思われます（浦和家審平8・5・16家月48巻10号162頁）。

　また，その危険性がなくなったとしても，過去に，虐待等，非監護親による行為によって危害を加えられたことで，子どもが，非監護親に畏怖感，嫌悪感を抱き，あるいは，情緒不安定になってしまうような場合（東京家審平7・10・9家月48巻3号69頁等）には，慎重な対応が必要です。第三者機関を関与させたり，手紙の交換等間接的な方法を用いるなどして面会交流の方法を工夫することが必要でしょう。

　(b)　子どもを連れ去る危険性が極めて高い場合　　面会交流は，非監護親が監護親から子どもを奪取する手段として利用されることも少なくありません。離婚により，あるいは，離婚前でも調停や審判等で，監護親が父母の一方に定められている場合は，項を改めて説明するとおり，子どもを奪取した非監護親に対し，監護親が子どもの引渡しを求める強制執行も可能ですが，かかる手続を行うこと自体，負担が大きいだけでなく，監護親が定められていない場合には，まず監護親を定めるところから始めなければならず，容易ではありません。

　それゆえ，面会交流は，子どもの健全育成に不可欠なものであり，離婚後の親子関係の断絶を回避することこそ子どもの利益であるという原則認容論の考え方からすれば，単に子どもを連れ去る危険性があるというだけで面会

交流を一切認めないというのは問題ですが，かかる危険性が極めて高い場合には，面会交流の制限もやむを得ないといえるでしょう。

(c) 金品の要求や相手方への未練など不当な目的による場合　面会交流の動機が，非監護親に対する金品の要求や未練等，不当な目的にある場合には，子どもの福祉に適うものでないことは明白であり，監護親に直接悪影響を与えるおそれがあることから，面会交流が制限されるのも当然といえるでしょう。

(d) 父母の感情的対立が激しく，相互の信頼関係が全くない場合　子ども，特に幼少の子どもの面会交流を現実に実施するには，日時の調整や子どもの引渡し等のために，監護親であると非監護親であるとを問わず，双方の協力が不可欠です。それゆえ，父母の感情的対立が激しく，相互の信頼関係が全く存在しない場合には，面会交流の実現は極めて困難にならざるを得ません。

しかし，このような場合でも，予め面会交流の日時や子どもの引渡方法を具体的に定めておくとか，第三者を関与させることにより，あるいは，間接的な方法を採用することにより，問題を回避することも可能であることから，面会交流原則認容論の立場からすれば，安易に面会交流を制限すべきではないでしょう（名古屋家審平2・5・31家月42巻12号51頁，京都家審昭57・4・22家月35巻9号105頁等）。

父母の対立が激しく，非監護親が，面会交流の際，子どもに相手の悪口を吹き込むような場合には，子の精神面に悪影響を与える可能性が高いため，制限もやむを得ないといえます（石川稔「離婚による非監護親の面接交渉権」家族法の理論と実務・別冊判タ8号288頁，谷川克＝篠田悦和「子の親権・監護をめぐる紛争処理の実情と課題」家族〈社会と法〉2号100頁）が，第三者を立ち会わせる等の方法を工夫することでかかる言動を封じ，面会交流を実現させる努力が必要でしょう。

(e) 子どもが面会交流を拒絶している場合　子どもと非監護親との面会交流が，真に子どもの負担になっているような事情がある場合，その子どもの意思に反して無理に非監護親と面会交流させることは，「子どもの利益」ないしは「子どもの福祉」に反するといわざるを得ません。それゆえ，子ど

もが父母に対してどのような思いを抱いているのか，非監護親との面会交流をどう考えているのか等は，面会交流の要否を判断するにあたって大変重要な要素となります。

　もっとも，子ども自身が面会交流を拒んでいる場合であっても，監護親による誘導によってもたらされたものであったり，単に監護親に迎合しているだけであったり（京都家庭裁判所「子を巡る事件における調査の在り方」家月49巻8号148頁），誤解や監護親に対する忠誠心の葛藤から，非監護親との面会をためらっているにすぎないということも少なくありません。それゆえ，正しい情報が子どもに与えられた上で，子ども自身が自分の置かれている状況を正確に理解し，どう対応すべきかについて判断できるだけの能力が備わっている場合には問題ありませんが，そうでない限り，子どもの真意の把握は慎重になされなければなりません（野田愛子『家族法実務研究』233頁）。子どもが，非監護親には会いたくないと監護親に訴えているとしても，それを鵜呑みにしてしまうことは危険であり，子どもの本当の気持ちを把握することが何よりも大切です。家事事件手続法65条も，「未成年者である子（略）がその結果により影響を受ける家事審判の手続においては，子の陳述の聴取，家庭裁判所調査官による調査その他の適切な方法により，子の意思を把握するように努め，審判をするに当たり，子の年齢及び発達の程度に応じて，その意思を考慮しなければならない」と定めており，面会交流は，まさにこれが妥する事件であるといえますが，さらに，同法152条2項は，「家庭裁判所は，子の監護に関する処分の審判（子の監護に要する費用の分担に関する処分の審判を除く。）をする場合には，（略）子（十五歳以上のものに限る。）の陳述を聴かなければならない。」として15歳以上の子どもの意見は必ず聴取するよう求めています。

　それゆえ，前記のとおり，面会交流事件の調停や審判では，通常，家庭裁判所調査官が，調停期日や審判期日に立ち会うなどして，紛争の背景や争点等を理解した上で，子どもの年齢や発達の程度に応じた適切な方法により，子どもの意向調査を行っています（家庭裁判所調査官研修所編『親権（監護権）の帰すうが問題となった事件における子の福祉について』85〜102頁等）。この場合，年少児については監護状態を観察した調査官調査によるしかありませんが，自

己の意思を明確にもつようになったとはいえ，未だ監護親に精神的に依存している度合いの強い年中児についてはその意思解釈が問題となり，明確に自己の意思をもち，表明できるようになった年長者については，真意の確認が中心となると思われます（若林昌子「家事事件における子の意思」石川稔ほか編『家族法改正への課題』305頁）。その結果，子どもと非監護親との面会交流が，真に子どもの負担になっているような事情があると認められた場合には，例外的に面会交流が否定されることもあります。

　しかし，原則認容論の立場からすれば，そのような場合であっても，子どもの感じる負担を徐々に取り除き，非監護親との信頼関係を回復することこそが，子どもの健全な成長にとって必要であることから，まずは間接交流（手紙のやりとり等）からはじめ，非監護親の気持ちや愛情を子どもに伝え，様子をみながら，直接の面会交流につなげていく等，将来も見込んだ具体的な面会交流方法の検討が必要です。

　そして，監護親においても，面会交流の意味を理解し，子どもの健全な育成のために不可欠なものであるとの認識をもって，子どもが安心して非監護親との面会交流に臨めるような環境を作っていくことが望まれます。家庭裁判所は，監護親が，非監護親との面会交流を子どもが拒んでいることを理由に拒否しても，子どもの真意を確認した上で，非監護親との面会交流を認め，監護親に，子どもと非監護親を面会させるよう命じることもあります（東京高決平24・1・12家月64巻8号60頁）が，このような場合，監護親としては，かかる家庭裁判所の判断を尊重し，親権者として子どもに働きかけて，非監護親に対する拒否的感情を和らげ，円滑に面会交流が実現できるようにすることをも，監護親に対し，命じているものと解されます（甲府家審平23・10・19家月64巻8号67頁）。

　（f）養育費不払いの場合　扶養能力がありながら，正当な理由もなく養育費を支払わない非監護親は，原則として面会交流できないとする考え方もあります（北野俊光「面接交渉権」村重慶一編『裁判実務大系(25)』198頁。京都家審平2・5・31家月42巻12号51頁も同旨と思われます）。

　しかし，養育費の支払は，非監護親にとって，扶養義務を経済的に果たすものであるのに対し，面会交流は，非監護親との精神的な交流により，子ど

もの健全育成を促すものであり，両者は質的に異なっています。それゆえ，養育費の支払と面会交流は，条件関係あるいは同時履行の関係に立っているわけではなく，養育費の未払いが直ちに面会交流制限の理由になるということはできないと考えられます。

　もっとも，非監護親は，子どもと面会することで，改めて子どもへの愛情を確認し，これを維持することができるという点は否定できないため，面会交流の実現が養育費を支払う意欲と無関係ということはできません。他方，非監護親が，子どもの生活の経済的基盤を支える養育費すら支払わないというような場合には，そもそも，そのような非監護親との面会交流が，子どもにとって利益といえるのか疑問もあるため，慎重に判断する必要があります。

　他方，監護親が，非監護親と子どもとの面会交流を妨害する場合には，非監護親は，養育費を支払うことを拒否できる（萩原昌三郎「面接交渉，監護親の報告義務についての二，三の疑問と私見」判タ934号6頁）としてしまうと，面会交流と養育費の支払が当事者間の取引材料とされてしまう可能性が大であり，注意が必要です。

　面会交流も養育費の支払も，子どもの成長のために必要不可欠なものとして，子どもの権利利益を擁護する観点から，実現していく努力が求められます（平成23年4月26日衆議院法務委員会，平成23年5月26日参議院法務委員会）。

　(g)　婚姻中にDVがあった場合　　項を改めて詳しく説明しますが，婚姻中に非監護親が監護親に暴力を振るっていた場合には，監護親が畏怖してしまい，面会交流に非協力的になってしまう傾向があります。

　もっとも，非監護親と監護親との間に感情的な対立があったとしても，直接子の福祉に悪影響を及ぼさないのであれば，両者の葛藤を取り除く方法を検討して，面会交流を実現させることも考えていくべきでしょう。例えば，暴力を振るっていた非監護親に，DVに関するカウンセリングを受けてもらうなど，非監護親の認識を改めていくことが大切です。また，後述するように，第三者立会いのもとでの面会交流も考えられます。全国各地の面会交流を支援する機関の利用を検討してみてはいかがでしょうか。

　(h)　その他　　非監護親が同性愛者であるとか，精神障害者であるという

だけで，子どもに悪影響を与えるとして，面会交流を制限することは不当です。

また，非監護親との面会交流が，再婚した監護親と再婚相手のもとで平和な生活を送っている子どもの情緒を不安定にさせるおそれがあるというだけで，安易に面会交流を制限することも問題です。

(4) 面会交流の具体的方法の定め方

以上のような理由から，子どもの年齢，発達の程度，監護親と非監護親との関係，子どもの意向等に応じて，具体的な面会交流の方法は，実に多種多様です。

回数的には，監護親や子どもの負担を考慮し，月1回といったような定め方が一般的ですが，監護親と非監護親の居所が離れている場合，監護親と非監護親の感情的対立が激しくコミュニケーションをとることが困難である場合，子ども自身が面会交流に消極的な場合には，年に1〜2回といった定め方をする場合もあります。

面会交流の方法としては，非監護親宅や取り決めた場所への訪問，旅行，学校行事への参加といった直接的なものの他，電話，手紙の交換，プレゼント・写真・ビデオ・通知票の送付といった間接的なものまで，種々あります。また，親族や弁護士，民間の専門機関等の当事者が信頼できる第三者を介して日時や子どもの引渡し方法の調整等，面会交流実施のための具体的交渉をしたり，それらの者を面会の場に立ち会わせることも少なくありません。

面会交流が子どもの健全な育成のために不可欠なものであるとする原則認容論の立場からすれば，直接的面会交流が困難で制限がやむを得ない事案であっても，間接的な方法や第三者を関与させることにより，これを回避できる場合もあるため，かかる方法を，将来，直接的面会交流を実現させるにいたるまでの第1段階として位置づけることも有効です。

いずれにしても，面会交流の時期や回数，場所，方法については，子どもの年齢，健康状態，生活状況等を考慮して無理のないように定めることが，面会交流実現の鍵となります。

(5) 両親が守るべきルールの設定

面会交流に際して，親同士が相互に守らなければならないルールについて

もしっかりと決めておくことが大切です。

例えば，監護親が非監護親に対して守るべきルールとして考えられるのは，子どもに非監護親の悪口を言うなどして，面会交流を妨げるようなことをしない，約束の日に面会交流が実施できなかった場合には代替日を設定し，面会交流の実現を妨げないようにする，といったことなどがあります。

他方で，非監護親が守るべきルールとしては，面会交流の終了時間が来たら子どもを監護親に引き渡すようにし，子どもを帰さないことのないようにする，監護親の監護を尊重すること，といったことなどがあります。

II 面会交流を支援する団体

(1) 面会交流支援団体の必要性

面会交流は別居や離婚をした後に行われるため，父母が対立していることも多く，日程の調整や実施が困難となる場合があります。もっとも，父母ともに面会交流を行うこと自体には合意をしているのであれば，第三者の援助を受けながら面会交流を実現させることは，子の福祉にとって重要なことです。

以下，面会交流の支援団体を紹介します（利用される場合には，利用者自身の責任においてご判断下さい）。

(2) 家庭問題情報センター（FPIC）

(a) 家庭問題情報センターとは　家庭問題情報センター（Family Problems Information Center：FPIC）は，元家庭裁判所調査官を中心に，健全な家庭生活の実現に貢献することを目的として設立された公益社団法人です。面会交流の援助事業のほか，子育て・高齢者・夫婦関係等家族や職場の人間関係に関する相談事業や，成年後見人に関する相談や候補者の推薦，夫婦・親子関係に関する各種セミナーの開催等幅広い業務を行っています。

全国各地に相談室を設置しており，面会交流援助事業は東京のほか，大阪・名古屋・福岡・千葉・宇都宮・広島・松江・横浜・新潟の各相談室で実施しています。

(b) 面会交流事業について　FPICでの面会交流支援援助を利用するには，事前に，相手方との話合いあるいは家庭裁判所での調停・審判等で，面

会交流の頻度などのルールを決めておくことが必要です。

　支援内容は，FPICでの事前相談，付添い援助，受渡援助，連絡調整，短期援助があり，いずれも有償です。

　事前相談は，当事者間で面会交流のルールを決める前に行っています。父母や子どもが安心して面会交流ができるように援助の内容を説明するもので，費用は，60分5000円，90分7000円（税金含む）となっています。

　付添い援助は，面会交流の場に援助者が付き添うもので，費用は1回1万5000円から2万5000円（税金含む）です。

　受渡援助は，面会交流場面には立ち会わないものの，父母が顔を会わせられない場合に受渡しを援助するもので，費用は1回1万円から1万5000円（税金含む）です。

　連絡調整は，父母が連絡を取り合うことが困難な場合に，代わりに連絡を取り，面会の日程等を調整するもので，1回3000円（税金含む）です。

　短期援助は，裁判所内で施行的面会交流ができない場合の例外的な援助で，原則2回までとなっています。

　援助対象は小学生，継続的援助の期間は1年となっており，更新することもできます。更新後の付添い型援助の対象は小学校3年生までです。両親だけで自主的に面会交流が可能になれば援助は終了します。

(3) FLC安心とつながりのコミュニティづくりネットワーク

　(a)　FLCとは　　FLC（NPO法人FLC安心とつながりのコミュニティづくりネットワーク）は，大学教授など心理や社会教育に携わる人たちを中心に，暴力や虐待に苦しむ人々を支援し，だれもが安心して暮らせるコミュニティをつくることを目的として，大阪市に設立された特定非営利法人です。面会交流の援助事業のほか，虐待・暴力に対する予防啓発活動，虐待・暴力の早期発見と介入活動，被害者・家族への心理的ケア，加害者対策，自助グループの支援などのコミュニティ作り，多世代交流の促進などの社会教育事業などを行っています。

　(b)　面会交流事業について　　FLCでは，年間約100件の面会交流援助を行っています。父母双方が面会交流を行うことを合意し，サポートを必要としていることが援助の条件です。

事前のカウンセリングを経た上で，面会の日時・場所等についてスタッフから提案があり，面会当日には子どもの送迎を行います。弁護士事務所内での面会を実施する場合にはスタッフの同席が可能です。

援助は有償で，事前カウンセリングが1万1000円，登録料が子ども2名まで1万円，送迎サービス料金は1回5000円プラス交通費となっています(http://www.vi-p.org/ 参照)。

父母が自分たちで連絡調整・実施が可能になれば援助は終了します。

(4) その他の民間支援団体

全国各地に民間の支援団体がつくられておりホームページなどにも紹介されています。利用を検討する際には事前に，面会交流についての方針，実施方法，スタッフを充分に確認してください。

(5) 自治体の支援

(a) 厚生労働省による支援　　平成24年4月1日施行の改正民法では，協議離婚で定めるべき子の監護について必要な事項として，親子の面会交流が明示されました。そこで，厚生労働省は，継続的な面会交流の支援として，都道府県・市・福祉事務所設置町村の母子家庭等就業・自立支援事業において，面会交流の支援を行う活動費の補助を行っています。

平成24年5月7日から東京都が，平成25年7月1日から千葉県が面会交流支援事業を行っています。

(b) 東京都の支援事業　　東京都の支援事業は，東京都ひとり親家庭支援センター「はあと」で行っています。支援内容は，父母双方と面会を行い，面会交流についての考え方や条件を調整し，実施場所や日時を決め，スタッフが面会交流に立ち会います。中学生までの子どもが対象で，費用は無料ですが，父母双方が面会交流を行うことに合意していること，父母双方が児童扶養手当受給相当の年収であることが利用要件となっています。

(c) 千葉県の支援事業　　千葉県の支援事業は，千葉県母子家庭等就業・自立支援センターで行っています。支援内容は，東京都の支援事業同様，父母双方と面会を行い，面会交流についての考え方や条件を調整し，実施場所や日時を決めます。付添い型と受渡し型のいずれにも対応しています。実施場所は，千葉市中央区にある家庭問題情報センター千葉ファミリー相談室内

かその周辺になります。14歳以下の子どもが対象で，費用は無料ですが，父母双方が面会交流を行うことに合意していること，父母双方が児童扶養手当受給相当の年収であることが利用要件となっているのは東京都の支援事業と同じです。

【石黒　清子＝小池　知子】

Q35 面会交流時に代理人として配慮すべき事項

面会交流を困難にする要因としてはどのようなものがあるでしょうか。
こうした要因があるケースで当事者代理人弁護士としては，どのような点に留意すべきでしょうか。

解 説

面会交流を困難にする要因としては次のようなものがあります。
① 子どもに対する虐待等
② 監護親に対する暴力等
③ 監護親の拒否
④ 子どもの拒否
⑤ 連れ去りの危険

こうした事情がある場合，当事者代理人としては，依頼者のその時点の意思や利益のみならず，子どもの心身の安全や当事者の長期的な利益も視野に入れ，何が（元）家族の関係性にプラスに寄与するかを，当事者とよく協議・検討する必要があるでしょう。

I 子どもに対する虐待等がある場合

同居中に子どもに対する虐待があり，面会交流時に子どもが虐待の被害にあうことが予想される場合には，面会交流の実施については慎重に判断する必要があります。

虐待には，身体的な暴力のみならず，心理的な暴力，ネグレクト，性的虐待などがあります。

子どもが同居する家庭における配偶者に対する暴力（身体に対する不法な攻

撃であって生命又は身体に危害を及ぼすもの及びこれに準ずる心身に有害な影響を及ぼす言動をいいます）も，子ども自身に対する著しい暴言又は著しく拒絶的な対応同様，子どもに対する心理的虐待に該当します。

　しかし，虐待にもさまざまな態様・程度があるため，その程度が比較的軽微で，子ども自身が非監護親に対し不安や恐怖を抱いていないのであれば，非監護親との関係を維持あるいは修復するために，第三者機関を利用したり，必ず立合いを付すなど，子どもの安全に十分配慮しつつ，面会交流を実施することも考えられないわけではありません。

　この点，非監護親の代理人も，面会等の機会に子どもの生命身体の安全に不測の事態が生じれば，以後の面会が困難になる等，依頼者自身にもマイナスとなることも念頭に置き，依頼者の長期的利益の観点から，子どもの安全には最大限の注意を払うべきでしょう。

　なお，虐待のうち，性的虐待は，子ども自身が幼少であれば被害にあっていることを理解できない，年長であれば羞恥心や恐怖心等のため打ち明けないといった事情から，なかなか被害が判明しにくいという特徴があります。

　子どもが意を決して打ち明けてきた場合には，既に面会交流を実施しているのであれば，まずは子どもの安全を確保するため，実施の停止を検討せざるを得ないでしょう。

　その上で，監護親側であれば被害を証明する客観的な証拠の保全を検討する必要があります。

　また，性的被害の子どもからの聞取りについては，なんども不要な聴き取りをすることで子どもに過大な負担を与えたり，記憶が汚染されたりすることを防止するため，当事者代理人弁護士としては，安易に聴き取りを行おうとするのではなく，子どもを，児童相談所や司法面接を行っている機関につなぐといった特段の配慮が必要になります。

Ⅱ　監護親に対する暴力等

　監護親に対する暴力があり面会の実施が監護親の心身の安全を脅かすような場合には，面会の実施も慎重に検討する必要があります。

　特に子どもが幼少の場合，監護親に，非監護親のDVによるPTSD発症

などがあると子どもの養育にも支障が出ることが考えられます。

　子どもに対する暴力等はないのであれば，第三者機関の利用などにより，監護親と非監護親の接触を回避する，面会実施後の追尾や住所探索を禁じる，など安全策をとった上で，子どもとの面会を実施するということはあり得ます。

　しかし，深刻なDVがあるような困難事案をコントロールできるか否かは第三者機関の実力や経験値にもよりますし，地方などでは，そもそも面会交流支援機関が存在しない地域も多く，実施可能か否かについては，実情に応じた見極めが必要です。

Ⅲ　子どもの拒否

(1)　年齢あるいは発達程度の高い子どもの場合

　ある程度年齢あるいは発達程度の高い子どもが，従前の非監護親との面会実績あるいは同居中の関わりを前提に，非監護親との面会交流継続を拒絶する場合，その拒絶の理由や背景を踏まえてではありますが，子どもの意思に違う面会交流を実施することは，事実上，困難と思われます。

　また，長期間面会実績がなく，子どもが非監護親との面会を拒絶する場合には，まずは一度面会してみることが望ましいとはいえるものの，実施するのが困難な場合も多く見受けられます。

　これらのケースのなかには，親子関係修復の可能性があるのであれば，第三者が両者の間に入り，丁寧に親子関係を調整し，修復していくほうが，子どもの長期的・客観的利益の観点からは望ましいケースもあるでしょう。もっとも，子どもの現在の気持ちを無視することは，子どもの大人に対する不信感を増幅し，子ども自身の自己肯定感を損なうことにもつながりかねません。

　このように，子どもの現在の気持ちを大事に扱いつつ，親との関係をも丁寧に調整することが必要なケースの親の代理人としては，子ども手続代理人の活用も検討してみる価値があるでしょう。

　他方，面会を拒否する理由が，親の子どもに対する虐待やコミュニケーションスキルに問題があったり，あるいは，同居中，親が全く子どもに無関

心であったというような場合には，親の姿勢や考え方に可変性がなければ，関係修復は難しいと思われます。

(2) **年齢あるいは発達程度の低い子どもの場合**

　幼少の子どもなどの場合には，監護親との関係から，拒否を表明していることもあり，真意を把握するためには，従前や現在の生活状況，周辺への調査などから，子どもの文脈に照らして，子どもの表明した言葉を解釈する必要があります。

　その上で，子ども自身の表明した意向に反する形で面会を実施する場合には，監護親の協力や，それが得られない場合には，子どもが信頼を寄せる親族や関係者のフォローが必要となるかもしれません。

　なお，幼少の子どもの場合，それまで子どもと関わってこなかった非監護親や，別居から面接実施まで相当期間が経過し同居時の子どもの成長を見ていない非監護親は，当初，子どもとの関係のとり方に戸惑いを覚えるかもしれません。

　このような場合，非監護親の代理人の側で，非監護親と子どもとの長期的なよい関係を築くために，費用はかかりますが，第三者機関の支援を入れることを検討してもよいでしょう。

Ⅳ　連れ去りの危険がある場合

　別居中共同親権下で連れ去りの危険がある場合，面会を実施するか否かについては，現状維持という家庭裁判所の判断の傾向を前提とすると，監護親の代理人としては，非常に判断に迷うところかと思います。

　監護している現状を審判前の保全処分（監護者指定）などで暫定的にも法的に確定できるのであれば，万が一にも連れ去られた場合，それを違法な行為として，直ちに回復を求めることができますが，家裁の実務としては，連れ去りがいまだない段階でなかなか監護者指定を認めないという現状があります（連れ去りがない段階で，監護者指定の保全処分を認めた例として東京家決平25・3・14公刊物未登載）。

　他方，非監護親の代理人としては，非監護親が監護親の監護下にある子どもを連れ去った場合，たとえ非監護親が共同親権者であったとしても，未成

年者略取罪に該当し，違法性阻却されない（最二小決平17・12・6 家月58巻4号59頁）との判断があることに留意し，依頼人が違法行為に及ばないよう指導すべきです。

　第三者機関利用，裁判所の試行面接，第三者立会いなどにより，連れ去りの現実的な危険を極力排除するための方策を，双方代理人が協力して，回避しつつ，面会交流を実現する必要があります。

Ⅴ　監護親，非監護親のコミュニケーションがとれないケース

　協議離婚後，父母それぞれが再婚したのちでも，当該子どもの関係では，元夫婦が協力して当該子どもの問題解決にあたるというケースを目の当たりにしたことがありますので，離婚した夫婦が一様に当該子どもの問題につき，コミュニケーションがとれないというわけではないと思われます。

　しかし，離婚時から，弁護士の下に来るような高葛藤ケースでは，身体的暴力こそなくても心理的影響により，父母間に，相互的なコミュニケーションが困難になっているケースも多々あります。

　別席が一般的な現行家庭裁判所の調停の下，面会交流調停が仮に成立したとしても，その後の面会交流につき，実際に日時の調整や，子どものスケジュールや体調を踏まえた延期の交渉等が，当事者間では困難な場合があり得ます。

　このようなケースでは，代理人としては，十分に事案を見極め，第三者機関を介在させる調停を成立させる，あるいは子ども自身がある程度年長の場合には，子どもの利害関係参加による子ども手続代理人選任を検討し，成立後の面会交流実現にも関与してもらうなどの手立てを検討する必要があると思われます。

【佐野　みゆき】

Q36 面会交流の強制的実現

調停や審判において面会交流の取決めがなされたにもかかわらず，監護親がそれを履行しない場合，強制的に面会交流を実現させる方法はあるのでしょうか。

解説

I 面会交流実現の方法

面会交流が認められたにもかかわらず，監護親が履行しない場合，これを実現するための方法としては，次のような手続が考えられます。

(1) **履行の勧告**

調停や審判で決められた面会交流を監護親が履行しない場合には，非監護親は，家庭裁判所に対し，履行勧告の申出をすることができます（家手289条）。この申出があると，家庭裁判所は，審判で定められた義務の履行状況を調査し，履行がなされていないことが明らかになったときには，面会交流をさせる義務を負担している監護親に，決められたことは守るよう，説得や勧告を行います。この手続に費用はかかりませんが，義務者が勧告に応じないからといって面会交流を強制することまではできません。

面会交流は，親子の継続的な人間関係，精神的交流の問題であり，そもそも強制的な紛争解決になじむものではないことを考えると，監護親が自主的な履行を求めて，まず最初に検討されるべき方法であるといえます（篠田悦和「面接交渉の時期・方法・履行確保」判タ747号336頁）。

(2) **強制執行**

面会交流は，親子の継続的な人間関係，精神的交流の問題であり，そもそ

も強制的な紛争解決になじむものではなく，面会交流を強制的に実現しても，子どもの利益になることはあり得ないとして，面会交流の任意性ないし自然債務又は責任なき債務という性質上，代替執行はもちろん，間接強制もできないとして強制執行自体を否定する説も有力です。

しかし，子どもの引渡請求の場合には，直接強制又は間接強制による強制執行が認められていること（**Q27**参照），また，法律の規定に基づき，調停や審判で面会交流が認められたにもかかわらず，それを強制的に実現させる方法がないとすれば，司法に対する信頼を失いかねません（水野紀子「判例批評」民商法雑誌113巻2号284頁）。

(3) 間接執行

裁判例では，面会交流を強制的に実現するため，間接強制（民執172条）を認めています（大阪高決平14・1・15家月56巻2号142頁）。間接強制とは，一定の期間内に決められた債務を履行しない義務者に対し，金銭の支払を命じることにより心理的圧迫を加え，自発的な履行を促そうとする強制執行方法です。面会交流は，義務者である監護親自身が履行しなければならない不代替的作為義務であると同時に，継続的に実施すべきものなので，代替執行や直接強制にはなじまないから間接執行が適当とされています。

もっとも，間接強制が認められるためには，一定の給付をなすことを約束した調停条項，あるいは，一定の給付義務の履行を命じた審判書が存在し，かつ，その中で，給付義務の内容が明確に特定されていなければなりません。そのため，監護親に，非監護親と子どもとの面会交流を許さなければならないとした調停調書や審判書に，面会交流の日時又は頻度，各回の面会交流時間の長さ，子の引渡方法等が具体的に定められているなど，監護親がすべき給付の特定に欠けるところがない場合に限り，面会交流の間接強制が認められることになります（平成25年3月28日に言い渡された3つの最高裁決定。詳細は，**Q37**参照）。

したがって，調停や審判で面会交流が認められた場合，面会交流の日時又は頻度，各回の面会交流時間の長さ，子の引渡方法等の定め方いかんにより，監護親がすべき給付の特定性が決まり，ひいては，不履行の場合に，間接強制が許されるか否かも決まってくるため，調停条項や審判書の主文を作

成する際には，義務者が決められた履行をしない場合のことも見越した検討が必要となります。例えば，「一月に一度，面会交流をする」というだけでは，面会交流の頻度を定めたのみで，面会交流時間の長さや子どもの引渡方法については定めがありません。それゆえ，監護親の給付内容が十分に特定されているとはいえないため，監護親が決められた面会交流をしなくても，非監護親から間接強制を受けることはありません。

(4) 調停条項における賠償金額の予定

監護親が，正当な理由なく面会交流をさせない場合に備えて，予め調停条項等で，損害賠償金を支払うことを定め，賠償金額を予定しておくことにより，履行を心理的に強制するという方法も考えられます。

II 今後の方向性

強制執行が必要であっても子どもとの関係で望ましいものではないことは否定できません。そこで本書第9以下の諸外国における面会交流に対する取組みを見ていただければ分かっていただけるかと思いますが，面会交流を確実に実施するためには，今後は，サポート体制の構築を検討する必要があると考えられます。

特に離婚家庭の子どもの問題に取り組む専門家（弁護士，カウンセラーなどの心理専門家，ソーシャルワーカーなど）による面会交流センターが適切に機能し，任意の面会交流が促進されることが期待されます。

また，東京都の面会交流支援事業等に代表される地方自治体の取組みがあります。そのほかQ34のとおりの支援機関がありますが，どこを利用することが適当かについては，想定されている支援担当者の専門性，経験実績，報酬，実費等多角的な取組みの検証が必要になります。

ただ，これらはいずれも当事者が任意に応じることを想定しての制度であり，強制力があるものではありません。今後は，海外の法制度を参考に，実効性のある我が国に適した法制度の構築が検討されるべきと考えます。

【相原　佳子】

Q37 面会交流不履行への間接強制の適用

最高裁で面会交流の間接強制が認められた決定と認められなかった決定があったと聞きました。どういうことですか。

解説

I 面会交流審判の強制執行

(1) 審判の執行力

家事審判で，金銭の支払，物の引渡し，登記義務の履行その他の給付を命ずる審判は，執行力のある債務名義と同一の効力を有するとされています（家手75条）。

面会交流を命じる審判は，監護者に対し，非監護者と子との面会交流を行うという給付を命じているため，執行力を有しています。そこで，監護親が面会交流を履行しない場合，強制執行で実現することが可能であるかが問題となります。

面会交流は，監護親が非監護親に子を引き渡し，非監護親と子が一定時間面会を行い，面会が終了したら非監護親が子を監護親に引き渡すというプロセスをたどります。このプロセスを月1回，2月に1回などと定められた頻度で行うことになります。このように，面会交流を実現するには，継続して子の引渡しがなされることになるため，直接強制や代替執行は，子にとっては負担が重く過酷であることから，強制執行の手段にはなじみません。履行をしない監護親に金銭の支払を命じる間接強制であれば，子に過酷を強いることはありません。そこで，多くの学説が間接強制が認められるとしており，間接強制を認める裁判例もありましたが，最高裁の判断はなされていま

せんでした。

平成25年3月28日，最高裁において3つの決定（平24（許）第41号，同第47号，同第48号）が出され，最高裁も面会交流の間接強制を認める立場を明らかにしました。

(2) 間接強制が認められる要件

一般的に間接強制が認められるためには，給付内容が特定されている必要があります。そのため，面会交流の間接強制が認められるためには，面会交流を命じる審判において，監護親がなすべき内容が特定されている必要があります。

面会交流の審判においては，交流の条件を条項にするため，内容は多種多様です。そこで，平成25年3月28日の3つの最高裁決定は，審判に基づき監護親に対し間接強制決定をすることができるための基準を「面会交流の日時又は頻度，各回の面会交流時間の長さ，子の引渡しの方法等が具体的に定められているなど監護親がすべき給付の特定に欠けるところがないといえる場合」としました。

なお，間接強制は，面会交流の審判のみならず，調停調書で取決めがなされた場合にも行うことができるとされました（第47号事件，判タ1391号128頁）。

II 面会交流の条項

(1) 間接強制を認めた例

第48号事件（判タ1391号122頁）は，面会交流を命じる審判における監護親がなすべき給付の内容が特定しているとして，間接強制を認めました。間接強制の内容は，不履行1回5万円の割合による金員の支払を命じるものです。

同事件における面会交流の審判の条項は以下のとおりです。

① 面会交流の日程等は，月1回，毎月第2土曜日の午前10時から午後4時までとし，場所は，子の福祉を考慮して非監護親の自宅以外の非監護親が定めた場所とする。

② 子の受渡場所は，監護親の自宅以外の場所とし，当事者間で協議して定めるが，協議が調わないときは，所定の駅改札口付近とし，監護親

は，面会交流開始時に，受渡場所において子を非監護親に引き渡し，子を引き渡す場面のほかは，面会交流に立ち会わず，非監護親は，面会交流終了時に，受渡場所において子を監護親に引き渡す。

(2) 間接強制を認めなかった例

(a) 第47号事件

(ア) 第47号事件（判タ1391号128頁）は，審判ではなく調停調書で面会交流の条件が定められていました。前述のとおり，調停調書であっても，不履行があれば間接強制が認められますが，同事件では，内容が特定性に欠けるとされ，間接強制を認めませんでした。

同事件における面会交流の調停調書の条項は以下のとおりです。

① 面接は，２箇月に１回程度，原則として第３土曜日の翌日に，半日程度（原則として午前11時から午後５時まで）とするが，最初は１時間程度から始めることとし，長男の様子を見ながら徐々に時間を延ばすこととする。

② 監護親は，上記①の面会交流の開始時に所定の喫茶店の前で子を非監護親に会わせ，非監護親は終了時間に同場所において子を監護親に引き渡すことを当面の原則とするが，面接交渉の具体的な日時，場所，方法等は，子の福祉に慎重に配慮して，監護親と非監護親間で協議して定める。

(イ) 最高裁決定は，①の条項について，面会交流の頻度について「２箇月に１回程度」，各回の面会交流時間の長さを，「半日程度（原則として午前11時から午後５時まで）」とし，「最初は１時間程度から始めることとし，長男の様子を見ながら徐々に時間を延ばすこととする。」としていることから特定していないとしました。

また，②の条項については，「面接交渉の具体的な日時，場所，方法等は，子の福祉に慎重に配慮して，監護親と非監護親間で協議して定める。」とされていることからすれば，具体的な内容は，監護親と非監護親との協議で定めることを予定しているとの理由で，特定性に欠けるとしました。

(b) 第41号事件

(ア) 第41号事件（判タ1391号126頁）は，面会交流を命じる審判が特定性

に欠けるとされ，間接強制を認めませんでした。

　同事件における，面会交流の審判の条項は以下のとおりでした。
① 　1箇月に2回，土曜日又は日曜日に面会交流をする。
② 　1回につき6時間面会交流をする。
　　(イ)　最高裁決定は，同条項について，面会交流の頻度や各回の面会交流時間の長さは定められているものの，子の引渡しの方法については何ら定められていないことを理由に，給付が十分に特定されているとはいえないとしました。

(3)　条項の定め方について

　面会交流の内容を細かく定めると，それだけ明確になりますが，その反面柔軟性に欠け，融通が利かなくなります。もっとも，当事者の協議の余地を広く認めると，内容の特定性が欠け，不履行の場合に強制執行ができなくなるおそれがあります。

　当事者で協力し，面会交流を実現していく素地があるのであれば，当事者間での協議の余地を残し，柔軟な条項を定めることも考えられます。しかしながら，面会交流の調停や審判をしなければならない当事者間は，紛争性が高く，協力体制を構築できないケースも多くあります。そのような場合には，不履行の場合も視野にいれ，強制執行をすることができるように，明確な内容で条項を定めておく必要があります。

III　子どもが面会交流を拒否している場合

　面会交流の調停条項や面会交流を命じる審判で，その内容が特定されていたとしても，子どもが面会交流を拒否しているとして，監護親が面会交流を履行しない場合，強制執行をすることができるでしょうか。

　最高裁の決定（第48号事件，判タ1391号122頁）は，「子の面会交流に係る審判は，子の心情等を踏まえた上でされているといえる。したがって，監護親に対し非監護親が子と面会交流をすることを許さなければならないと命ずる審判がされた場合，子が非監護親との面会交流を拒絶する意思を示していることは，これをもって，上記審判時とは異なる状況が生じたといえるときは上記審判に係る面会交流を禁止し，又は面会交流についての新たな条項を定め

るための調停や審判を申し立てる理由となり得ることなどは格別，上記審判に基づく間接強制決定をすることを妨げる理由となるものではない。」とし，子どもが面会交流を拒否していることは，間接強制を否定する理由にはならないとしました。

【小池　知子】

● column10

試行的面会交流

　家庭裁判所における面会交流の調停や審判を進める中で，子どもと非監護親（現在監護していない親）との面会を試みる，試行的面会交流がなされることがあります。目的は親子関係の調査と面会交流が実施できるのかどうかの見極め，実施できるのであればその条件を検討することにあります。

　非監護親から試行的面会交流の実施の要求がなされることが通常ですが，その上で，調停委員と裁判官が調停委員会で話し合い，問題解決のため必要があると認められる場合に実施されています。実施にあたっては，家庭裁判所調査官が必ず関与し，多くの場合は，調停・審判の期日と期日の間に，調査官の調査として行われます。

　試行的面会交流は，家庭裁判所内の児童室で行われることが一般です。児童室は，保育園の一室のような部屋になっており，おもちゃや絵本が置かれています。壁の一部がマジックミラーになっていて，隣室から，面会交流に立ち会わない人が交流の様子を観察することができます。家庭裁判所によっては，このような設備がないところもあります。その場合は，会議室に絨毯を敷き，おもちゃをもってきてプレイルームに見立てて行われます。

　はじめに調査官と子ども（年齢によっては監護親）が児童室に入り，一緒に遊んでいるところに非監護親が児童室に入り交流を行うという進め方が一般的です。交流の時間は状況に応じて異なりますが，長くても30分程度です。子どもが拒否反応を示した場合は，早めに切り上げることもあります。

　試行的面会交流は，子どもに心理的な負担をかけることなどの理由により，家庭裁判所で実施するのは1回であるのが通常です。そのため，実施の時期を見極め，適切なタイミングで行うことが求められます。

　なお，非監護親と長く面会できていないような場合には，試行的面会交流の最初の段階では子どもが泣き出すなど，一定の拒否反応を示すことがあります。しかし，それだけで今後の面会交流が否定されるのではなく，その場合の

非監護親の態度や少し時間をかけた後の子どもの態度の変化などを家裁の調査官が児童心理の専門家の立場で調査しています。

(小池　知子)

● column11

ＦＰＩＣ

公益社団法人家庭問題情報センター（Family Problems Information Center：FPIC）は，家庭紛争の調整や非行少年の更生に長年かかわってきた元家庭裁判所調査官を中心に構成されています。

面会交流の援助事業が有名ですが，家族や職場の人間関係に関する相談事業や，成年後見人に関する相談や候補者の推薦，各種セミナーの開催等幅広い業務を行っています。面会交流援助事業は，面会交流の場への援助者の付添いや，父母が顔を会わせられない場合の子の受渡しの援助などを行います。援助はいずれも有償で，事前に，相手方との話合いあるいは家庭裁判所での調停・審判等で，面会交流の頻度などのルールを決めておくことが必要です。東京のほか，大阪・名古屋・福岡・千葉・宇都宮・広島・松江・横浜・新潟の各相談室で実施しています。

東京，大阪，名古屋のFPICでは，離婚や面会交流ADR調停も行っています。家庭裁判所の調停は当事者が別々に調停室に入り調停委員と話を進めるのに対し，FPICの調停は当事者が同席して行われるのが大きな特長です。同席調停により相手に対する共感が生まれるため，調停がスムーズに進み，短期間と報告されています。

(小池　知子)

第8

養育費

Q38 養育費算定の実務

協議離婚に際しても，子の監護に要する費用の分担，すなわち養育費につき，協議で定めることが明文化されたと聞いていますが，実際に，養育費は，どのように決めるべきなのでしょうか。
また，その始期，終期はどのように定められるのでしょうか。

解説

I 養育費とは

(1) **養育費とは**

「子の監護に要する費用」（民766条1項）として，未成熟子と離れて生活している親から，未成熟子とともに生活している親に支払われるべき，子どもの養育にかかる費用を，「養育費」といいます。

平成23年の民法改正では，「子の監護に要する費用」，すなわち養育費が協議離婚時に，子の利益を最も優先して考慮しつつ定めるべき事項として明記され，離婚届の様式にも，養育費分担の取決めについてチェック欄が設けられました。

養育費の内容としては，子の衣食住等に要する費用の他，教育に要する費用等が含まれるとされています（斎藤秀夫＝菊池信男編『注解家事審判法〔改訂版〕』354頁〔沼邊愛一〕）。

監護親の下で監護養育されている未成熟子の生活費等を非監護親に分担を求める法的構成としては，未成熟子自身による親に対する扶養請求（民877条1項）による(*1)ことも可能とされています（島津一郎＝阿部徹編『新版注釈民法(22)』149～150頁，斎藤秀夫＝菊池信男編『注解家事審判法〔改訂版〕』353～354頁〔沼

邊愛一〕，於保不二雄＝中川淳編『新版注釈民法(25)〔改訂版〕』81〜82頁〔明山和夫＝國府剛〕）（＊2）。

一般的には，父母の婚姻中には，監護親の生活費も含めた婚姻費用分担請求（民760条）により，父母離婚後は，子の単独親権者から非親権者に対する民法766条1項に基づく養育費請求によっています。

未成熟の子に対する父母の扶養義務は，血族である親子関係そのものから生ずるものとされ，親権や監護権の帰属いかんにかかわらず，離婚後，単独親権者となった後の非親権者（東京高決昭39・1・28家月16巻6号137頁），さらには親権喪失や停止審判を受けた親もこれを免れるものではありません（於保不二雄＝中川淳編『新版注釈民法(25)〔改訂版〕』209頁〔辻明〕）。

(2) 養育費負担の程度

扶養義務の程度は，その程度に応じて，生活保持義務と生活扶助義務に分類されます。生活保持義務とは，要扶養者の生活を自己の生活として保持する義務とされ，生活扶助義務とは，扶養義務者に余力がある限りで生活困窮する親族を扶養する義務とされています（於保不二雄＝中川淳編『新版注釈民法(25)』733〜737頁〔床谷文雄〕）。

一般に，親の未成熟子に対する扶養義務の程度は，前者の生活保持義務であるといわれています。

成年に達した子から親に対する扶養請求については，生活扶助義務であるとしながらも，4年制大学への進学率が相当に高まっている現状を踏まえて，不足が生じた経緯，不足する額，奨学金の種類，額及び受領方法，子のアルバイトによる収入の有無及び金額，子が大学教育を受けることについての子自身の意向及び親の意向，親の資力その他一切の事情を考慮し，一定程度の扶養料支払を認めた決定も存在します（東京高決平22・7・30家月63巻2号145頁参照）。

(3) 養育費支払の始期及び終期

養育費支払の始期につき，家庭裁判所の実務においては，明確性の観点から，調停又は審判の申立てがされた時期（日割り計算ではなく，当該月又は翌月からの月単位）とすることが一般的です。

ただし，申立て以前に権利者から義務者に対して請求したことが明確にさ

れれば，請求した月から認められることも多いとされています（安倍嘉人＝西岡清一郎監修『子どものための法律と実務』80頁〔小田正二＝宮島将弘〕）。

もっとも，離婚に伴って確定されることが多い養育費の場合には，通常，離婚時からの支払となるため，始期が問題となることはあまりないと思われます。

終期については，基本的には成人に達するまでとされています（安倍嘉人＝西岡清一郎監修『子どものための法律と実務』81頁〔小田正二＝宮島将弘〕）。

終期を成人に達するまでとする合意をする場合，近時は，成人年齢の引下げを見越して，将来の紛争予防のために，「成人に達する月まで」ではなく「20歳に達する月まで」との文言を使用しているとの指摘もあります（榊原富士子「弁護士からみた養育費実務の実情と課題」棚村政行編著『面会交流と養育費の実務と展望』109頁）。

また，大学進学も一般的になっていることから，調停においては，子どもが大学を卒業するまで養育費を払うという合意をすることもあります。

ただし，離婚後，実際には子が大学に進学していなかった事案において，「子が大学を卒業する月まで」とした離婚調停における合意を，子が成年に達した時点において学校教育法所定の「大学」に在籍しているか，合理的期間内に大学に進学することが相当程度の蓋然性をもって肯定できるとの特段の事情が存在する場合を除き，養育費等支払義務は，子が成年に達する前日をもって終了する趣旨とその範囲を制限した判決もあるので留意が必要です（東京地判平17・2・25判タ1232号299頁）。

判決においては，父母の学籍，子が在籍する学校の属性（小学校から大学までの一貫校であること）などから，養育費の支払時期を子が22歳になる年の翌年3月までと判断したものもあります（東京地判平19・11・7ウエストロー・ジャパン）。

Ⅱ 養育費の算定方法

(1) 算定表による算定

養育費の算定は，平成15年に東京・大阪の裁判官から構成される東京・大阪養育費等研究会による「簡易迅速な養育費等の算定を目指して——養育

費・婚姻費用の算定方式と算定表の提案」(判タ1111号285頁)の公表後,家裁の調停・審判実務では,同論考によって提示された算定表(http://www.courts.go.jp/tokyo-f/vcms_lf/santeihyo.pdf)による算定が活用されています。

近年では,同算定表は一般にも周知されており,離婚契約公正証書でもそれを参考にすることも一つの方法とされるなど(日本公証人連合会編『新版証書の作成と文例借地借家・家事関係・ゴルフ会員権〔3訂=補訂〕』132頁),協議離婚における養育費決定にも少なからず影響を及ぼしているといえます。

(2) 算定表の考え方

算定表の基本的な考え方は次のとおりです。

(a) 基礎収入の認定　給与所得者と自営業者それぞれの属性ごとに,総収入(給与所得者の場合には,源泉徴収票支払金額欄記載の額,自営業者の場合には,確定申告書の「課税される所得金額」欄記載額に現実に支出されていない税法上の控除金額(青色申告控除,雑損控除,寡婦寡夫控除,勤労学生障害者控除,配偶者控除,配偶者特別控除,扶養控除,基礎控除,専従者控除など)等を加算した額)に対する基礎収入の額を,「税法等で理論的に算出された標準的な割合」と「統計資料に基づいた標準的な割合」をもって推計します。

具体的には,

〔給与所得者の場合〕

　基礎収入＝総収入×0.42ないし0.34〔高額所得者のほうが割合が小さい〕

〔自営業者の場合〕

　基礎収入＝総収入×0.52ないし0.47〔高額所得者のほうが割合が小さい〕

として算定します。

(b) 子の最低生活費の積算　親を100とした場合に子どもにあてられるべき生活費の割合を指数化し

　子どもの年齢　0〜14歳……55

　　　　　　　　15〜19歳……90

として,

　子どもの生活費＝義務者の基礎収入×55又は90〔子の指数〕／(100＋55又は90)〔義務者の指数＋子の指数〕

として算定します。

(c) 義務者が負担すべき養育費額の算出　義務者と権利者の収入に応じ，子どもの生活費を按分します。

具体的には，

義務者が負担すべき養育費の額＝子の生活費×義務者の基礎収入／（義務者の基礎収入＋権利者の基礎収入）

として算定します。

Ⅲ　養育費分担の決定方法

決定方法としては，子どもの利益に合致するように，父母の協議によって決めることが望ましいといえます（民766条1項）。その場合は，支払期間が長期間に渡るため，不履行の場合には直ちに強制執行が可能となる公正証書を作成しておいたほうがよいでしょう。

父母の考えに隔たりがあり合意することができない，あるいは，冷静に話をすることすらできないというような場合には，家庭裁判所の調停を利用するとよいでしょう。

調停を利用しても合意することができない場合には，審判あるいは離婚と同時に行う場合の離婚訴訟により，裁判所が決することになります（民766条2項，人訴32条）。

Ⅳ　我が国の養育費分担の実態

養育費分担につき，子どもの権利条約27条4項は，「締約国は，父母又は児童について金銭上の責任を有する他の者から，児童の扶養料を自国内で及び外国から，回収することを確保するためのすべての適当な措置をとる。」と規定しています。

その上で，国連子どもの権利委員会は，第3回政府報告に対する最終見解（2010年6月）において，日本に対し，次のように勧告しています（http://www.mofa.go.jp/mofaj/gaiko/jido/pdfs/1006_kj03_kenkai.pdf）。

「69．委員会は，締約国に対し，以下を勧告する；

(a) 婚姻の有無に関わらず，双方の親が子どもの養育費を等分に負担し，どちらかがその義務を果たさない場合，養育費を効果的に回収することを確

保する現行法及び措置の実施を強化すること，

(b) 支払い不能の親の養育費支払い義務に応じ，適当な場合には，後から民事又は刑事法規を通じてその未払い分を回収する，いわば国家基金のような新たな機構を通じて養育費が回収されることを確保すること，

(以下，省略)」

しかし，我が国の養育費支払にかかる実態は，未だに，次のとおりです。

平成23年度全国母子世帯等調査結果報告によれば，養育費の取決めがある割合は母子世帯で37.7％，父子世帯で17.5％です。

これを離婚態様別で見ると，母子世帯の場合，協議離婚で養育費の取決めをしている割合は30.1％となっており，その他の離婚では74.8％，父子世帯で協議離婚の場合14.9％，その他の離婚で32.3％と，協議離婚における養育費取決めの割合が，著しく低くなっています。

養育費を現在も受給している母子世帯は19.7％，受けたことがない割合が60.7％，父子世帯においては受給している割合が4.1％，受けたことがない割合が89.7％であり，その額は，子1人の場合，母子世帯で1世帯平均月額3万5428円，父子世帯で2万8125円となっています。

なお，平成22年の離婚を原因とする母子世帯の平均収入は年276万円，父子世帯の平均年収は435万円ということです。

前記のような母子家庭における収入の低さを背景に，2012（平成25）年国民生活基礎調査での相対的貧困率は，子どもがいる現役世帯の相対的貧困率が15.1％，特に大人が1人の世帯で子どもがいる世帯の相対的貧困率は54.6％と突出しています。

平成24年5月に，国際連合のユニセフの研究所が発表した，先進諸国における子どもの貧困についての国際比較結果によれば，日本の子どもの相対的貧困率は，OECD35か国中，9番目に高い貧困率とされています（http://www.unicef.or.jp/osirase/back2012/1205_03.html）。

Ⅴ 養育費分担に関する課題

養育費分担・支払確保に関しては，平成15年の「担保物権及び民事執行制度の改善のための民法等の一部を改正する法律」による民事執行法の改正及

び平成23年の「民法等の一部を改正する法律」による「子の監護に要する費用の分担」の明記（民766条1項）等の法改正がなされていますが，上記実態に照らせば，未だ，不十分であることは明らかです。

子どもの貧困対策としては，子どもの貧困に対する国，地方公共団体の責務や実施状況の公表等を規定した「子どもの貧困対策の推進に関する法律」が2013年6月に成立していますが，同法には，養育費支払義務の確保について，直接の言及はありません。

現実に養育費の支払を確保していくためには，次のような点が今後の課題といえます。

① 協議離婚時の養育費の取決めの実効化
② 養育費・婚姻費用水準の妥当性の確保（算定表の問題）
③ 養育費・婚姻費用の履行確保

本章では，②③について，見ていくことにします。

【佐野　みゆき】

【注】
（＊1）　扶養義務設定の審判・調停事件では，未成年者には手続行為能力が認められていないため，同審判・調停申立ては子の法定代理人によることになります。
（＊2）　ただしこの点，未成年者自身が非親権者に対し扶養請求をせざるを得ない事案に直面します。家事事件手続法制定過程において，扶養請求についても未成年者自身の手続行為能力が認められることが期待されましたが，結局，これは認められるにいたりませんでした（家手151条・118条参照）。

Q39 養育費決定上の課題

算定表によって養育費が決定されているのが現在の実務ということでしたが，個別の事情は考慮されないのでしょうか。また，算定表による算定額はそもそも適正といえるものなのでしょうか。

解説

I 裁判実務における算定表の位置づけ

養育費額決定に対する東京・大阪養育費等研究会算定表（以下，単に「算定表」といいます）の実務上の影響については，Q38のⅡ(1)指摘のとおりです。

算定表の利用により，迅速に養育費が決定されるようになった点については率直に評価されます。しかし，最高裁第三小法廷平成18年4月26日決定（家月58巻9号31頁）後は，同決定が婚姻費用分担額の算定に関する事例判断であるにもかかわらず，あたかも算定表自体の合理性・相当性が一般的に認められたという解釈が広まっているという指摘があります（「座談会養育費・婚姻費用簡易算定方式の問題点と新たな算定方式」自由と正義64巻3号13頁）。

なお，現行算定表による養育費算定額も，次のとおり，一切例外を認めないものではありません。

Ⅱ 養育費算定にあたり考慮される特別事情

実務において，特別事情として考慮されている典型例としては次のようなものがあります。

(1) 学費・その他教育費

算定表は，公立中学・高校の学校教育費を指数として考慮しているため，

私立学校に通う学校教育費等は考慮していません。

そのため，義務者が私立学校への進学を了解していたり，その収入及び資産の状況等からみて義務者に負担させることが相当と認められる場合には，算定表によって定められた額に権利者と義務者の収入に応じて，不足分を加算することも考えられるとされています。

私立学校にかかる金額としては，入学金，授業料，交通費，学習塾の費用等が考えられます。

具体的な加算額については，①平均収入に対する公立学校教育費相当額を控除する方法と②生活費指数のうち教育費の占める割合を用いる方法が提案されています（岡健太郎「養育費・婚姻費用算定表の運用上の諸問題」判タ1209号11頁）。

通常は①の方法で足りるとされていますが，義務者の収入が高額の場合には，算定表上の養育費額から教育費の占める割合から計算した教育費額を割り出し，私立学校の学費から養育費に含まれている教育費額を控除する方法によるべきとされています（前掲同論文では，次の具体例が引用されています。義務者年収（給与）1000万円，権利者年収0円で，子（14歳）1人私学学費年額60万円の場合，算定表による養育費額は10万から12万円となるが，14歳以下の子の生活費指数55のうち13が教育費の占める割合となるので，算定表上の養育費額の55分の13，10～12万円×13／55＝2.2～2.6万円が算定表上考慮されている教育費額となる。私立学校の学費から算定表上考慮されている教育費を控除した額が義務者に負担させるべき加算額の目安となる）。

(2) 医療費

子どもに重度の障害があり高額な治療費がかかることが予め分かっている場合には，算定表では一般的な治療費以上の額は考慮されていないため，治療費を分担する必要があります。

この場合の分担の考え方としては，治療費の額を権利者と義務者の基礎収入で按分し，義務者分を加算することが提案されています（秋武憲一『離婚調停〔新版〕』267頁）。

他方，合意後子どものために，高額の費用を要するようになった場合に備え，調停条項では，「当事者らは，子らの教育費（入学金，授業料，塾費用など）及び医療費等で高額の支出を要するものについては，協議して別途負担額を

定める。」などといった条項を入れるのが一般的です。

しかし、親権者・非親権者間の協議が調えばともかく、そうでない場合に、養育費額を増額するためには、事情変更による養育費増額調停を申し立てなければなりません。

なお、この事情変更による養育費増減額を求める理由として実務上多いのは、義務者の転職・失職による収入減少、義務者の再婚・扶養義務者の増加、子の進学等とされています（安倍嘉人＝西岡清一郎編『子どものための法律と実務』82～83頁〔小田正二＝宮島将弘〕）。これらの項目に鑑みると、むしろ減額請求が主流であるようであり、子どもの扶養の権利を適切に実現するための、子どもの成長に伴う生活費や教育費の増額や、義務者の給与増額に伴う増額及び特別事情の発生に伴う増額請求が適切になされているといえるのか疑問が残るところです。

(3) 子どもの年齢・人数

算定表を超える子どもの人数がいる場合には、子どもの生活費指数を14歳までを55、15歳以上を90として養育費を算定することになります。

しかし、子どもの生活費指数は14歳までと15歳以上では55と90と大きく差があります。

よって、現在、14歳でまもなく15歳になる場合には、生活費指数を90として算定すべきという考え方もあります（秋武憲一『新版 離婚調停』268頁）。

(4) 権利者の再婚・再婚相手との養子縁組

権利者の再婚相手との子の養子縁組は、連れ子養子として、家庭裁判所の許可を得ないまま行うことができます（民798条但書）。

養子縁組がなされた場合、養親となった再婚相手が子に対して親権を行使するとともに、一次的にこの扶養義務を負うことになるため、義務者は特段の事情がない限り養育費支払義務を免れるとの指摘があります（安倍嘉人＝西岡清一郎編『子どものための法律と実務』83頁〔小田正二＝宮島将弘〕）。

しかし、面会交流については、監護親の再婚等の事実から直ちにこれを禁止・制限すべき事由にあるいうことはできないとされていることから（細矢郁ほか「面会交流が争点となる調停事件の実情及び審理の在り方——民法766条の改正を踏まえて」家月64巻7号80頁）、「バランスを失するように思われる」との指摘

もあります（鶴岡健一「養育費相談支援センターにおける相談の概要」養育費相談支援センター『養育費確保の推進に関する制度的諸問題』7頁）。

III 算定表による算定額の適正

算定表も公表から既に10年が経過しました。

諸外国においては，イギリスでは，1991年養育費法は，2000年法で，「子の権利と親の責任」というコンセプトの下，養育費の算定方法につき抜本的に改正されています（下夷美幸『養育費政策にみる国家と家族』184～185頁）。

また，1988年に養育費制度が導入されたオーストラリアでも，2004年に専門家から構成される養育費に関する連邦検討委員会により翌年公表された報告書内の改革提言を受け入れて，政府は2006年から2008年にかけて，大規模な改革を行っています（下夷美幸「オーストラリアの養育費制度」養育費相談支援センター『養育費確保の推進に関する制度的諸問題』45頁）。同改革では算定方法が従前よりは複雑な計算を必要とするものとなりましたが，養育費庁のホームページには，養育費の推計額が自動で算出されるサイトが用意されており，所得等の基本事項を入力することによりだれでも簡単にそれぞれの親が支払うべき養育費の金額を得ることができるということです（下夷美幸『養育費政策にみる国家と家族』50頁）。

我が国においては，10年間の実務上の利用実績を受けて，算出される額についても検証の必要性が認識され始めています（日本弁護士連合会2012年3月15日「養育費・婚姻費用の簡易算定方式・簡易算定表に対する意見書」，松嶋道夫「簡易算定方式の問題点とあるべき養育費・婚姻費用の算定」自由と正義64巻3号21頁，6割もの経費控除を認める点につき棚村政行「養育費をめぐる課題と展望」養育費相談センター『養育費確保の推進に関する制度的諸問題』35頁）。

そもそも，上記各国の養育費算定方法自体，国レベルで議論されているのに対し，我が国の算定表は，裁判実務において，事実上利用されるようになったにすぎず，国民の議論を踏まえるというプロセスを経ていません。

また，個別の内容についても，子どもの教育費につき，学習塾の費用や学校内外のスポーツクラブなどの費用といった学校教育費以外の教育費支出の割合が少なくないのが現実であるにもかかわらず，算定表の生活費指数には

これらが反映されておらず，子どもの教育費に対する対策を必要とするという指摘もあります（鶴岡健一「養育費相談支援センターにおける相談の概要」養育費相談支援センター『養育費確保の推進に関する制度的諸問題』7頁）。

実務に携わっていても，少なからず経験する次のような事案の場合には，算定表による算出額に，疑問を感じざるを得ません。

例えば，婚姻費用でいえば，義務者が平均収入（1世帯あたりの平均所得金額は，平成25年国民生活基礎調査によれば537万2000円です。http://www.mhlw.go.jp/toukei/saikin/hw/k-tyosa/k-tyosa13/）を相当に上回る700万円近い年収を得ていても，例えば幼少の子2人を監護している無収入の権利者が別居した場合，その婚姻費用は算定表によれば14～16万円となり，義務者は500万円以上の残額を確保する一方で，権利者は，就労収入により3人の生活費の負担を確保しなければならなくなります。

保育園への入園も容易ではない現状，監護親たる権利者の就労が可能となるまでの別居家族は生活保護水準以下の生活を余儀なくされる，あるいは最低生活費の不足を生活保護，すなわち公費で補填されることになるのです。

算定表も「より優れた養育費等の算定方式が研究・公表され，それが実務上定着するならば，喜ばしい事態である」（判タ1111号293頁）とされており，その検証を否定するものではありません。

子どもに親の生活水準に応じた適切な生活を保障するためにも，本来，私的扶養によってまかなわれるべき範囲が公的扶養に不当に転嫁されないためにも，適正な養育費算定水準が設定されるべきといえます。

Ⅳ 現行算定表の課題

現行算定表に対してはさまざまな観点から見直しの必要性が指摘されています。

そのポイントを整理すると次のとおりとなるように思われます。

(1) 基礎収入割合を算出するための控除割合が過大であること

現行算定表では，基礎収入割合は給与所得者では42～34％（高額所得者のほうが割合が小さい），自営業者では52～47％とされています。

すなわち，給与所得者の例でいうと，収入のうち58～66％は，公租公課，

職業日及特別経費等として控除，つまり各自が手元に留保することが認められていることになります。

この控除割合が高すぎるため，婚姻費用や養育費の対象とされる基礎収入が低く抑えられ，結果，婚姻費用や養育費額が低額となっていると批判されています（松嶋道夫「簡易算定方式の問題点とあるべき養育費・婚姻費用の算定」自由と正義64巻3号22頁，榊原富士子「弁護士からみた養育費実務の実情と課題」棚村政行編著『面会交流と養育費の実務と展望』123頁）。

また，控除の内訳となる項目ごとの割合の算出方法についても，①公租公課については算定表においてもその根拠につき抽象的な記載しかなく検証が困難である，②職業費につき，算定表では統計資料を用いて標準化しているが，世帯全員分の支出額をもって職業費としているため，職業費が構造的に過大に算出されている，③特別経費につき，本来生活費そのものである住居関係費や保険医療・保険掛金を標準化特別経費として控除しているが，これは個別具体的であるはずの特別経費の意義に矛盾する，と指摘されています（竹下博將「養育費・婚姻費用についての『修正された簡易算定方式』の提案」自由と正義64巻3号30～32頁）。

こうした点から，公租公課については実額で認定し，職業費については，収入階級ごとに有業人員にかかる支出割合を調整した額を指数化する，保育園料（実額）も職業費として取り扱う，特別経費については控除しないといった基礎収入の算出方法の修正が提案されています（竹下・前掲30～32頁）。

(2) 最低生活費の積算に際し，子の最低生活費が考慮されていないこと

子どもの権利条約27条1項が，「締約国は，児童の身体的，精神的，道徳的及び社会的な発達のための相当な生活水準についてのすべての児童の権利を認める。」と規定しているにもかかわらず，現行の算定表では，子どもの最低生活費の水準を考慮していません（松嶋道夫「簡易算定方式の問題点とあるべき養育費・婚姻費用の算定」自由と正義64巻3号22～23頁）。

また，子どもの教育環境を保護するための，私立学校の授業料など，教育費を養育費として加算すること及びその額の認定に現在の実務が消極的である，生活費指数につき，15歳未満と15歳以上の差がありすぎるといった指摘もあります（榊原富士子「弁護士からみた養育費実務の実情と課題」棚村政行編著『面

会交流と養育費の実務と展望——子どもの幸せのために』124頁)。

　計算のためのハードウェアやソフトウェアが充実した今日,最低生活費の算出が煩雑とは言い難く,生活費について指数化すべき必要性は乏しいといえます(竹下・前掲33頁)。

　そのため,家計調査から算出した子どもの最低生活費水準に,父母の収入階級により倍率修正して子どもの生活費額を算出し,うち義務者の収入階級に応じた負担額を義務者が負担,その残額を権利者が負担することとして算出することを基本的な考え方とする案(松嶋道夫「簡易算定方式の問題点とあるべき養育費・婚姻費用の算定」自由と正義64巻3号24〜27頁),生活保護基準実額を父母子どもそれぞれの生活費指数とし,収入が多い方の生活水準に合わせた子どもの必要生活費を,父母の収入に応じて分担(分担能力については父母の最低生活費をも考慮する)する案が提案されています(竹下・前掲34〜37頁)。

　ちなみに,オーストラリアにおける算出方法は,父母の養育費所得の合計に応じて定められる子育てコストを,父母それぞれの収入から父母の最低生活費(定額)を控除した金額から算出される負担割合で分担するという考え方をベースに,現実の監護負担をも考慮するというものになっています(下夷美幸『養育費政策にみる国家と家族』47〜51頁)。

Ⅴ　まとめ

　父母の負担割合を決定するための収入額の算定や最低生活費の額の算出については,統計等を利用した検証が欠かせません。

　また,私的扶養が適切になされなければ,その負担は公費によってまかなわれるという性質上,その水準については,国民による議論を経て決定すべきものと思われます。

　あるべき養育費の水準については国が責任をもって定めることは,児童の権利に関する条約27条3項(「締約国は,国内事情に従い,かつ,その能力の範囲内で,1〔1項〕の権利の実現のため,父母及び児童について責任を有する他の者を援助するための適当な措置をとる」)に規定される国の責務です。また,その水準は,子どもの貧困化を予防するものでなければなりません。

　こうした施策が,次に述べる養育費支払の実効化についての施策とともに

充実されることが望まれます。

【佐野　みゆき】

Q40 養育費履行確保への課題

調停離婚する際，子の養育費額を定め，調停調書を作成しました。1年ほどは支払がなされていたものの，その後支払がなされなくなりました。
払ってもらうにはどのような手段があるのでしょうか。
また，所在や勤務先が不明な場合にはどうしたらよいのでしょうか。

解説

I 履行確保の手段

現在，養育費の不払いに対しては，次のような手段があります。

(1) **履行勧告・履行命令**

履行がなされなくなった場合，通常は，まずは当事者間でやりとりをすることになると思いますが，直接連絡することすら当事者にとっては苦痛を伴う場合もあり，当事者が履行を促しても履行がなされない場合も多くあります。

このような場合の手段として，家庭裁判所による履行勧告（家手289条，人訴38条1項）あるいは履行命令（家手290条，人訴39条1項）の制度があります。

履行勧告とは，家庭裁判所が，権利者の申出に基づき，調停審判で定められた義務の履行状況を調査し，義務者に対し，その義務の履行を勧告する制度です。

履行命令とは，調停審判で定められた金銭の支払その他財産上の給付を目的とする義務の履行を怠った者がある場合において，相当と認めるときは，権利者の申立てにより，義務者に対し，相当の期限を定めて，その義務の履行をすべきことを命ずる審判をする制度です。

同制度に付随し，家事事件手続法では，義務の履行状況調査及び勧告に必要な調査を，官庁，公署，その他適当と認める者に嘱託し，又は銀行，信託会社，関係人の使用者その他の者に対し，関係人の預金，信託財産，収入その他の事項に関して必要な報告を求めることができることとされました（家手289条5項）。

また，調査及び勧告事件の関係人から当該事件の記録の閲覧等又はその複製の請求があった場合において，相当と認めるときは，家庭裁判所は，これを許可することができるとされています（同条6項）。

履行勧告については，養育費を特定した数字ではありませんが，家庭裁判所で金銭債務についての履行勧告の申立数は，平成25年度で1万5188件であり，全部履行がなされたのは5061件，一部履行は3132件となっています（司法統計）。

他方，履行命令の申立件数は，平成25年度で申立ては78件であり，うち命令が出されたのは36件，却下3件，取下げ39件で終局しており，活用が期待し難い状況です（司法統計）。

これは履行命令が過料の制裁が定められているにすぎないことから，権利者が強制執行を行うことを選択しているためと分析されています（安倍嘉人＝西岡清一郎監修『子どものための法律と実務』85頁〔小田正二＝宮島将弘〕）。

(2) 強制執行

(a) 直接強制　履行勧告等をもってしても履行されず，義務者の資産や就業先が判明している場合には，地方裁判所に民事執行法に基づく強制執行を申し立てることになります。

具体的には，給与差押えや預金の差押えなどを行います。

養育費は，毎月定期的に一定額を支払うように定められていますが，このような定期金債権は，通常，支払期限が到来しなければ強制執行を開始することができません（民執30条1項）。

しかし，**Q38**でも触れた平成15年の民事執行法改正により，平成16年4月1日からは，裁判所の調停や審判，判決で決められた養育費や婚姻費用の分担金については，その一部に不履行があれば，定期金債権のうち期限が到来していないものについても債権執行を開始することができるとされました

（民執151条の2第1項3号）。

　また、差押禁止の範囲は、通常、給料、賞与、退職手当等の4分の3とされていますが（民執152条1項・2項）、養育費や婚姻費用の分担金については、その範囲が2分の1に縮小されています（民執152条3項）。

　(b)　間接強制　　平成16年の民事執行法改正により平成17年4月1日からは、扶養義務等に係る金銭債権については、間接強制の方法をとることができるようになりました（民執167条の15）。

　この間接強制も、その一部に不履行があるときは、6か月以内に確定期限が到来するものについても執行することができるとされています（民執167条の16）。

　ただし、債務者が支払能力を欠くためにその金銭債権に係る債務を弁済することができないとき、又はその債務を弁済することによってその生活が著しく急迫するときは、間接強制をすることはできません（民執167条の15第1項但書）（大阪家決平17・10・17家月58巻2号175頁参照）。

　差し押さえるべき資産が発見できない、給与差押え等の直接強制執行をすると義務者が退職を余儀なくされ、権利者と義務者が共倒れになることを回避したい、執行を受ける義務者との関係悪化の程度を少しでも減らしたい、義務者の雇用主が親族なので給与が支払われなくなるおそれがあるなどの場合に利用されるといわれています（榊原富士子「弁護士からみた養育費実務の実情と課題」棚村政行編著『面会交流と養育費の実務と展望』131頁）。

　間接強制金の額としては、1日1000円の間接強制金の支払を命じた事例（広島家決平19・11・12家月60巻4号92頁、大阪家決平19・3・15家月60巻4号87頁）、1日5000円の間接強制金の支払を命じた事例（横浜家決平19・9・3家月60巻4号90頁）などがあり、その限度の日数は、未払分は120日ないし180日程度、弁済期未到来分は30日とされています（最高裁判所家庭局「家庭裁判事件の概況――家事事件」家月61巻1号225頁）。

II　現行手段の限界

　養育費・婚姻費用を含む扶養義務等に係る金銭債権の強制執行については、前記のとおりこれを実効化するため、民事執行法改正がなされてきま

す。

　また，平成19年には厚生労働省が公益社団法人家庭問題情報センターに事業を委託して「養育費相談支援センター」を開設しています。

　このような施策にもかかわらず，養育費を受けたことがない母子家庭の割合は60.7％となっています（平成23年度全国母子世帯等調査結果報告）。

　履行確保への対策としては，次のような施策の必要性が指摘されています（日本弁護士連合会2013年11月21日「養育費支払確保及び面会交流支援に関する意見書」参照）。

① 　現行法を前提とした効果的な強制執行のため，義務者の住所，勤務先，収入，資産を調査するための強力な制度の構築

　　養育費相談支援センターにおけるアンケートによれば，履行確保・強制執行に関する相談では，債務者と連絡がつかない，住所や連絡先が分からないという相談だということです（鶴岡健一「養育費相談支援センターの取組」棚村政行編著『面会交流と養育費の実務と展望』190頁）。

　　義務者の住所であれば，弁護士が受任し，住民票を追うことはできますが，養育費執行を可能にするためには，義務者の勤務先や収入，資産調査を可能とするため，社会保険事務所や税務署，金融機関等からの情報提供を可能とする制度を検討すべきとの指摘があります（最高裁判所家庭局「家庭裁判事件の概況──家事事件」家月61巻1号128〜129頁）。

② 　効果的な養育費取立制度及び養育費立替払制度導入

Ⅲ　諸外国の養育費支払確保政策

　他方，諸外国では，離婚増加に伴う社会保障費の増加という事態を受けて，養育費履行確保に向け，さまざまな施策を打ち出しています。

　アメリカでは，子の同居親が公的扶助を利用している場合，強制的に養育費確保制度の適用となり同居親は養育費請求権を州に譲渡し，州政府の担当部局が，非同居親に関する情報を捜索し，養育費命令により確定された養育費を，給与天引き，連邦・州所得税還付金からの相殺，失業給付からの相殺，財産への先取特権等といった手段により徴収するといった方法がとられています（最高裁判所家庭局「家庭裁判事件の概況──家事事件」家月61巻1号278〜

283頁)。

　イギリスやオーストラリアにおいても，同居親は行政による徴収サービスを受けることができ（最高裁判所家庭局「家庭裁判事件の概況──家事事件」家月61巻1号284～295頁），スウェーデンにおいては，養育費の立替払制度がとられています（最高裁判所家庭局「家庭裁判事件の概況──家事事件」家月61巻1号296～301頁)。

　我が国と同様，協議離婚制度がある韓国では，2007年民法改正により，離婚時，養育費の負担方法等を含む子の養育に関する事項等についての協議書等の提出が義務化されました。2009年民法改正では，家庭法院によって確認され作成された養育費負担調書のみで強制執行をすることが可能となり，養育費を義務者の給与から控除して直接権利者に支払うように求めることのできる養育費直接支払命令制度を利用することができます。

　また，養育費直接支払命令制度の利用ができない自営業者への履行確保のために，家庭法院が支払義務者に対し，相当の担保を供するよう命じる担保提供命令制度が新設されています。

　養育費支払義務者が担保を供すべき期間内に担保を供しない場合には，家庭法院は，権利者の申立てにより，養育費の全部又は一部を一時金として支払うよう命じることができます。この命令への違反に対しては，30日の範囲内の拘留という制裁があります。

　さらに，保有資産等の情報については，財産明示・財産照会制度があり，第三者への照会に対し，虚偽の資料を提出又は正当な理由なく資料の提出を拒否した場合には1000万ウォン以下の過料が科されます（最高裁判所家庭局「家庭裁判事件の概況──家事事件」家月61巻1号302～309頁)。

　我が国においても，諸外国の制度を参考に，徴収制度や養育費立替払制度の研究・導入が真剣に検討されるべきといえます。

【佐野　みゆき】

● column12

各種手当等

　日本では離婚後単独親権制をとっているため，養育費が支払われたとしても，親権者となった親に子育ての負担はかかってきます。
　離婚後，親権者となる親は，ひとり親として子どもの養育をする場合に受けられる公的支援につき，十分情報を収集し，可能な限り活用していくべきです。
　主な給付・支援としては次のようなものがあります。
　その他，自治体でも独自に給付を行っているところもあります。

【児童扶養手当】
　父母の離婚・死亡などにより，父又は母と生計を同じくしていない児童が支給対象となっている給付です。
　平成22年8月からは父子家庭，平成24年8月からは，配偶者暴力で裁判所から保護命令が出された場合が，支給対象に追加されています。
　所得額によって，支給の有無及び支給額が変わってきますが，児童1人のとき，平成27年4月以降で，全額支給であれば月額4万2000円，一部支給であれば月額4万1990円～9910円の範囲で，年3回，支払われます。
　子ども2人以上の場合の加算額は，2人目は5000円，3人目以降は1人につき3000円となります。
　給付算定の基準となる所得額は，同居の扶養義務者の所得や受け取っている養育費の8割が算入されます。

【児童手当（以前の子ども手当）】
　支給対象は，0歳から中学校修了までの日本国内に住所を有している子となります。
　所得が，所得制限限度額（平成26年8月現在，ひとり親が子2人を扶養していれば，扶養親族等の数2人として698万円）未満であれば，
　①　3歳未満の子　1人につき月額1万5000円
　②　3歳以上小学校修了前の子　1人につき月額1万円（③の場合を除く）

ただし，3歳以上小学校修了前の子が3人目以降の子である場合には，当該3人目以降の子1人につき月額1万5000円
③ 小学校修了後中学校修了前の子　1人につき月額1万円　所得制限限度額以上の場合，当面，1人につき，5000円が支給されます。

【高等職業訓練促進給付制度】
母子家庭の母又は父子家庭の父が看護師や介護福祉士等の資格取得のため，2年以上養成機関で修業する場合に，修業期間中の生活の負担軽減のために，高等職業訓練促進給付金や高等職業訓練修了支援給付金が支給されるものです。促進給付金としては，市町村民税非課税世帯であれば，月額10万円，市町村民税課税世帯であれば月額7万500円が修業期間の全期間（上限2年間）支払われます。

修了支援給付金としては，市町村民税非課税世帯で5万円，市町村民税課税世帯で2万5000円が修了後に支給されます。

（佐野　みゆき）

● column13

養育費相談支援センターとは

養育費相談支援センターは，公益社団法人家庭問題情報センター（通称FPIC）が厚生労働省から委託を受けて行っている事業です。離婚の当事者からの，養育費や面会交流に関する相談を受けつけています。

次の電話あるいはメールアドレスにて，無料で相談することができます。

〔電話相談〕　03-3980-4108，0120-965-419
　　　　　　　平日（水曜を除く）10：00〜20：00
　　　　　　　水　12：00〜22：00
　　　　　　　土・祝日　10：00〜18：00
〔メール相談〕info@youikuhi.or.jp

また，全国の母子家庭等就業・自立支援センター（養育費相談支援センターホームページ http://www.youikuhi-soudan.jp/soudankikan_top.html 参照）でも養育費等に関する相談を受けつけています。

（佐野　みゆき）

第9

海外の制度（面会交流，養育費）

Q41 ドイツ

ドイツにおける面会交流と養育費などについて教えてください。

解 説

I 前提となる法制度

(1) 親 権

1896年のドイツ民法では，婚姻中も親権は父が行使していましたが，1957年に，婚姻中は父母の共同親権，離婚後は父母いずれかの単独親権と改正されました。

1979年に親権法が改正され，これまでの「親権（Elterliche Gewalt）」概念を廃止し，より「子に対する親の責任という内容を明確にし，子に対する親の法的地位の義務的性格をはっきりさせる」（稲垣朋子「離婚後の父母共同監護について——ドイツ法を手がかりに(1)」国際公共政策研究16巻1号250頁，鈴木博人「Ⅲドイツ1」日弁連法務研究財団編『子どもの福祉と共同親権：別居・離婚に伴う親権・監護法制の比較法研究』130頁）ため，「親の配慮（Elterliche Sorge）」という用語に変更されました。しかし，離婚後は今までどおり，単独配慮とされていました。

1982年に連邦憲法裁判所は，離婚後の単独配慮を定めたドイツ民法の規定は，「子の養育および教育は両親の自然の権利であり，かつ何よりもまず両親に課されている義務である」とする基本法6条2項1文に反するとして違憲判決を下しました。

その後，裁判例による個別の対応を経て，1997年に親子法が改正され（1998年7月1日施行），父母が離婚後も共同配慮を継続するということで合意している限り，裁判所はその合意に干渉しない（民法1626条a1項1号）とし

て，離婚後も共同配慮を原則とすることが立法化されました（稲垣・前掲250頁，鈴木・前掲136〜149頁）。例外的に特に問題がある場合，例えば両親の同意がある場合，子の意思による場合，虐待などで子の福祉に悪影響が考えられる場合，申立てにより単独配慮が認められます（増田勝久「Ⅳドイツ2」日弁連法務研究財団編『子どもの福祉と共同親権：別居・離婚に伴う親権・監護法制の比較法研究』155頁）。

(2) 離　婚
(a) 要　件　　ドイツには，日本の協議離婚に相当する手続はなく，離婚にはすべて裁判所の関与が必要です。

離婚の要件は，破綻したとき（民法1565条1項）とされています。

夫婦が1年以上別居し，双方が離婚を申し立てるか相手方が離婚に同意する場合には，婚姻が破綻していると推測されます（民法1566条1項）。

別居期間が3年以上の場合も婚姻が破綻していると推測されます（民法1566条2項）。相手方の同意の有無に関係なく離婚をすることができます。

別居期間が1年未満の場合は，婚姻の継続が他方の配偶者にとって過酷である場合に離婚をすることができます（民法1565条2項）。

もっとも，婚姻が破綻している場合であっても，離婚をすることで他方の配偶者が過酷となる場合には離婚が認められないこともあります（民法1568条）。

(b) 手　続　　離婚訴訟の申立人には，弁護士による代理が強制されています（民訴法78条2項）。

別居期間が1年以上の同意のある離婚（民法1565条1項・1566条1項）については，離婚申立書に離婚及び面会交流の調整や子に対する扶養といった付随事項について，合意があることを記載します（民訴法630条1項）。裁判所は，当事者が養育費や財産分与について執行力がある債務名義を作成した場合に離婚を認容します（同項3号）。

離婚することに同意をしていても，付随事項に争いがある場合は，争いのある離婚（民法1565条1項）になります（菊池絵理「ドイツにおける離婚関係訴訟の実務(上)」家月54巻3号10〜13頁）。

離婚後の親権が共同配慮とされたことを受け，離婚手続と子に関する手続

は完全に分離されました。付随事項に争いがある場合、離婚訴訟の付随事件として申立てをすれば離婚訴訟と結合して審理されますが、独立の家事事件として申立てをすることもできます（菊池・前掲36～37頁）。

子に関する事件については、裁判所は子の福祉に反しない限り、当事者の合意を促さなければなりません（家事事件手続法156条1項1文）。もっとも、合意の形成を当事者に任せるのではなく、少年局などの児童・少年の援助を行う相談機関や裁判外の紛争解決手続などで、合意形成をサポートする仕組みになっています（二宮周平『当事者支援の家族紛争解決モデルの模索——ドイツ、オーストラリア、韓国の動向から』ケース研究307号13頁）。裁判所は、子に関する事件の手続について、できるだけ早期に、手続のいかなる段階でも当事者の合意を得るように努めなければならず、早期の段階で少年局などの裁判所外での相談が可能であることを指示しなければなりません（非訟事件手続法52条1項・2項）（岩志和一郎「ドイツの家庭裁判所」家族〈社会と法〉21号32頁）。

(3) 子の意思の確認

親子事件において、子には裁判所で意見聴取される機会が保障されており、裁判所は、14歳以上の子に対しては常に、14歳未満の子についても、その成熟の度合いを問わず必要に応じて意見聴取することが求められています。

子が裁判所において自分の意思や希望を十分に述べられない状態であるときには、子の利益の確保と意思の代弁のため手続補佐人が選任されます（高橋由紀子「ドイツにおける面会交流支援」法務省ホームページ http://www.moj.go.jp/content/000076561.pdf 259頁）。手続補佐人は、裁判所が選任し、裁判所から報酬を受けますが、裁判所はもちろんのこと誰からも監督を受けません。手続補佐人は、客観的な子の福祉ではなく、子の主観的な意思を代弁します。例えば、虐待を受ける危険のある家であっても、子がそこにいたいというのであれば、手続補佐人はその意思を代弁します（増田・前掲161頁）。

II 面会交流

(1) 法制度

1896年のドイツ民法には、面会交流の規定があり、父母が離婚した場合、

身上監護権をもたない親に子と個人的に交流する権能を付与していました。非嫡出父子間の交流に関しては規定がなく，1969年のドイツ民法で，非嫡出父には子と交流する権利は認められず，非嫡出子の身上監護権者（通常は母）が父子の面会交流の可否，交流の範囲を決定するとの規定がおかれました。1979年の改正では，離婚した父には子との交流権が認められていましたが，非嫡出子父には交流権は認められませんでした。

1997年の改正では，父母双方の面会交流は，原則として子の福祉のために必要であることを宣言し（民法1626条3項1文），従来「親の権利」として位置づけられていた面会交流権を子の権利としました。そして，父母は婚姻関係にあるかどうか，配慮権を有しているかに関わりなく，子と交流する義務を負いかつ権利を有する（同項2文）としました（高橋・前掲252～254頁）。

(2) 交流権の帰属主体

1997年の改正以前は，面会交流は配慮権をもたない親に対してのみ認められていましたが，同年の改正により，配慮権者である親にも面会交流をする権利を認めました（民法1684条1項2文）。

子の福祉に役立つときは，子は祖父母及び兄弟姉妹，子のために責任を負っている者（例えばおじ，おば，甥，姪，生活パートナー，父母の一方の配偶者，里親）も，交流権を有すると規定されています（民法1685条1項・2項）（鈴木博人「ドイツ法における交流権」比較法研究67号169頁）。

(3) 交流の内容の決定

両親の合意で決めますが，専門機関でサポートをする仕組みがとられています。相談機関には，少年局のほか，ドイツ児童保護連盟，カリタス会（カトリック社会福祉事業団）などがありますが，離婚の裁判が係属していなくても利用することができます（棚村政行「面会交流への社会的支援のあり方」家族＜社会と法＞26号89頁）。

両親の間で合意が成立しない場合には，家庭裁判所は速やかに両親の合意を得るように努めなければならないとされています（非訟事件訴訟法52条1項）。取決めをした後，両親の一方が，他方が裁判所が決めた子との交流の実行を挫折させ，又は困難にしていることを主張したときには，家庭裁判所は，調停手続により両親の合意を得るよう努めなければならないとされてい

ます（鈴木・前掲「ドイツ法における交流権」168頁，岩志・前掲32〜33頁）。家庭裁判所は，相談機関として少年局を紹介することもあります。

(4) 交流支援

少年局は，面会交流の取決めの援助のみならず，実際の交流の支援も行っています。その内容は，身上配慮権者と交流権者との話合い，交流の際の子の送迎，交流場所の提供，交流の監視などです。少年局の支援措置は原則として無料です。民間交流支援団体に委託されることもあり，費用は公的少年援助により負担されます。民間交流支援団体で最大規模の団体はドイツ児童保護連盟です（棚村・前掲89〜90頁）。

(5) 交流保護

従来，家庭裁判所では，特に困難事例において，面会交流を妨害する配慮権者から親の配慮を一部若しくは全部剥奪し，少年局を交流保護人に任命するという実務を確立させていました。交流保護人は，配慮権者から剥奪された面会交流に関する権限を委譲され，裁判で確定した交流ルールを実行するか，裁判所の委任で子の福祉にあった交流の形態を決定します。

しかし，今までの運用は，面会交流が困難な事例に適用するのに時間がかかりすぎたことから，2009年の改正で，交流保護制度が新たに導入されました。家庭裁判所は，長期間若しくは繰り返し著しい善行義務（父母が負っている，子と父母の他方との関係を害し，又は教育を妨げることはすべて行ってはならない義務（民法1684条2項））違反があるときに，交流保護を命じることができ（民法1684条3項），面会交流の実行のほか，交流の実行のために子の引渡しを要求し，交流の間，子の居所を定めることができます。交流保護は父母が自主的に交流を実行するようになるか，あるいは交流保護に効果がないことが明らかになるまで一時的に命じられます（高橋・前掲260〜261頁）。

(6) 面会交流の執行

(a) 民法上の子の引渡し・返還請求　子を手元に置いている親が面会交流を妨げる場合，交流権者が子を奪取した場合には，子の引渡し・返還を求めることができます（民法1632条1項）。

家庭裁判所に子の引渡し・返還申立てをした時点で交流保護が既に命じられていれば，交流保護人は面会交流実行のために子の引渡しを求めることが

できます（民法1684条3項4文）。

　(b)　秩序手段の適用　　家庭裁判所の子の引渡し・返還命令が出されても，なお義務者がそれに従わないときは，裁判所は秩序手段を用いることができます。従来は，家庭裁判所は，交流が履行されるまで強制金の支払を命じるか，その効果がないと予想されるときは強制拘禁を課して交流義務者の意思に働きかけ，交流命令の実行を担保してきました。しかし，効果が限定されていましたので，2009年の非訟事件訴訟法改正により，より強制力のある秩序手段を課すことにしました（高橋由紀子「ドイツの交流保護制度——親子の面会交流実現のための親権制度」帝京法学27巻2号26頁注17）。

　秩序手段は5段階になっており，それは以下のとおりです。

「①　子の引渡しを命じるか，または子との面会交流に関する家庭裁判所の執行名義ある決定

②　子の引渡しまたは面会交流決定に違反した場合に秩序金または秩序拘禁が課される旨の警告が①決定の中に明記されなければならない（非訟事件訴訟法89条2項）。

③　裁判所決定に対する義務者の違反が現実にあると，秩序手段確定の前に義務者は意見聴取される（非訟事件訴訟法92条1項）。

④　決定による秩序金／秩序拘禁の確定

　個別の秩序金の金額は2万5000ユーロを超えてはならない（非訟事件訴訟法89条1項）。秩序金の命令では効果はないと思われるときは，裁判所は秩序拘禁を命じることができる（同条3項）。

⑤　確定した秩序手段の実行

　拘禁の場合は子でなく義務者が拘禁される。」（高橋由紀子「ドイツの交流保護制度——親子の面会交流実現のための親権制度」帝京法学27巻2号26～27頁）。

　(c)　直接強制力の行使　　秩序手段の確定が効果ないとき，秩序手段を確定させても効果の見込みがないとき，決定の迅速な執行が絶対に必要なとき（非訟事件法90条1項）に，裁判所は執行のための直接強制を命じることができます。

　(d)　身上配慮権の剥奪又は他方の親への単独配慮権の委譲　　配慮権をもつ同居親による交流の拒否が子の福祉を著しく脅かす事態となった場合に

は，妨害する親から身上配慮権を剥奪するか（民法1666条・1666条 a ）他方親への単独配慮権委譲（民法1671条 2 項 2 号）を考えることができます（高橋由紀子「ドイツの交流保護制度——親子の面会交流実現のための親権制度」帝京法学27巻 2 号27〜28頁）。

III　子の引渡し

(1)　子の引渡命令

(a)　**別居中・離婚訴訟係属中の場合**　子の引渡しについての実体法上の根拠は，民法1632条です。同条は，身上監護権者が違法に子を父母又は父母の一方に渡さない者に対して子の引渡しを請求することができると定めています。もっとも父母は共同配慮権を有しているため，子を奪取された親は，裁判所で配慮権者を誰にするかについての最終決定が出るまでの暫定的処置として，単独配慮権（民法1671条）か居所指定権（民法1628条）を付与する仮命令とともに引渡しの仮命令を得て，奪取した親に対して子の引渡しを求めることになります。仮命令は，「終局決定を待っていれば子に不利益が生じる恐れがある場合など，子の幸福の観点から緊急に規律をする必要がある場合にのみ出されます」（浦野由紀子「子の奪い合い紛争の法的解決をめざして」家族＜社会と法＞18号116〜117頁）。

(b)　**別居後・離婚後の場合**　原則として父母は共同配慮権を有しているので，単独配慮権の場合ないし居所指定権をもたない親が子を奪取したときに問題になります。裁判所は，引渡しが子の幸福にかなうものかどうかについて，両親と子に対する聴聞や少年局に対する意見聴取，心理学者などの専門家による鑑定の結果を踏まえて判断します。通常は，継続性の原則から，もとの環境に子を戻すことが子の幸福にかなうので，引渡請求は認められるべきですが，奪取行為から時間が経過している場合において，引渡請求を許容すべきでない事情が生じているときには，子の幸福に合致しないため，引渡しは認められません（浦野・前掲117〜118頁）。

(2)　執行方法

(a)　**強制金の賦課・強制拘禁**　引渡命令に従わない場合，まず，強制金の賦課ないし強制拘禁の執行をする旨の威嚇がなされます。それでも義務者

が子を引き渡さない場合に，強制金の賦課ないし強制拘禁の執行命令が出されます。

強制金の賦課は，裁判所の命令を無視する意思の強さや程度を考慮して，最低5マルクから最大5万マルクが賦課されます。直接拘禁は6か月以内の期間，義務者を拘留します（浦野・前掲120頁）。

(b) **直接強制**　有形力の行使により，義務者から直接子を取り上げて権利者に渡すという方法です。直接強制は執行官が行います。執行方法としては，子を学校から直接請求者のもとに連れてきたり，義務者の家に出向いて子を取り上げたりするなどの方法がとられます。子が執行に抵抗する場合，自分で居所を選択する意思を持ち得ない幼児であれば，泣き叫んで抵抗しても直接強制が許されるとされています。他方で，意思能力のある子がとどまりたいと抵抗した場合，その意思に反して執行することはできません（杉山初枝『民事執行における「子の引渡し」』240～242頁）。

Ⅳ　養育費

(1) 仕組み

未成年者で結婚していない子は，両親に対して扶養料の支払を請求することができます（民法1602条2項）。両親は，未成年の子に対し，自己の相当な生活を危険にすることなく扶養料を支払うことができない場合でも，提供し得るすべての資力を自身及び子の扶養のために均等に使用しなければならないとされています（同条2項1文）。

(2) 養育費の査定

支払うべき扶養料の程度は，扶養権利者の生活水準に応じた「相当の扶養料」です（民法1610条1項）が，親の基礎収入から，扶養義務者である親自身の生活維持費を差し引いた残額分から扶養料が算定されます。デュッセルドルフ表やベルリン表といった算定表，高等裁判所の指針等により算定されます（菊池・前掲15～16頁）。

(3) 不払いの場合

(a) **扶養立替制度**　州政府が養育費を立替払いし，州が扶養債権を義務者から取り立てるものです（扶養立替法）。12歳未満の子について最長6年間

使用することができます。

　(b)　刑事罰　　扶養義務違反は刑事罰（最長3年の自由刑又は罰金刑）の対象にもなり得ます（ドイツ刑法170条）（浦野由紀子「子の養育費」戸籍時報569号96～98頁）。

【小池　知子】

Q42 フランス

フランスにおける面会交流や養育費などの制度を教えてください。

解説

I 前提となる法制度

(1) 親　権

　1970年以前には、親権は「父権（puissance paterneiie）」と表現され、嫡出子に関しては、父権は父母の双方に帰属するがその行使は原則として父が単独で行うとし、離婚後の父権行使については、規定がありませんでした（栗林佳代『子の利益のための面会交流――フランス訪問権論の視点から』102頁、106～107頁）。

　1970年の親権法改正により、「父権」との表現が「親権（autorité parentale）」と変更され、婚姻中は母も父と共同して親権を行使できるよう改められました。1987年には、嫡出子については、裁判官が、離婚に際して両親の意見を聴いた後で、親権を共同で行使させるか、単独で行使させるかを決定できるようになり、1993年には、嫡出子については、共同親権が原則であることが宣言されました。

　2002年には、嫡出子、自然子を問わず、父母は共同で親権を行使するとされ（民法371－1条2項）、婚姻中のみならず離別後も父母により共同行使されることになりました（栗林・前掲235頁、237～239頁）。

(2) 離　婚

　フランスには、日本の協議離婚に相当する手続はなく、離婚にはすべて裁判所の関与が必要です。大審裁判所での裁判のため、弁護士による代理が原則として必要です。

離婚の形態には，①合意離婚（民法230条ないし232条），②応諾離婚（民法233条ないし236条），③破綻離婚（民法237条ないし238条），④有責離婚（民法242条ないし246条）があります。

①合意離婚は，夫婦双方の離婚及びその場合の条件について合意がある場合にすることができます。子に関する訪問権・宿泊権などに関する仮の合意案を記載した書面を裁判所に提出します（民訴法1091条）。家庭事件裁判官は，仮の合意書案を審査し，子の利益に反すると認められる条項があればその削除・変更をさせてから，仮の合意を認可して発効させ執行力を与えます（民訴法1093条）。

②応諾離婚は，夫婦が離婚そのものには合意しているものの，条件について合意していない場合です。夫婦の一方が，共同生活を耐え難くしている事実を主張して離婚を請求し，相手方がこの事実を認めれば，裁判所は，双方が有責であるとして離婚の判決をしますが，相手方がこの事実を認めなければ離婚の判決をすることはできません（細谷泰暢「フランスにおける離婚訴訟の審理について」家月54巻5号66～69頁）。

③破綻離婚は，以前は6年前から事実上の別居がある場合と精神病離婚の場合がありましたが，2004年に法改正があり，精神病離婚は廃止され，「離婚の召喚の時に2年前から別居をしている」ことが要件となりました（民法238条）。原告が2年以上の別居を証明すれば離婚が認められます（田中通裕「注釈・フランス家族法(6)」法と政治63巻2号211～212頁）。

④有責離婚は，婚姻の義務及び債務の違反から生じた重大または反復された有責事由があり，それが共同生活の維持を耐え難くすることが必要です（民法242条）。

(3) 子の意見聴取

子は，あらゆる民事上の行為について特別代理人を選任することができます。また，分別能力を有する未成年者は，すべての訴訟において，裁判官又は裁判官によって選任された者に意見を聴取されます（フランス民法典388-1条1項）。

II 面会交流

(1) 法制度

　フランス法にいう「訪問権（droit de visite）」とは，子と直接かつ人格的な関係を維持し，子に会いに行き，又は，子を受け入れ，訪問から宿泊へ移らせる権利とされています（栗林・前掲97頁）。1970年に立法化されましたが，それ以前から，判例・学説において父母及び父母以外の訪問権についてさかんに論じられてきており，早くからさまざまな権利主体に訪問権を認めてきました。

　法的性質は，従来は自然権と考えられていましたが近時は子の権利であるとする考えが注目されています（山田美枝子「フランスにおける訪問権」比較法研究67号174頁）。

(2) 交流権の帰属主体

　(a) 両　　親　　両親の離別後も原則として共同親権がとられますが，裁判官は，子の利益のために必要があれば例外的に両親の一方に親権を委ねることができます（民法373－2－1条1項）。単独親権となった場合，親権を行使しない親には原則として訪問権が付与され，「重大な事由」がなければ拒否されることはありません（同条2項）。「重大な事由」とは，リオン控訴院第2法廷2003年5月13日判決は，「子の健康，道徳，安全を危うくする」こととしています（栗林・前掲248～249頁）。確立しているのは，子への性的接触・虐待が明白な場合であり，該当し得るのは，子への無関心，子との交流の欠如，子の略奪の危険，親のアルコール中毒，暴力などが挙げられます。養育費不払いや親の同性愛は該当しません（山田・前掲177～178頁）。単に両親の対立が激しいというだけでは重大な事由があるとはいえないとされています（色川豪一「フランスにおける面会交流援助」法務省ホームページ http://www.moj.go.jp/content/000076561.pdf 272頁）。

　(b) 祖父母・第三者　　祖父母の訪問権に関しては，1857年の判例で認められ，1970年に明文で承認されました。2002年の改正では，祖父母との交流は子の権利であることが明記されました（民法371－4条）。第三者については，「裁判所は，子の利益であるときには，血族または血族でない者と子の関係の態様を定める。」（民法371－4条2項）とされており，明文上は祖父母と第三者の区別はありません。しかし，1970年法が，重大な事由がない限り

子と祖父母との身上の関係を妨げることができないとされ，例外的な状況を考慮して祖父母以外の第三者に訪問権を付与することができる（旧同条2項）と規定していたことから，祖父母と第三者とは「子の利益」の判断で区別がされています（栗林・前掲258～259頁）。ここでいう第三者とは，義理の父母や事実婚解消後の前事実婚パートナーなどがあたります（本間美鈴「祖父母の面接交渉権」立命館法政論集4号302頁注34）。

(c) 育成扶助の場合　育成扶助制度は，子どもが危険な状態にあるときに，裁判所の命令により，子ども及びその家庭に対して在宅支援を行う，又は子どもを引き離して施設，里親等に預ける等の措置を行うものです（民法375条）（久保野恵美子「海外制度調査報告書（イギリス及びフランス）」法務省ホームページ http://www.moj.go.jp/content/000033297.pdf 8頁）。

育成扶助制度により子どもを個人か施設に委ねている場合であっても，両親には訪問権が認められます。この場合，少年裁判官は，訪問権の態様を定めたり，一時的に停止したりすることができます。また，少年裁判官は，子が委ねられている施設が指定する第三者の立会いの下でのみ両親の一方又は双方が訪問権を行使できると決定することもできますし，訪問権の態様について，子が預けられている施設と両親に定めさせることもできます（民法375-7条）（栗林・前掲265～266頁）。

(3) 交流権の内容の決定

内容の確認手続は，大審裁判所家族事件裁判官の管轄に属します（民法373-2-6条1項）。両親は交流権の内容を定め，家族事件裁判官に対し合意の認可を求めます。裁判官は，子の利益を十分に保障していないこと又は両親の合意が自由になされなかったことを確認しない限り合意を認可します（民法373-2-7条）。両親が不一致の場合，裁判官は当事者が合意できるよう促し，調停の措置を提案することもあります。合意ができない場合は，「子の利益」を基準に裁判官が決定します（民法373-2-6条1項）。このときの考慮事項は，①両親が以前に従うことがあった慣行又は以前に締結した合意，②未成年の子により表明された感情，③自身の義務を果たしかつ他方の権利を尊重する，両親各々の適性，④特に子の年齢を考慮して必要なら行われる鑑定，⑤社会的調査及び反対調査で集められた情報（民法373-2-11

条1～5号）です（山田・前掲175頁）。

(4) サポート体制

(a) 面会交流センターの設立　　1980年代末から，離別家庭の子どもの問題に取り組む専門家たち（弁護士，夫婦カウンセラーなどの心理専門家，ソーシャルワーカーなど）による自生的な取組みのなかで，各地に面会交流センターが設立され，困難な面会交流事例について，交流センターを活用した交流が行われていました。2007年の法改正で，裁判官は，訪問権の場所として「面会場」（espace de renontre）を指定することが可能となり（民法373-2-1条3項），面会交流センターが法律で明示的に認知されました。

(b) 面会交流センターによる面会交流援助

(ア) 援助主体　　面会交流センターの多くは民間の1901年法に基づく非営利社団によって，開設・運営されています。2009年の時点で加盟団体は79団体，94か所に所在します。団体のほとんどは，面会交流援助以外にも家事調停，夫婦カウンセリングなど家族問題にかかわる多様なサービスを提供しています。面会交流センターの半数近くは無償でサービスを提供しています。

(イ) 援助内容　　面会交流センターでの面会交流は，他に方法が存在しない場合に選択されるあくまで例外的な状況であり，子どもとの関係を維持し，交流を開始し又は再開する目的が達せられるまでの過渡的なものとされています。

頻度，時間など面会交流の具体的態様について，大枠は裁判によって定められますが，細部は訪問親・同居親の双方とコーディネーターとの事前面談で決めます。面会交流センターの側にどのくらい裁量の余地があるかは裁判官によります。

多くの面会交流センターは，建物内での面会交流を原則としています。建物内での交流のほか，短時間でも顔を合わせたくない当事者のために，子どもの受渡しのみを面会交流センターが仲介することもあります。

面会交流の頻度としては，月2回のケースが全体の3分の2を占めています。

ケース終了原因としては，訪問親や同居親と連絡がとれず面会ができない

ものが全体の33％ともっとも多く，次いで，裁判等で定められた予定期間の終了が全体の27％となっています（色川・前掲275～283頁）。

(5) 執行方法

(a) アストラント　アストラントとは，裁判で定められた債務が遅滞するごとに一定額の金銭の支払を命じることで債務者に対し履行を間接的に強制する制度です。訪問権を認める裁判においても同居親の不遵守に備えてアストラントを命じることは可能とされています。

(b) 刑事罰　未成年者の子の引渡しを請求する権利を有する者に対し，正当な理由がないのに，引渡しを拒む行為に対しては，1年の拘禁刑及び1万5000ユーロの罰金が科されます（フランス刑法典227-5条）。この規定は，裁判又は裁判上の合意により一方の親に子の居所が定められたにもかかわらず他方の親が子を引き離さない場合のほか，同居親が非同居親ほか面会交流権を有する者と子を面会させない場合や面会交流後に子を同居親に引き渡さない場合にも適用されます。

訪問権の行使を困難にすることを避けるために，子の国外への移動及び住所変更は制限されます。両親の一方が居所を変更する際には，それが親権の行使の態様を変更する限り，事前かつ適切な時期にそのことを他方の親に伝えなければならないとされています。また，家族事件裁判官は，両親の許可なしにフランス領から子を連れ出すことを禁止する旨，両親への旅券への記載を命じることができます。そして，子が同居しているにもかかわらず裁判又は裁判上認可された合意により訪問又は宿泊の権利を行使することができる者に対し，住所の変更から起算して1か月以内に，住所の変更を通知しない行為に対しては，6か月の拘禁刑及び7500ユーロの罰金が科されます（フランス刑法典227-6条）（色川・前掲274～275頁）。

Ⅲ　子の引渡し

フランスでは，民事的な手段よりも刑事的な手段が有効であると考えられています。上記に記載したように，未成年者の子の引渡しを請求する権利を有する者に対し，正当な理由がないのに，引渡しを拒む行為に対しては，1年の拘禁刑及び1万5000ユーロの罰金が科されます（フランス刑法典227-5

条)。訪問権は，子には両親が必要であるという子の利益のための制度です。そのため，子自身が会うことを拒否したことを理由に引渡しを拒んだとしても，免責されません（杉山初枝『民事執行における「子の引渡し」』244頁）。

Ⅳ 養育費

(1) 仕組み

フランスには，日本で使用される算定表など，支払額決定のためのガイドラインはなく，裁判官個人の裁量により，支払額が決定されます（細谷・前掲80頁）。

(2) 履行について

離婚判決において子に対する扶養定期金（養育費）の支払が課されるにもかかわらず，きちんと実行されるケースが40％に満たないという実態があったことから，1973年に，扶養定期金の直接払いの制度が導入されました。これは，扶養定期金の権利者が義務者の雇用主や預金先の銀行に対し，定期金を権利者に直接支払うよう請求できるという制度です（原田純孝「フランスの離婚」利谷信義＝江守五夫＝稲本洋之助編『離婚の法社会学——欧米と日本』193頁，224頁注13）。

さらに，1975年には，扶養定期金の公的取立制度が創設されました。これは，私法上の執行方法によっては扶養定期金の支払を受けられなかった場合に直接税の徴収担当官が権利者に代わって扶養定期金を取り立てる制度です。徴収費用として10％を加算して義務者から取り立てるため，権利者の費用負担がなく，かつ，義務者に対する威嚇効果も有しています（原田・前掲202～203頁）。

一人親家庭において，一定の所得要件を満たす者が子のための扶養定期金の支払を受けることができない場合には，扶養定期金の立替金という形で家族給付支給機関から一定の限度額まで家族支援手当が支給されます。この場合，家族給付支給機関は，当然に定期金債権者に代位するとともに，未払定期金の残余額及び将来の定期金債権についても取立委任を受けたものとみなされ，義務者から取立てをしていきます（原田・前掲218頁）。

【小池　知子】

Q43 イギリス

イギリスにおける面会交流・養育費の制度を教えてください。

解説

I 前提となる法制度

(1) 親　権

1989年に児童法が制定され，従前に用いられていた「親の権利や義務」という用語に代えて，「親責任（parental responsibility）」という概念を導入しました。「親責任」とは，「子の親がその子及びその財産との関係で法に基づいて持つ全ての権利，義務，責任及び権限を意味する」（児童法3条1項）と規定されていますが，その具体的な内容までは明記されていません。

子の出生時に婚姻している父母は，それぞれが親責任をもちます（児童法2条1項）。父母が婚姻していないときは，母は当然に親責任を有しますが，父は裁判所の命令，母との文書による合意又は母とともに出生登録を行うことによって，親責任を取得することができます（児童法2条2項・4条1項）。子の親の片方と再婚した相手方は，当然子の両方の親の同意を得て親責任を取得することができます（児童法4A条）。父母以外の者が親責任を取得しても父母が親責任を失うわけではありません（児童法2条6項）。両親が離婚後は各親がそれぞれ親責任を持ち続けます（久保野恵美子「海外制度調査報告書（イギリス及びフランス）」法務省ホームページ http://www.moj.go.jp/content/000033297.pdf 19，20，23頁）。

(2) 離　婚

イギリスには，日本の協議離婚に相当する手続はなく，離婚にはすべて裁

判所の関与が必要です。離婚を求める夫婦の一方は離婚訴訟を裁判所に提起します。婚姻成立後1年間は離婚の申立てができません（家族法7条・6条）。裁判所に離婚の申立てをする前に，合意形成援助手続を利用して離婚の諸条件について合意をしてから離婚の申立てをすることもできます。

すべての離婚訴訟が法廷での審理によって判決が出されるわけではなく，離婚当事者が離婚並びに離婚から生じる財産問題の処理や親子関係に関する諸条件について合意がある場合には，特別手続という簡易な方法によって婚姻関係を解消することができます。

いずれの手続きでも，まず離婚仮判決が出され，それに対して異議がない場合，離婚の申立人は，6週間後に離婚最終判決を出すよう裁判所に申し立てます。裁判所はこれを受けて最終判決を出します。

(a) 特別手続による場合　特別手続で婚姻関係を解消する場合，父母は離婚手続とともに子の処遇について合意に関する陳述書を提出します。陳述書には，離婚後子がだれとどこに居住するか，非同居親はどのようにどのくらいの頻度で子と交流するかなどを記載します。担当裁判官は，その記載内容が子の福祉にとって適切かどうかを念頭において離婚の可否を検討します。

離婚の申立人が陳述書を提出し，相手方がそれに同意するか，相手方独自の陳述書を提出した場合，裁判官は記載された事項を検討して，内容が子の福祉に反しないと判断すると離婚判決を出しますが，裁判官の判断で子どもの福祉に関する資料につき追加で提出を求めたり，CAFCASS（Chidren and Family Advisory and Support Servise）の調査官に事件の調査の明示報告書を提出させたりすることもあります。

CAFCASSは，子どもに関わる事件に関して支援を提供する独立行政機関で，2001年4月に設置されました。

(b) 通常の離婚訴訟手続　通常の離婚訴訟手続となる場合は，合意ができず特別手続にできない場合ですので，裁判官が裁判所内の合意形成援助機関で合意をするよう命じることがあります。ここでは家事事件報告官や事務弁護士が同席するなどして，合意を作ることが期待されています。特別手続による場合同様，CAFCASSに合意形成援助や報告書の作成を命じること

もあります。

離婚する父母が子の監護に関する事項をめぐって特に争いがない場合には，離婚申立書に子の処遇に関する陳述書を添付し，裁判所が認めれば，それ以上に裁判所が介入することはありません。

父母の間に子の処遇に関して対立がある場合や裁判所が父母の合意が子の福祉に合致しないと判断した場合には，当事者の一方は裁判所に対して命令を求めることができると同時に，裁判所も命令を出すことができます。これらの命令は児童法 8 条命令といわれるものです（南方暁「イギリスでの交流権と英国の子ども交流センター（child contact centres）」法務省ホームページ http://www.moj.go.jp/content/000076561.pdf 231～236頁）。

Ⅱ 面会交流

(1) 法的性質

面会交流の権利は，子の権利とされています。子を性的に虐待した父に対しても，DV を働いた夫に対しても，直ちに交流を否定せず，子や監護親の身体生命の安全を確保しつつ，できる限り子と暮らしていない親との交流を維持させようとしています（棚村政行「面会交流への社会的支援のあり方」家族＜社会と法＞26号86～87頁）。面会交流の態様は，1 対 1 の面談による直接的交流と，電話・手紙・メールなどの連絡による間接的交流が考えられます。

(2) 交流主体

交流は親子間のものが第 1 と考えられています。祖父母や兄弟姉妹については，法に規定はありません。

児童法は祖父母の固有の権利として規定していないことから，子との面会交流を希望する祖父母は，児童法 8 条に基づき，裁判所に対して交流命令の発給を請求することになります。裁判所は子の福祉・利益に適うか否かの観点から判断します（本間美鈴「祖父母の面接交渉権」立命館法政論集 4 号307～309頁）。

(3) 交流内容の決定

離婚の際に面会交流の内容を決めます。前記記載のとおり，離婚の裁判において，両親の提出した陳述書の内容に問題がなければ，裁判官は特に介入することなく，陳述書記載の内容が交流の条件になります。

裁判官が陳述書を検討し必要と判断した場合には，当事者に対して子の福祉に関係する資料や情報の追加提出を求めたり，CAFCASS の調査官に事件の調査を命じて報告書の提出を求めたり，必要と判断された時には，裁判所は子どもの処遇に関する命令（児童法8条による命令）を出すこともできます。

8条命令には，①同居命令，②交流命令，③特定行為制約命令，④特定事項命令の4つがありますが，面会交流についての命令は②交流命令です。

8条命令がなされるにあたっては，裁判所が検証するべき子の福祉を確保するための検討事項リストにそって，事実を検証して子の福祉を第1に命令を出すことになります。検討リストの項目には，子どもの気持ち・子どもの身体的，情緒的，教育的ニーズ，現状変更による子どもへの影響，子どもの年齢・性・生育歴，子どもが被った被害などがあります（南方・前掲234頁）。

(4) サポート体制

(a) 交流センター　　イギリスには，交流が円滑に実施されるための交流の場があります。1985年2月に教会で非同居親と子との交流支援が初めて開始されました。当初は，教会が交流の機会を確保するため，場所を提供していましたが，やがて，各地で交流の場がボランティアによって作られるようになり，1998年に子ども交流センター全国協会として組織化されました。現在では約390機関あります（南方・前掲237～238頁）。

交流センターでの支援方法は，支援交流（スタッフが間に入って面会交流を支援する）と監視付き交流（暴力などの危険がある場合に，生命身体の安全を確保しながら面会交流を支援する）があります（棚村・前掲87頁）。

(b) 裁判官の関与　　裁判官は，面会交流の理解のための活動への参加を義務付けたり（2006年児童及び養子法1条，1989年児童法11条A），交流にあたっての条件を付けたり（1989年児童法11条C）することができます。また，面会交流について CAFCASS のスタッフに監視させ，その報告書を裁判所に提出させることもできます（1989年児童法11条G及びH）（棚村・前掲87～88頁）。

(c) 家族支援命令　　8条命令とは別に，裁判所は，「家族支援命令」を出すことができます。これは，当事者を支援することを目的としており，とりわけ非同居親との交流を行う場合，CAFCASS のスタッフが支援や助言

をするなどの関与をすることで円滑な交流を実現することが期待されます（棚村・前掲88頁）。

(5) **面会交流の執行**

(a) 履行強制命令　　交流命令を守らなかった場合には，裁判所は違反者に対して履行強制命令を出すことによって，最長200時間に相当する無償労働を課すことや（児童法11条J項），交流のために非居住親が予約したホテルや航空チケットが無駄になった時の経済的損失に対する補償を命ずることができます（1989年児童法11条O項）。

(b) 刑事罰　　交流命令を遵守しない場合には，裁判所は，裁判所侮辱罪により罰金若しくは最長2か月の懲役刑を科すことができるだけでなく，命令に従わない者を逮捕・投獄する権限を命令に付すことができます。

(c) 監視　　2006年子ども養子法により，児童法11条が改正され，2008年11月から「交流命令」に関して，裁判所は交流の間に交流当事者が特定の行動をとるよう命じるだけでなく，特定の行動をとっているかについてCAFCASSの調査官に監視を命じることができます（南方・前掲235頁）。

Ⅲ　養育費

(1) **仕組み**

イギリスでは，裁判所が養育費の決定をしていましたが，1991年養育費法に基づき，養育費事務所（Child Support Agency：以下，CSA）と呼ばれる行政機関が設置され，養育費の取決めと養育費の徴収のサービスが提供されるようになりました。これまで執行されていた養育費支払の裁判所命令や合意による支払は，CSAによる算定がなされた時点で停止します（新島和彦「イギリスにおける離婚後の子の養育費の履行確保制度の問題点と改善の試み」小野幸二教授還暦記念論集『21世紀の民法』671頁）。

なお，同法では，原則として子が16歳に達するまでは，両親が離婚しても扶養義務は子の父母にあると規定されています。

(2) **養育費の取決め**

養育費の算定は，規定の算定方式を用いて行われます。算定手順は，非同居親の所得の一定割合とする所得パーセント方式となっています。算定にあ

たり，所得の情報が同居親から得られない場合には，CSA は非同居親の雇用主や歳入関税庁から情報を取得することができます。

(3) 養育費の徴収

養育費は，非同居親が同居親に直接支払うこともできますし，CSA の徴収サービス（非同居親から口座振替や給与天引きによって養育費が CSA に支払われ，CSA が同居親の銀行口座に振り込む）を利用することもできますが，確実な支払が認められる場合を除いて CSA を介して支払われます（下夷美幸『養育費政策に見る国家と家族』178頁）。

(4) 不払いの場合

CSA は，強制手段を用いることができます。給与天引きや手当，年金からの天引き，非同居親の銀行口座から養育費を差し押さえることもできます。それでも支払われない場合には，裁判所に申し立てて，自動車運転免許の停止や非同居親の収監という手段も用いることができます。非同居親の財産を売却して，養育費の支払に充てることもできます。非同居親が養育費の支払を回避するために財産を処分しようとしている場合には，CSA は裁判所に申し立てて差し止めることができます（下夷美幸「イギリスにおける養育費制度」棚村政行編著『面会交流と養育費の実務と展望――子どもの幸せのために』284～288頁）。

【小池　知子】

Q44 韓　　国

韓国での面会交流・養育費の制度を教えてください。

解説

I　前提となる法制度

(1) 親　権

　当初の民法制定当時は、父母が婚姻中でも第一次的には父が親権者とされていました。1977年に共同親権に改正されましたが、父母の意見が一致しないときは父が単独で親権を行使でき、離婚後の母は親権者になることができないなど、実質的には父優先の制度がとられていました。

　1990年の改正により、母が親権者となることができるようになり、嫡出子の場合は、父母の婚姻中は父母が共同で親権を行使し、父母が離婚した場合には、父母の協議により親権を行使する者を定め、協議をすることができないとき、又は協議が調わないときは、当事者の請求により、家庭法院が定めることができるとされました（金疇洙「韓国家族法とその改正について」比較法学26巻1号56頁）。もっとも、家庭法院が介入できるのは、当事者が請求したときに限られており、子の福祉にとって不都合であったことから、2007年に、離婚をした場合で協議をすることができないとき、又は協議が調わないときには、当事者は家庭法院にその指定を請求しなければならない（民法909条4項）と改正されました。裁判離婚の場合は、家庭法院が職権で親権者を定めます（民法909条5項）。

　協議では、離婚後も共同親権とすることも可能ですが、家庭法院が指定する場合は、単独親権と定められるでしょう。親権と養育権の分離分属も可能

です（申榮鎬「韓国における離婚及び子の養育並びに親権法制の実情」財団法人日弁連法務研究財団離婚後の子どもの親権及び監護に関する比較法的研究会編『子どもの福祉と共同親権——別居・離婚に伴う親権・監護法制の比較法研究』324〜326頁）。

(2) 離　　婚

韓国では夫婦の合意によって成立する協議離婚と裁判離婚が認められています。

(a) 協議離婚　1977年の民法改正では，協議離婚する際に，家庭法院において離婚意思の確認をする制度がとられていましたが，離婚意思確認とは，夫婦に離婚の意思があるかを確認するだけであり，子の問題や財産の清算などについては確認の対象になっていませんでした。

韓国では，協議離婚が全体の離婚の85％を占めていますが，1998年から離婚が急激に増加し，一時的な感情対立による軽率な離婚，子どもに与える被害に関する十分な関心をもたない無責任な離婚に対する懸念が有識者やNPO団体などから社会全体に広がるようになりました（宋賢鐘「大韓民国における離婚法の改正と養育費の支払いなどの実態——協議離婚制度の変化を中心として」養育費相談支援センター・ニューズ・レター2号2頁）。

そこで，これらの弊害を解消するため，2007年，協議離婚のときにも家庭法院が積極的にかかわるように民法が改正されました。

協議離婚をするには，まず，夫婦は，家庭法院によって離婚の意思の確認を受けるために，家庭法院に確認申請書を提出します。その際に，家庭法院が提供する離婚に関する案内に参加しなければなりません（民法836条の2第1項）。

家庭法院が必要と認めた場合には，夫婦に対して専門相談者の相談を受けることを勧告することができます（同条の2第1項）。

夫婦は，家庭法院で離婚に関する案内を受けた日から3か月の間に，養育者の決定，養育費の負担，面会交流を行使するか否か及びその方法について協議により定めます（民法837条1項・2項）。また，離婚後の親権者を定めます（民法909条4項）。共同親権でも構いません。

こうして成立した協議書を家庭法院に提出し，家庭法院はこれを審査し，子の福利に反する場合には，補正を命じ，又は職権によって，子の意思・年

齢及び父母の財産状況その他の事情を参酌して，養育について必要な事項を定め（民法837条3項），また親権者を定めることができます（民法909条4項）。夫婦の間で協議が調わないとき又は協議ができないときは，家庭法院がこれらの事項を決定します（同条4項・900条4項）。

　以上のように，子のために養育者の決定，養育費の負担，面接交渉を行使するか否か及びその方法，親権者について合意しなければ，協議離婚をすることができません（二宮周平「当事者支援の家族紛争解決モデルの模索」ケース研究307号22～23頁）。

　(b)　**裁判離婚**　調停前置主義がとられ，家庭法院に離婚の訴えをしようとする者はまず調停を申し立てます（家事訴訟法50条1項）。協議離婚における家庭法院の仕組みは，裁判離婚にも適用されます（民法909条5項）。もっとも当事者が面会交流に関する協議ができないときは，当事者の請求がなくても職権で定めることができます。事件本人である子が15歳以上の場合には，子の意見を聴取しなければなりません（家事訴訟規則99条・100条）（金亮完「韓国における面会交流制度」棚村政行編著『面会交流と養育費の実務と展望　子どもの幸せのために』272頁）。

Ⅱ　面会交流

(1)　仕組み

　1990年の改正で，離婚後子を直接養育しない父母の一方に面会交流権を認めました。当時は，親の権利として規定されていましたが，2007年の改正で，子どもの権利（民法837条の2）とされました。

　明文では，父母以外の第三者と子との面会交流は認められませんでしたが，当事者間の合意がある場合には，子と祖父母との面会交流が認められるとした事例があります

(2)　交流の内容決定

　面会交流の決定方法は，協議離婚の場合には当事者が面会交流の有無及びその方法についての協議書を家庭法院に提出します。裁判離婚の場合も同様ですが，協議できないときは家庭法院が職権で定めます。

　面会交流が制限・排除されるかを判断する基準は子の福祉（民法837条の2）

です。具体的には，子が面会交流を望まない場合，非養育親による虐待があった場合，面会交流時に非養育親が養育親の悪口を言うなど子に対して意図的に不当な悪影響を及ぼす場合などが問題になります（金亮完・前掲270～273頁）。

(3) サポート体制

家庭法院は，子の問題については，できるだけ当事者の自発的な解決を志向しています。親教育プログラムや専門相談によって効果が上がることが期待されています。そこで，ソウル家庭法院では，家事少年専門法官の判事，専門調査官，家庭福祉学の教授などの外部諮問委員により構成される「子ども問題ソリューション会」を立ち上げました。

ソリューション会では，協議離婚の際の両親教育を行うほか，裁判で子どもの問題がある事件について，ソリューション会で会議を行い，適切な措置を与えたり，手続の代行をしたりします。同会では2009年に非養育者である親及び養育者である親と子の1泊2日のキャンプを開催しました。キャンプによりお互いの心の扉が開かれ，円満に面会交流などの調整が成立したといった報告がされています（二宮周平＝金成恩「韓国における子どものいる夫婦の離婚問題への取り組み──『子ども問題ソリューション会』と『養育手帳』」立命館法学2010年3号460～462頁）。

ソリューション会は，「子どもとの健康な出会いのための養育手帳」を作成しました。この手帳は，子と別居親に対して，面接に際しての留意事項，希望などを手帳に記載して別居親に渡し，別居親は，面接の様子や同居親に対する希望などを手帳に記載して同居親に返すという形で使用されます。このやり取りを繰り返すことで，当事者の任意による面会交流の実現を確保しようとしています（二宮・前掲24～25頁）。

(4) 面会交流の執行

2005年に家事事件訴訟法64条1項が改正され，家庭法院による履行命令の対象として，面接交渉義務を履行しない者を追加しました（申榮鎬・前掲323頁）。これにより，家庭法院が履行命令を出すことができるようになりました。

養育親は，子の養育・教育に必要な居所の指定，不当に子を拘束している

者に対する引渡請求ないしは養育権妨害に対する妨害排除請求等をすることができると解されています（大法院1985年2月26日判決）（金亮完・前掲274頁）。

Ⅲ 養育費

(1) 仕組み

父母は，離婚をする際に，養育費に係る取決めをし，協議書を家庭法院に提出します。家庭法院は，養育費負担に関する内容を確認する養育費負担調書を作成します。養育費負担調書には執行力が付与されます（家事訴訟法41条）。そのため，判決がなくても強制執行ができることになります（民法836条の2第5項）。

(2) 養育費の取決め

2012年5月31日，ソウル家庭法院は，子の数と年齢，父母の合計所得を基準として決められた，養育費算定基準を公表しました。子の養育は父母の当然の義務であり，子の生活のための最小限度の金員は，いかなる場合においても保障されなければならないため，非養育親に所得がない場合にも養育費支払義務を認めるのが原則です（金亮完「韓国における養育費制度」棚村政行編著『面会交流と養育費の実務と展望──子どもの幸せのために』307～309頁）。

(3) 不払いの場合

(a) 罰則の強化　養育費支払義務者がその支払を怠った場合，権利者は，家庭法院に履行命令（家事訴訟法64条）を申し立てることができます。履行命令が発せられたのに正当な理由なく同命令に違反した場合は，職権で又は権利者の申立てにより1000万ウォン以下の過料に処せられます（同法67条1項）。

養育費の定期的な支払を命じられた者が正当な理由なく3回以上義務を履行しなかったときは，家庭法院は権利者の申立てにより，30日の範囲内で養育費支払義務者に対する拘留を命じることができます（同法68条1項1号）。

(b) 直接支払命令制度　養育費支払義務者が正当な理由なく2回以上養育費を支払わなかった場合には，執行権原を有する権利者の申立てにより，使用者に対し，養育費を義務者の給与から控除して直接権利者に支払うよう求めることができます（家事訴訟法63条の2）。

(c) 担保提供命令・一時金支払制度　家庭法院は，養育費を定期金で支払うよう命じる場合において，その履行を確保するために，支払義務者に対し，相当な担保を供するよう命じることができます（家事訴訟法63条の3第1項）。養育費支払義務者が正当な理由なく養育費支払義務を履行しないときも，申立てにより，相当な担保を供するよう命じることができます（同条2項）。養育費支払義務者が担保を供すべき期間内に担保を供しない場合には，家庭法院は，権利者の申立てにより，養育費の全部又は一部を一時金として支払うことを命じることができます（同法63条の3第4項）。この命令を受けた者が正当な事由なく30日以内にその義務を履行しないときは，家庭法院は，権利者の申立てにより，30日の範囲内で養育費支払義務者に対する拘留を命じることができます（同法68条1項3号）。養育費支払義務者が自営業者の場合有用です。

(d) 財産開示・財産照会制度　家庭法院は，未成年の子の養育費請求事件において特に必要と認めるときは，職権で又は当事者の申請により，その財産を明示することを命じることができ（家事訴訟法48条の2），財産を明示せず，又は明示された財産では事件の解決が困難と認めるときは，職権で又は当事者の申請により，当事者名義の財産を照会することができます（同法48条の3）（金亮完「韓国における養育費制度」棚村政行編著『面会交流と養育費の実務と展望——子どもの幸せのために』307〜309頁）。

【小池　知子】

Q45 オーストラリア

オーストラリアにおける面会交流・養育費の制度を教えてください。

解説

I 前提となる法制度

(1) 親　権

　1995年に家族法が改正され，従来の「監護（custory）」という言葉に代え，新たに「親責任（parental responsibility）」という概念が導入されました。親責任とは，子どもとの関係において，法によって親が有するあらゆる義務，権原，責任，権威を意味していると規定されていますが，具体的な内容については明記されていません（石堂典秀「オーストラリアにおける面接交渉の履行確保をめぐる新たな動向——2000年家族法改正の背景を中心として」中京法学40巻1＝2号94頁注59）。

　親責任は，生物学的な親子関係に基づいて成立し，両親が婚姻関係にあるかは関係なく，両親は子どもが生まれると同時に平等な責任を有し，婚姻しているか，あるいは一緒に住んだことがあるかは関係がありません（パトリック・パーキンソン著，長田真里訳「別居後のペアレンティング——オーストラリアにおける紛争解決プロセス」立命館法学330号112頁注6）。

　つまり，未婚であっても親責任が付与されるし，両親が別居，離婚しても父母双方に親責任があるということです。

(2) 離婚制度

　オーストラリアには，日本の協議離婚に相当する手続はなく，離婚にはすべて裁判所の関与が必要です。徹底した破たん主義を採用しており，離婚原

因は12か月の別居のみとされています。別居期間中に，監護者，養育費，面会交流など，子の監護に関する取決めをして，離婚申立て時に裁判所からチェックを受けます。

　裁判手続に入る前に，裁判所は，当事者に対し，敵対感情を薄め，離婚後の子の監護に関する事項等について円滑に話ができるようにするために，カウンセリングサービスを受けることを勧めます。カウンセリングを受けた段階で事件の7割は合意により解決します。

　カウンセリングで合意できなかった場合，家庭裁判所に離婚命令を求めていくことになりますが，その前に調停を行うことが要件となっています。調停で合意が成立すれば，強制力が付与されます。

　カウンセリングや調停が不調となった場合には，正式審理を経て判決をするか再度和合調整を図るかの方向付けをします。この段階で子の監護に関する事件については，子に代理人が選任されます。

　その後，審理前協議で主張を整理し，正式審理を経て判決が出されます（松田亨「オーストラリアの家庭裁判所——破綻主義離婚法の運用と子の福祉を中心として」家月50巻6号19～30頁，52～54頁）。

Ⅱ　面会交流

(1) 法的性質

　かつての監護者制度のもとでは，「access」という用語が用いられていましたが，1995年の改正で「contact」に変更され，さらにこれが子どもの権利であると明文化されました（石堂・前掲48頁）。条件を決めるにあたっては，子どもの利益が考慮されます。

(2) サポート体制

　2006年の家族法改正法は，子どもが暴力や虐待から保護される必要がない限り，同居していない親の関与をより促進することを目的としています（パーキンソン・前掲112頁）。また，連邦家族法の目的は「両親が彼らの子どもの将来におけるペアレンティングに合意すべきである」とされており，私的な取決めはオーストラリア家族法システムにおいて強く推奨されています（パーキンソン・前掲121頁）。ペアレンティングの取決めとは，どのような取決

めをすることが子にとって最善の利益になるのか，子が各親と過ごす時間をどのように配分するかという取決めをいいます。そこで，「家族関係センター（Family Relationship Centre）」が全国に65か所設置され，別居直後の段階で子の監護に関する取決めができるよう親を援助しています。ここでは，親に対するカウンセリングやメンタルヘルスへの対応，法律相談などが実施されています。家族関係センターは，カウンセリングやメディエーション（調停）に経験のある NGO が政府から選ばれており，政府から予算が下りています（二宮周平「当事者支援の家族紛争解決モデルの模索」ケース研究307号19～20頁）。

(3) 面会交流の執行

(a) **家族関係センターの存在**　家族関係センターは，別居した親の取決めが破たんしたか，裁判所命令が不履行である場合に，情報，アドバイス，紹介及び家族紛争解決手続を通じた裁判所システム外での問題を解決する役割も担っています（パーキンソン・前掲125～126頁）。

(b) **裁判所の強制システム**　裁判所で命令を出すときには，命令の中に，その命令が生み出す義務と違反したときに生じる結果について明記します。面会交流命令の場合に生じる義務は，命令に従って，面会交流親が有している面会交流を邪魔したり，妨害したり，介入してはならない，という義務です。裁判所は，命令を理解させるために，当事者を家庭子どもカウンセラーや福祉事務官のもとに行くように命じることもできます。

裁判所命令に違反した場合には，裁判所は，違反者に対して，レクチャー，ディスカッション・セッション，カウンセリングといったプログラムに参加することを命じたり，違反が継続する場合には，社会奉仕や罰金などのペナルティを科したりすることもできます（石堂・前掲72～77頁）。

III 養育費

(1) 仕組み

オーストラリアでは，1988年に養育費制度が導入されました。導入前，養育費の取決めは，両親の合意によるか裁判所の命令によるものでしたが，両親間で合意ができない場合や費用の面で裁判所に申立てができない場合は養育費の取決めはなされませんでした。そのため養育費の受給率は30％にも達

しませんでした。そのため，アメリカの制度にならい，養育費を専門に扱う行政機関を創設して，そこで養育費問題に対処しようとしたのです。まず，1988年に，養育費事務所（Child Support Agency：以下，CSA）と呼ばれる行政機関が設置され，裁判所の「養育費命令」及び裁判所に登録された「養育費の合意」について，CSAによる「養育費の査定」サービスが開始されました。ついで1989年には，CSAによる養育費の査定サービスが開始されました。

(2) 養育費の査定

養育費の査定は，規定の算定方式を用いて行われます。算定方式は両親の所得比を用いて算出する所得シェア方式となっています。算定にあたり，所得の情報が同居親から得られない場合には，CSAは非同居親の雇用主や歳入関税庁から情報を取得することができます。CSAの養育費の決定について納得がいかない場合には，社会保障控訴裁判所（SSAT）に訴えることができます。

(3) 養育費の徴収

養育費の支払は，当事者間で行う私的徴収とCSAが支払義務者から徴収しそれを権利者に送金するCSA徴収があります。CSA徴収では，義務者からCSAに養育費が支払われますが，支払方法は多様であり，指定の銀行口座への振り込み，小切手や郵便為替などによる支払の他，給料天引きや受給している福祉給付からの天引きなどもあります。CSAでは私的徴収を推奨しており，2009年から2010年にかけて，離別親の7割が私的徴収を利用していました。

(4) 不払いの場合

CSAは，強制手段を用いることができます。給与天引きや銀行口座からの引き落とし，義務者への社会保障給付や税の還付金からの差押えもできます。支払義務者が国外に出ることを禁止することもできますし，義務者の財産の差押命令を裁判所に求めることもできます。さらに悪質な場合は，裁判所に起訴することもできます（下夷美幸「オーストラリアにおける養育費制度」棚村政行編著『面会交流と養育費の実務と展望――子どもの幸せのために』290～294頁，下夷美幸「オーストラリアの養育費制度――もうひとつのアングロサクソンモデル」養育費相談支援センター『養育費確保の推進に関する制度的諸問題』40～61頁）。【小池　知子】

Q46 アメリカ

アメリカにおける面会交流と養育費などについて教えてください。

解説

I 前提となる法制度

(1) 親権，監護権

　日本では，離婚後の親権は，父母どちらか一方の単独親権のみが認められていますが，アメリカでは，1970年代以降，多くの州で，離婚後についても共同監護（joint custody）が導入されました。各州法が独自に制定されることから，州によって，法制度は異なりますが，2010年のアメリカ法曹協会の資料によれば，離婚後の共同監護が法制化されているのは，全米52州等（アメリカ50州とコロンビア特別区，プエルトリコ）のうち42州で，それ以外の3州では，法制化はされていないものの判例法により離婚後の共同監護が確立されています。また，このいずれにも該当していないニューヨーク州においても，実務上，当然に共同監護が一つの選択肢とされているなど，現在のアメリカでは共同監護が広く利用されているといえます（進藤千絵＝小澤敦子「アメリカにおける離婚後の子の監護と面会交流について──ニューヨーク州を中心に」家月64巻4号3～8頁）。

　また，法制化されている州においては，共同監護の理念を積極的に打ち出している州法もあります。例えば，カリフォルニア州法では，父母が別居や離婚をした後も，子どもが両親と頻繁かつ継続的な交流（frequent and continuing contact）を維持するよう確保するのが州のパブリック・ポリシーである（カリフォルニア州家族法3020条(b)）とされています。州によって制度自体は異な

るものの，単に共同監護を一つの選択肢としてもつにとどまらず，カリフォルニア州法の規定のような「頻繁かつ継続的な交流」を通じて，子どもが父母の離婚後も父母の双方との関係を維持できるようにするというのが，アメリカ家族法の基本的な考え方となっています。また，こうした考え方のもとでは，父母の監護者としての適格性や面会交流については，諸般の事情を比較衡量し，「子の最善の利益 (best interest of the child)」に即した解決が図られるよう判断されています（原田綾子「アメリカにおける面会交流支援――共同監護・面会交流の合意形成と実施を支える様々な取組み」棚村政行ほか『親子の面会交流を実現するための制度等に関する調査研究報告書』193頁）。

アメリカでは一般的に，監護権は，子どもの医療，教育等の重要な事項についての決定権である法的監護権 (legal custody) と子どもが当該権利をもつ親とともに生活することを示す身上監護権 (physical custody) とに分けられており，それぞれについて共同 (joint) にするか，単独 (sole) にするかを決めることができます。身上監護権を共同とした場合でも，子どもが父母と過ごす時間を半々に近い形で決めることも，主として一方の親の下で生活し，他方の親とは頻繁かつ継続的な交流を保証することも，制度としてあり得ます。

ただし，子がそれぞれの親と過ごす時間を同じだけ過ごす方法は，子にそれぞれの親の住居間の移動を強いるため，子どもへの負担が大きく，子自身から好まれないことや，これを円滑に行うためには，両親が近接した場所に住み，相互に行き来する必要があり，現実にはアメリカでもあまり行われていないようです。

こうした共同監護には，離婚後の両親が協力して子どもの監護にあたることが不可欠です。しかし，協力どころか，それぞれが全く異なる監護方針をとっていて，離婚後の両親が子どもに関する問題に関し方針すら決まらないような場合には，共同監護は，いたずらに子どもを混乱させ，その監護に支障を生じさせ，子どもの利益に資さないこともあります。したがって，多くの共同監護の取決めにおいては，監護権の具体的配分をするにあたり，子どもと同居する親に法的監護権のうち重要な決定に関する権限を与えることにより，この問題を回避しており，実質的に単独監護に近いものになっている

との指摘もあります（進藤千絵＝小澤敦子「アメリカにおける離婚後の子の監護と面会交流について——ニューヨーク州を中心に」家月64巻4号12頁）。

(2) 離　　婚

アメリカには，日本の協議離婚のような制度がないため，離婚に関しては裁判所の関与が必要です。事実婚であっても，未成年の子がいる場合には，後述するとおり，監護権や養育費，面会交流については具体的な取決めが必要であり，裁判所が関与します。

ただし，被告が原告の主張すべてについて争うつもりがない，裁判外で話合いが成立したなどにより，被告が答弁書を提出しない，被告が出頭しない，争わない趣旨の記載がなされた答弁書が提出されたなどの争いのない事件については，合意ができていれば合意に沿った判決が，合意でないこうしたケースでは，基本的に原告の主張に沿った判決が出されることになります。争いのない事件では，正規の裁判官以外が審理判断をできるとしている州もあります（金子修「米国における家族関係訴訟の実情について（上）」家月53巻11号12〜15頁）。

また，裁判所が関与するとはいっても，監護権や面会交流について争いがある場合，子の最善の利益に即した解決が図れるよう，調停（mediation）での解決をめざしたり，心理学やメンタルヘルス，行動科学の知見を有する専門家による子の監護に関する鑑定（evaluation）を行った上，裁判官はその結果を重視して監護や面会交流の方法，頻度を決定するなど，特別な手続をもつ州が多くあります。カリフォルニア州などでは，調停前置主義がとられていますし，調停前置主義をとっていないニューヨーク州でも ADR 等の利用を裁判所が推奨しています。

(3) 子の意思確認

子どもの監護や面会交流が争点となっており，子どもがある程度の年齢に達している場合には，子ども自身の意向はその決定に不可欠の要素です。こうした場合には子どもの意見聴取を義務付けている州もあります。子どもの意見聴取の方法については，州によって異なりますが，他の監護に関する事実調査と同様，裁判所内部又は裁判所と連携する必要な専門家を供給する機関などの心理学者，カウンセラー，ケースワーカーなどの専門家や，子の利

益の代弁者として選任された訴訟のための後見人（guardian ad litem）が行い、裁判官に報告されることが多いようです。

訴訟のための後見人は、子どもの福祉の観点から裁判所に勧告するためなどで選任されることがあります。このような子どもの利益の代弁者が必要であるという発想の根底にあるのは、親の利害と子どもの利害を対立的に捉え、子どもは離婚における最大の被害者であり、従来の両当事者の対立的構造処理の中では子どもの利益を代弁する者がおらず、親の供述も信用できないことになるという考え方です。

一方で、調停（mediation）において、手続内で子の意見を直接聴くことは制度上できるようですが、実際には少ないようです。ニューヨーク州では、訴訟のための後見人等からの聴取がなされることが多く、ニュージャージー州でも、必要があれば子供に調停への出頭を求めて、調停員から子どもに対して意見を聴くこともありますが、その数は少ないとのことです（金子修「米国における家族関係訴訟の実情について(上)」家月53巻11号31～35頁、41～45頁）。

II 面会交流

(1) 法制度

離婚や監護権と同様、面会交流に関しても、各州で法律が異なり、実質的な運用には差異があります。しかし、「頻繁で継続的なコンタクト」を通じて子どもが父母双方との関係を持ち続けられるようにするという姿勢は、面会交流の面でも基本的な考え方になりつつあるようです。ただし、「子の最善の利益（best interest of the child）」に即した解決を図ることが優先され、子どもの利益に反する事情がある場合には、面会交流の方法や時間に著しい制限がなされ、場合によっては面会交流そのものが禁止されることもあります。しかし、基本的な考え方として、面会交流は親子のつながりが維持され、分離されている場合においても再度つながりをもつための手段であると考えられていることから、面会交流の禁止は稀なケースです。子どもに対する虐待事案や父母の薬物・アルコール濫用事案などの子どもに危険が及ぶ場合や子の連れ去りの危険がある場合、長期間面会交流が行われていなかった事案などにおいては、監督付き面会交流が命じられ、面会交流が安全に実施

されるように配慮されています（原田綾子「アメリカにおける面会交流支援——共同監護・面会交流の合意形成と実施を支える様々な取組み」棚村政行ほか『親子の面会交流を実現するための制度等に関する調査研究報告書』193頁）。

(2) 交流権の帰属主体

これまで述べてきたように，アメリカでの離婚における子どもの扱いにおいては，「子の最善の利益（best interest of the child）」を図ることが原則になっていますが，面会交流権の定義からいえば，離婚後，非監護親がその子と会う権利であり，子ども自身の権利ではなく，非監護親の権利ということができます。また，多くの州で非監護親のみならず，祖父母の子への面会権を定めています。

(3) 交流内容の決定

これまで述べてきた面会交流の基本的な考え方を実行するにあたっては，原則として父母の両方が子どもとの関係を続けていけるようにそれぞれに努力し，新たな関係を築いていかなければ実現できません。しかし，現実に夫婦としての関係が破たんし，互いに相手に対して不信感や恐怖，怒りなどのマイナスの感情を持ち合っていることが多い子どもの両親が，これを実現するためには，父母自身が子どもの最善の利益の考え方を理解し，子どもに最善の利益を与えるため，それに沿って面会交流を実行する必要があります。そのため，州によって手続や制度自体は異なるものの，父母の離婚や事実婚の解消の際，監護権や面会交流を決めるにあたっては，実施可能なように詳細に定めることが要求される一方，父母に対してのサポートが用意されており，まずは父母自身の合意によってその内容を決定することにより，円滑な面会交流の実施ができるよう促されています。

例えば，カリフォルニア州でいえば，離婚にあたって子どもがいる場合には，離婚する父母は，離婚後の監護や面会交流に関する詳細な「養育計画」を作成し，離婚の際，裁判所に示さなければなりません。養育計画には子どもの法的監護のみならず，いつどちらの親と過ごすのか，休日・休暇の過ごし方，子どもの受渡しの方法，そのほかのルールを記載しなければなりません。両親がマイナスの感情を持ち合っている場合であっても，予め定めた合意に従うことで，共同監護や面会交流の円滑な実現を図るものです。この養

育計画は，原則的には離婚する両親が合意によって決めることになります。

　これを支えるため，家庭裁判所は段階的なサポートをしています。最初の段階では，養育計画として，決めなければならない内容を教えるパンフレットや，子どもの年代別に子どもの発達に応じて気を付けるべきポイントを説明したパンフレット，休日，休暇のスケジュールの決め方をアドバイスするパンフレットなどを用意し配布しているほか，ホームページでも養育計画を作るために必要な知識や情報を両親自身が自分で知ることができるよう，手続の流れとともに丁寧に説明されています。

　離婚する両親自身のみでの合意ができない場合は，両親がそれぞれ弁護士などの専門家の手を借りて合意を目指すことになりますが，それでも合意できないときや経済的に弁護士に依頼できないときには，家庭裁判所の「裁判所サービス（court service）」と呼ばれる支援サービスを受け，養育計画の合意を目指すことになります。具体的な当事者支援サービスとしては，教育オリエンテーション，調停（mediation）があります。まず，教育オリエンテーションでは，両親に対して，離婚が子どもに与える影響，子どもには父母の両方が必要であること，子が新しい環境で生活していくために必要なことなど，離婚後の生活，新たな関係構築のための方法を示すことで，合意への考え方を教示します。

　その上で，両親自身で合意にいたることができない場合には，調停（mediation）に進みますが，例えばカリフォルニア州の場合では調停は養育計画のみを扱い，養育費すら扱わない，1回2時間，原則として1回の調停で終了するなど，日本の調停とはかなり異なります。また，調停者（mediator）についても，メンタルヘルスの修士号所持者でかつ5年以上の実務経験を要し，初めて子の監護に関する事件の調停者になる場合には，1年以内に40時間の研修とDV問題などを扱うための16時間のトレーニングを受ける，毎年更新のための研修を受ける必要があるなど，豊かな知識と実務経験をもつ専門家が父母の養育計画の策定を援助するとの性格をもちます（小野理恵子「子の監護に関する事件の審理における専門職活用の在り方——アメリカ合衆国における実情調査に基づく考察」家月63巻5号7頁）。一方，虐待・ネグレクトが発覚した場合には調停者は行政への通報義務を負い，その場合には，家庭裁判所とは

別に設置されている少年裁判所が，面会交流や子どもの監護，子どもの保護や親権終了も含めた事項を決定することになります。児童虐待，DV，当事者に精神疾患，薬物濫用，犯罪歴等のある事案，子の連れ去りのおそれのある事案，高葛藤事案，長期間面会交流が行われていなかった事案などでは，第三者による監督付きの面会が勧められることが多くなっています（原田綾子「アメリカにおける面会交流支援——共同監護・面会交流の合意形成と実施を支える様々な取組み」棚村政行ほか『親子の面会交流を実現するための制度等に関する調査研究報告書』193頁）。

　こうした調停でも合意できない場合には，法廷での審理（判決）にいたる点は，日本の調停から審判に移行する制度と同様です。ここでも内容は日本とは異なり，審判の際には，メンタルヘルスの専門家が行う鑑定結果を重視して裁判官が養育計画を決定することになります。鑑定には，監護と面会交流の一部の問題を扱う簡易鑑定（Solution Focused Evaluation）と全体にかかわる問題を扱う包括鑑定（Full Evaluation）があり，簡易鑑定では，父母からの聞取り，子どもの聞取り・様子の観察，関係者からの情報収集をすべて午前中半日で行い，午後にはその報告書を法廷に提出するというコンパクトなものですが，包括鑑定は父母双方への家庭訪問も含めて数か月の時間をかけて調査が行われます。いずれも報告書には，調査の内容と方法，収集した情報，それらの鑑定人による分析に加えて，鑑定人が子どもにとって最善と考える面会交流の設定についての勧告が記載され，そのすべてが父母双方に開示されます。この報告書は裁判官が面会交流の頻度や方法について決定する上で重要な材料となりますが，もちろん他の証拠などから鑑定人の勧告と異なる決定がなされることもあります。

　裁判官が定める場合でも，原則として，面会交流は認められます。子どもに対する身体的，性的虐待のある場合や父母の薬物やアルコールの濫用事案のように子どもに危害が及ぶおそれのある場合には，第三者による監督付きの面会を命令することになります。また，子どもの連れ去りの危険のある場合も同様です。虐待や連れ去りの危険があることによって，直ちに面会交流を禁止するという措置はとられていません。一方で，性的虐待があったことが明らかであるのに当該親がこれを認めないなど子どもとの面会が有害であ

ると判断される場合，当該事情が続く限り面会交流を禁止するということもあります（原田綾子「アメリカにおける面会交流支援――共同監護・面会交流の合意形成と実施を支える様々な取組み」棚村政行ほか『親子の面会交流を実現するための制度等に関する調査研究報告書』193頁以下）。

(4) 交流保護・サポート体制

アメリカにおいては，虐待事案においても条件付きの面会交流が認められ得ることから，交流の保護，サポート体制は必須となっています。

まず，交流の保護の前段階として，これまで述べてきたように，離婚に先立ってそれぞれの親のもとでの滞在時間や受渡方法などまで詳細な養育計画を定めることが，交流を現実的に行うための布石になっています。受渡しの方法は日付や場所にとどまらず，具体的な時間，特定の場所（特定の店や公共のロビー）などを定めます。そして，①子どもを受け取る側が当該場所に受渡時間の何分前から待つ，②子どもを送り出す側は受渡場所に自らは入らず，子どもだけを受渡場所に入らせ相手方のところに行かせる，③子どもを送り出した側は速やかにその場を去る，④子どもを受け取った側はその場に何分以上とどまるなどといった，具体的かつ詳細な養育計画を定めることで，計画に従うだけで円滑に面会交流ができるように，父母の葛藤を目の前にし，子どもがつらい思いをしないように配慮されているのです（原田綾子「アメリカにおける面会交流支援――共同監護・面会交流の合意形成と実施を支える様々な取組み」棚村政行ほか『親子の面会交流を実現するための制度等に関する調査研究報告書』193頁）。

それでも，当事者だけでの面会が困難な場合には，第三者の援助を使った面会交流がなされることがあります。

具体的には，第三者を介した中立的受渡しや，第三者の監督付き面会です。面会を援助する第三者は，プロのサービス提供者の場合も当事者の知人や家族のボランティアの場合もあります。プロのサービス提供者であっても知人や家族などのボランティアの場合であっても，子どもへのわいせつ行為や児童虐待の経歴がないことなどの資格要件を満たさなければなりません。そして，面会中の子どもの安全確保，両方の当事者からの中立性を保つことが求められます。

プロのサービス提供者の監督サービスは高額であり，特にプロのサービス提供者の監督サービスに対する報酬を支払う経済力がない父母にとっては，知人や家族に監督をしてもらう必要があり，実際にそのケースも多いです。しかし，そうした知人や家族の確保ができなければ，第三者監督付きとの条件が満たせず，面会交流自体ができなくなってしまいます。そこで，ロサンゼルス郡では上位裁判所による面会交流支援サービスの提供があります。利用者の費用負担はありませんが，サービスの提供期間は最大4か月，回数は週1回2時間までとの上限があります。しかし，このサービスも長い順番待ちをしなければならないことも多く，サービス提供期間後の自立した面会に向けた援助の必要があるもののそこまでのサービスは十分に提供されていない現実があります。

　カリフォルニア州以外の地域でも，面会交流支援の公的サービスは行われていますが，量的，質的に不足があるというのが現状です。その中でも面会交流を推進するための取組みとして継続されています。

　また，面会交流と関係して，同居親の転居に際しては，裁判所の許可が必要となっています。それは，同居親が単独監護権者であったとしても同様です。転居が面会交流を妨げることがあるためです。裁判所の許可を得ないで転居した場合には，監護権の取決めの変更を求めるきっかけを与えることになることが，同居親が転居の許可を裁判所に申し立てる動機となっています。

　その場合には，裁判所は面会交流を妨げるかどうかとの視点から判断します。また，面会交流を妨げるのであれば特別な転居の必要な事由があるかを重視し，子の最善の利益を検討し許可を判断します。

(5) 面会交流の執行・執行方法

　このように詳細な養育計画を定め，それに対するサポートも制度として存在しているにもかかわらず，3分の1から半数の子どもが直前の1年間に両親が離婚した結果非監護親である父親に会えていないとの調査もあります（海外トピックス「アメリカの国による養育費徴収制度をめぐって――父親の立場から」公益社団法人家庭問題情報センター編集・発行家庭問題情報誌ふぁみりお42号）。

　それでも当事者間で合意され，又は裁判所に命じられた面会交流の履行を

確保するための執行方法としては、直接的な強制手段に乏しいのが現状です。直接的な手段としては、法廷侮辱罪（contempt of court）により監護親を収監することで実質的に面会交流を確保する手段が考えられますが、法廷侮辱罪については制裁金を命じることにより間接強制として機能することが多く、現実として直接的な方法は難しい状況です。そのほか、相手方に担保金を入れさせて履行しなければそこから支払をさせるという間接強制の方法、監護者変更の申立てを行うといった方法などがとられます。また、面会交流がなされず子どもと会わせてもらえないという精神的苦痛に対して、損害賠償請求を民事訴訟で提起することもあり得ます（原田綾子「アメリカにおける面会交流支援——共同監護・面会交流の合意形成と実施を支える様々な取組み」棚村政行ほか『親子の面会交流を実現するための制度等に関する調査研究報告書』193頁以下）。

III 子の引渡し

(1) 子の引渡し命令

離婚に際して監護権を得た場合であっても、相手方が子どもを引き渡さない場合や、別居中に父母間において子どもの奪取が起こった場合、子どもの引渡しの執行の問題が生じます。アメリカは州によって法律が異なるため、一方の親が子どもを連れて、他の州で監護権を得てしまうという州を挟んだ管轄の問題が生じ得るのでより問題は複雑です。

これに対しては、子どもが6か月間継続して居住していた州で決定された監護命令は現在子どものいる地区の裁判所で承認されなければならないと定められており（統一子の監護権管轄法）、監護権者は子のいる州で監護権の執行命令を求めることになります。

また、別居中の子の奪取の場合には、残された親が裁判所に暫定的監護権を求め、監護命令を得て、執行を求めることになります。

(2) 執行方法

(a) 直接的執行に関する規定　すべての州において可能というわけではありませんが、アメリカでは直接的な子の引渡監護命令の執行が可能な州があります。

例えば、イリノイ州では家庭裁判所が監護命令を執行します。監護権者に

よる監護命令の執行の訴えにより，裁判所が監護命令執行を命じます。そして，執行官（シェリフ）を監護権者の補佐として任命することができるのです。

　また，カリフォルニア州など，家庭裁判所が監護親に直接執行を命じる方法ではなく，検察官による監護命令を執行する方法をとる州もあります。この場合は，監護権者が警察を通じて子の奪取専門の検察官事務所に連絡をします。そして，検察官が家庭裁判所から子を連れ戻す令状を得て，引渡しをしない親との交渉を行っています。この方式をとることにより，カリフォルニア州では通報される奪取事件の9割が穏便に解決しているとのことです。

　テキサス州のように人身保護手続を監護権執行手続として独自の規定をおいている州もあります。

　それでも解決できない場合，実際に執行官や警察官，捜査官が子どもを確保するという事例もあります。そのため，全米の警察官に対して，子の引渡し問題についての研究会や学習会も行われています。こうしたケースの多くは乳幼児であるので，子の意思は問題になりません。しかし，成長し，自らの意思をもつ子どもが監護権者のもとに行くことを拒むこともあります。そうした場合，子の意思がどこまで本人の意思なのか，引渡しを拒む親が影響を及ぼしているのかという問題が生じます。カリフォルニア州では，こうした子どもを虐待類似の対象者として扱い，子ども自身の利益のために，その意思にかかわらず直接強制を行っています。そのほか，子どもの抵抗にかかわらず，引渡しを拒む親から子の取り上げを執行し，監護権者に戻す命令を出すか，再度親と子を審問するかを裁判所が判断するという地域もあります。こうした強制的な引渡しが行われた場合には，子どもが病院で心身の検査を受け，ソーシャルワーカーによるケアが行われることもあります（園尾隆司監修・杉山初江著『民事執行における「子の引渡し」』251〜255頁）。

　(b)　人身保護手続　　上記で述べたテキサス州のように独自の規定がない場合においても，人身保護手続が非監護権者に拘束されている子どもに対しても用いられるようになってきています。

　(c)　法廷侮辱罪　　監護命令などの履行を担保する方法としては，法廷侮辱罪が挙げられます。別居時の暫定的監護命令や離婚後の監護命令に反し，

非監護権者から監護権者への子の引渡しがなされない場合や，非監護権者により監護権者から子が奪取された場合，アメリカで一般的に用いられています。監護権者から申立てを受けた裁判所は非監護権者に弁明の機会を与え，非監護権者が監護命令に従わないことに理由がないと認められた場合，裁判所は法廷侮辱罪で制裁金若しくは拘禁，又はその両方を命じます。この罰則の軽重は州によって異なります。拘禁が命じられた場合には，執行官（シェリフ）が被告人を勾引し，被告人とともにいる子どもは監護権者である申立人のもとに引き渡されます。この場合でも，被告人が子どもを隠しているときには，シェリフが子どもを探し出して申立人に引き渡すことまではできません。そもそも，法廷侮辱罪適用は，監護命令に反した被監護権者に制裁金を課して間接強制する場合が多く，拘禁を命じるのは最終手段となっているようです（園尾隆司監修・杉山初江著『民事執行における「子の引渡し」』251頁）。

(d) 誘拐罪　アメリカでは，たとえ実子であっても，16歳未満の子の連れ去りの場合，罰金若しくは3年以下の禁錮刑又はその併科が規定（連邦法 Title 18, Chapter 55, Section 1204）されています。さらに，州法により別途規定がある場合もあります。これにより，実際に非監護親の逮捕にいたるケースもあります。

Ⅳ　養育費

(1) 仕組み

アメリカでは，強制的養育費徴収制度が各州にあります。要保護家庭への一時的援助（TANF）の申請者，受給者は，自動的に養育費強制徴収制度の対象となり，養育費の請求権が州に移ります。また，TANFを受給していない場合でも，申請により養育費強制徴収制度を利用することができます。

当該制度では，州政府は，養育費の支払義務者及び当該義務者の所在を確認し，養育費を徴収して基金に収めます。そのため，養育費支払命令台帳の管理，支払状況の監視をする必要があります。新規採用の労働者は雇用者によって州に報告され，その労働者が支払義務者であれば，給与から養育費を天引きされます。また，自動車登録，税金，失業，その他法的強制が及ぶ記録をすべての州で共有し，州相互で未払いの義務者を追跡できます。

また，社会保険庁，国税庁，国防省，国立個人記録センター等の記録による追跡も可能です。

こうして，徴収された養育費は，TANFを受給していない場合は，全額が監護親に配分されます。TANFの受給者の場合はその償還に充てるため州と連邦とで分配しますが，償還に充当する前に一部を監護親に配分する州もあります。

(2) 養育費の査定・履行について

アメリカでは，両親から経済的扶養，親の責任ある行為を促進，福祉コストの削減，子どもの人生には両親との関わりが必要であることから，1975年養育費庁が設立されました。要保護児への援助の申請者，受給者に自動的に養育費制度が適用され，また，養育費の請求権を州に譲渡する制度となっているのは，設立目的に福祉コストの削減があるためです。また，1996年の法改正により要保護家庭への援助は，一時的援助（TANF）になりました。

こうした制度のなか，行政は裁判所に代わって，又は，裁判所と連携して養育費を算定しています。算定方法は，公表されているガイドラインでは，支払者の所得の一定割合を養育費とする所得パーセント方式と両親の所得を養育費の算定要素とする所得シェア方式があります。その採用は，各州に委ねられていますが，後者を採用する州が多いです。

(3) 不払いの場合

こうした養育費制度は，あくまで養育費取立ての援助，行政による徴収であって，国や州による立替えはなされていません。

社会保障番号や新規雇用者登録制度を使って，支払義務者，その勤務先を特定し，給与天引き，資産はもちろん所得税還付金や失業給付の差押え，免許の停止やパスポートの発行拒否等により権利者が養育費を確保できるよう援助しています。

また，裁判所の命令により定められている養育費の不払いも，子の引渡しをしない場合と同様，法廷侮辱罪として，ほとんどの州で犯罪となります。

さらに社会的制裁として，養育費を支払わない義務者の顔写真の入ったポスターを張り出して情報提供を呼びかけるという方法もとられています。

【松川　陽子】

第 9　海外の制度（面会交流，養育費）

【参考文献】
・下夷美幸「アメリカにおける養育費政策の現状とその作用」大原社会問題研究所雑誌594号19～34頁
・下夷美幸「アメリカにおける養育費制度」棚橋政之編著『面会交流と養育費の実務と展望――子どもの幸せのために』278～283頁
・海外トピックス「アメリカの国による養育費徴収制度をめぐって――父親の立場から」公益社団法人家庭問題情報センター編集・発行家庭問題情報誌ふぁみりお42号
・海外トピックス「養育費の履行確保――諸外国と我が国の対応を比べる」公益社団法人家庭問題情報センター編集・発行家庭問題情報誌ふぁみりお55号

事項索引

あ

意見表明権 …………………………… 121
FLC …………………………………… 226
FPIC ………………………… 215, 225, 243

か

家事事件手続法 …… 25, 27, 30, 60, 61
家事審判手続 ………………………… 42
家事調停 ……………………………… 32
　――の進行 ………………………… 38
　――の申立て ……………………… 36
家事調停委員 ………………………… 35
家庭裁判所 …………………………… 34
家庭裁判所調査官 …………………… 36
家庭問題情報センター …………… 225
監護教育委託契約 ………………… 111
監護教育をする権利義務 ………… 101
監護権 ……………………………… 104
間接強制 …………………………… 264
間接執行 …………………………… 235
強制執行 …………………………… 234
共同監護 …………………………… 305
共同親権 ……………………………… 9
居所指定権 ………………………… 101
記録の閲覧及び開示 ………………… 60
高等職業訓練促進給付制度 ……… 268
国際裁判管轄問題 ………………… 182
呼称上の氏 ………………………… 194
子どもの意思の把握 ……………… 126
子どもの権利 ………………… 10, 13, 15
子どもの権利条約 …… 8, 13, 28, 128
子どもの人権規約 …………………… 3
子どもの連れ去りと刑事事件 …… 166
子どもの手続代理人制度 ………… 137
子どもの引渡方法 ………………… 169
子どもの貧困 ……………………… 136
子の監護権に関する国際裁判管轄 … 182

子の最善の利益（best interest of the child）…………… 306, 308, 309
子の陳述の聴取の問題 ……………… 29
子の引渡しの審判における判断要素 …………………………………… 155
子の引渡しを求める手続 ………… 151
子の福祉への配慮 …………………… 28
子の返還の代替執行の申立て …… 186

さ

財産管理権 …………………………… 86
裁判所書記官 ………………………… 35
算定表 ……………………………… 250
事件記録の閲覧謄写 ………………… 62
試行的面会交流 …………………… 242
執行 ………………………………… 169
執行官 ……………………………… 172
児童虐待 …………………………… 114
児童手当（以前の子ども手当）… 267
児童の権利に関する条約
　→子どもの権利条約
児童扶養手当 ……………………… 267
司法面接 …………………………… 230
職業許可権 ………………………… 101
職権参加 …………………………… 125
職権探知主義 …………………… 43, 56
親権 …………………………… 12, 85, 104
親権者 ………………………… 67, 100
　――の変更 ……………………… 107
人事訴訟法 …………………… 25, 60
身上監護権 ………………………… 86
人身保護法 ………………………… 159
親族法 ……………………………… 11
審判 ………………………………… 43
審判前の保全処分 …………………… 46
接近禁止命令 ………………………… 72
訴訟のための後見人（guardian ad litem）
　…………………………………… 308

た

代替執行（ハーグ条約実施法） … 174
中央当局 178
調停委員会 34
調停事件の終了 40
調停前置主義 32
調停手続と訴訟手続の関係 34
調停の機能 33
直接強制 263
通告義務 114
連れ子養子 200
DV防止法 72
手続行為能力 122

は

ハーグ条約 174, 176, 184
ハーグ条約実施法 174
必要的陳述聴取 125
附帯処分 68
平成23年（法律第61号）民法等の一部を改正する法律 11, 92
返還命令の手続 179

ま

未成年後見人 90, 113
民法改正 11
民法上の氏 194
面会交流 134, 205, 234
　　——の具体的方法 224
　　——の権利性 207
　　——の法的根拠 205
面会交流許否の判断 217
面会交流支援団体 225

や

養育費 136
養育費相談支援センター 268

ら

利害関係参加 124
履行勧告 234, 262
履行命令 262

■編者

相原　佳子（弁護士）

Q&A 子どもをめぐる離婚事件実務
――弁護士が知っておくべき基礎知識

2015年8月24日　初版第1刷印刷
2015年9月7日　初版第1刷発行

編者　相　原　佳　子
発行者　逸　見　慎　一

発行所　東京都文京区本郷6丁目4の7　株式会社　青　林　書　院
振替口座　00110-9-16920／電話03(3815)5897～8／郵便番号113-0033
ホームページ☞ http://www.seirin.co.jp

印刷／藤原印刷株式会社　落丁・乱丁本はお取替え致します。
©2015　相原　Printed in Japan
ISBN978-4-417-01664-9

JCOPY 〈㈳出版者著作権管理機構 委託出版物〉
本書の無断複写は著作権法上での例外を除き禁じられています。複写される場合は，そのつど事前に，㈳出版者著作権管理機構（TEL03-3513-6969，FAX03-3513-6979，e-mail：info@jcopy.or.jp）の許諾を得てください。